MW01504642

BIRGIT ADAM

Die schönsten internationalen Vornamen

- ○ Für Mädchen und Jungen
- ○ Mit Herkunft und Bedeutung
- ○ Mit Infos zu berühmten Namensträgern

WILHELM HEYNE VERLAG
MÜNCHEN

FSC
Mix
Produktgruppe aus vorbildlich
bewirtschafteten Wäldern und
anderen kontrollierten Herkünften
Zert.-Nr. SGS-COC-1940
www.fsc.org
© 1996 Forest Stewardship Council

Verlagsgruppe Random House
FSC-DEU-0100
Das für dieses Buch verwendete
FSC-zertifizierte Papier *Holmen Book Cream*
liefert Holmen Paper, Hallstavik, Schweden.

Redaktion: Johann Lankes

3. Auflage

Originalausgabe 03/2007
Copyright © 2007 by Wilhelm Heyne Verlag, München,
in der Verlagsgruppe Random House GmbH
www.heyne.de
Printed in Germany 2008
Konzeption und Realisation: Medienagentur Gerald Drews, Augsburg
Umschlagillustration: Bernhard Koenig/Picture Press
Umschlaggestaltung: Eisele Grafik-Design, München
Satz: C. Schaber Datentechnik, Wels
Druck und Bindung: GGP Media GmbH, Pößneck

ISBN: 978-3-453-68518-5

Inhalt

Vorwort   7

Der Weg zum passenden Vornamen   9

Kriterien bei der Vornamenswahl   9
Namensrechtliche Bestimmungen der
Bundesrepublik Deutschland 10
Namensrechtliche Bestimmungen in Österreich 15
Namensrechtliche Bestimmungen in der Schweiz . . . 17
Regeln der Vornamenschreibung 20
Einige Tipps und Hinweise zur Namenswahl 24

Die schönsten internationalen Vornamen
von A bis Z 27

Vornamen für Jungen 27
Vornamen für Mädchen 161

Zum Nachschlagen: Die schönsten internationalen
Vornamen nach Herkunft geordnet 293

Afrikanische Vornamen 293
Arabische Vornamen 294
Englische Vornamen 294
Französische Vornamen 295
Griechische Vornamen 296
Hawaiische Vornamen 296
Hebräische Vornamen 297

Indianische Vornamen 298
Indisch-pakistanische Vornamen 298
Irisch-gälische Vornamen 299
Italienische Vornamen 299
Japanische Vornamen 300
Lateinische Vornamen 301
Nordische Vornamen 302
Russische und slawische Vornamen 302
Spanische Vornamen 303
Vornamen aus Großmutters Zeiten 304

Die beliebtesten Vornamen 305
Deutschland 305
Österreich 308
Schweiz 311

Namenstagskalender 313
Januar 313
Februar 315
März 316
April 318
Mai 319
Juni 321
Juli 323
August 324
September 326
Oktober 327
November 329
Dezember 330

Anhang 333
Literaturtipps 333
Informationen aus dem Internet 334

Vorwort

Herzlichen Glückwunsch – Sie erwarten ein Baby! Wissen Sie schon, ob es ein Junge oder ein Mädchen wird? Auf jeden Fall haben Sie nun die Qual der Wahl, denn das Kind braucht einen (oder mehrere) Vornamen. Diese Entscheidung ist nicht ganz einfach, denn es gibt scheinbar unendlich viele Vornamen. Ihr Kind muss diesen Namen sein Leben lang tragen, daher sollten Sie sich gut überlegen, wie der neue Erdenbürger oder die neue Erdenbürgerin heißen soll.

Dieses Buch will Ihnen diese Entscheidung etwas leichter machen: Hier finden Sie über 5500 internationale Vornamen für Jungen und Mädchen, alphabetisch geordnet und mit Hinweisen zu ihrer Herkunft und ihrer Bedeutung. Vielleicht haben Sie sich bereits dafür entschieden, dass Ihr Kind einmal einen nordischen oder italienischen Vornamen tragen soll? Dann finden Sie am Ende des Buches Listen mit den schönsten Vornamen, geordnet nach ihrer Herkunft. Und wenn Sie schon einen bestimmten Vornamen im Auge haben, aber nicht genau wissen, ob dieser auch zulässig ist, finden Sie außerdem alle wichtigen Informationen rund um das Namensrecht in Deutschland, Österreich und der Schweiz.

Ob ausgefallen oder neutral, exotisch oder traditionell, modern oder nostalgisch – bestimmt ist auch für Ihr Kind der richtige Vorname dabei!

Viel Spaß beim Stöbern wünscht Ihnen   *Birgit Adam*

Der Weg zum passenden Vornamen

In Deutschland, Österreich und der Schweiz haben Eltern das Recht und die Pflicht, den Vornamen ihres Kindes zu bestimmen. Doch welche Vornamen sind überhaupt zulässig? Darf ein Kind beliebig viele Namen tragen? Und für welche Schreibweise sollten Sie sich entscheiden? Auf den folgenden Seiten erfahren Sie, was es bei der Wahl des Vornamens zu beachten gilt, und erhalten Tipps und Hinweise zur Schreibweise der Namen.

Kriterien bei der Vornamenswahl

In früheren Zeiten hatten Eltern bei der Wahl des Vornamens noch nicht diese Freiheiten wie heute. Zum einen war die Auswahl an Namen nicht so groß wie jetzt, zum anderen war es üblich, dass vom Vater bestimmt wurde, wie der neue Erdenbürger zu heißen hatte.

Heute wählen Eltern in der Regel den Namen des Kindes gemeinsam aus – und zwar oft bereits Wochen oder gar Monate vor der Geburt, da das Geschlecht des Babys häufig schon bekannt ist. Dabei hilft ihnen eine Vielzahl von Kriterien:

- die Familientradition: Der Sohn wird nach dem Vater oder Großvater – und die Tochter nach der Mutter oder Großmutter – benannt. Im dänischen Königshaus heißen die männlichen Thronfolger auch heute noch abwechselnd Frederik oder Christian.

- ein Name, der besonders gut klingt (auch in Kombination mit dem Familiennamen)
- ein bewusst schlichter Name, der nie unmodern wird
- ein origineller oder exotischer Name, der Aufsehen erregen soll
- ein Name aus dem persönlichen Umkreis
- der kirchlich gebundene Taufname oder Patenname
- ein beliebter Modename, wie er auf Namenshitlisten und in den Medien auftaucht
- ein Name aus der Literatur: Dichter, Schriftsteller oder literarische Figuren dienen als Vorbild. Ein Beispiel hierfür ist Ronja, das durch Astrid Lindgrens Kinderbuch »Ronja Räubertochter« bekannt und beliebt wurde.
- ein politisch orientierter Name: So wurde Che zum Beispiel als Zweitname gestattet.
- ein Name von einem Idol der Gegenwart
- ein Name, der wegen seiner geografischen Herkunft gewählt wurde, z. B. weil die Eltern Frankreich-Fans sind.
- ein Name, der einen Wunsch ausdrückt
- ein nostalgischer Name, der an die Heimat, liebe Freunde oder an den letzten Urlaub erinnert

Namensrechtliche Bestimmungen der Bundesrepublik Deutschland

Erste Anlaufstelle nach der Geburt eines Kindes ist das Standesamt, in dessen Bezirk das Kind geboren ist. Binnen einer Woche muss die Geburt dem zuständigen Standesbeamten angezeigt werden. Falls sich zu diesem Zeitpunkt die Eltern noch nicht über den oder die Vornamen des Kindes einig sind, haben sie einen Monat Zeit, um diesen nachzumelden. Wer darf dies tun? § 255 der Dienstanweisung für die Standesbeamten und ihre Aufsichtsbehörden legt dies genau fest. Hier heißt es:

Zur Anzeige der Geburt sind, und zwar in nachstehender Reihenfolge, verpflichtet
1. der Vater des Kindes, wenn er Mitinhaber der elterlichen Sorge ist,
2. die Hebamme, die bei der Geburt zugegen war,
3. der Arzt, der dabei zugegen war,
4. jede andere Person, die dabei zugegen war oder von der Geburt aus eigenem Wissen unterrichtet ist,
5. die Mutter, sobald sie zu der Anzeige im Stande ist.
Die Anzeige ist mündlich zu erstatten.

§ 262 regelt die Erteilung und Schreibweise der Vornamen. Hier heißt es:

(1) Das Recht zur Erteilung der Vornamen ergibt sich aus der Personensorge. Bei ehelichen Kindern steht dieses Recht den Eltern gemeinsam zu, in besonderen Fällen dem Ehegatten allein, der die Sorge für die Person des Kindes ausübt [...]. Bei nicht ehelichen Kindern steht dieses Recht der Mutter zu.
(2) Der Standesbeamte soll sich bei der Anzeige der Vornamen vergewissern, dass die Vornamen von den berechtigten Personen erteilt worden sind.
(3) Bezeichnungen, die ihrem Wesen nach keine Vornamen sind, dürfen nicht gewählt werden. Das Gleiche gilt für Familiennamen, soweit nicht nach örtlicher Überlieferung

Ausnahmen bestehen. Mehrere Vornamen können zu einem Vornamen verbunden werden; ebenso ist die Verwendung einer gebräuchlichen Kurzform eines Vornamens als selbstständiger Vorname zulässig.

(4) Für Knaben sind nur männliche, für Mädchen nur weibliche Vornamen zulässig. Nur der Vorname Maria darf Knaben neben einem oder mehreren männlichen Vornamen beigelegt werden. Lässt ein Vorname Zweifel über das Geschlecht des Kindes aufkommen, so ist zu verlangen, dass dem Kinde ein weiterer, den Zweifel ausschließender Vorname beigelegt wird.

(5) Die Schreibweise der Vornamen richtet sich nach den allgemeinen Regeln der Rechtschreibung, außer wenn trotz Belehrung eine andere Schreibweise verlangt wird. Wird eine andere Schreibweise verlangt, so soll der Standesbeamte dies aktenkundig machen.

So weit, so gut. Doch was bedeuten diese Gesetzesvorschriften im Klartext?

Zulässige Vornamen

Die Wahl des Vornamens ist zwar frei, doch dürfen dabei keine Sachbegriffe, »normale« Wörter, Produkt- oder Markennamen sowie Familiennamen gewählt werden. Häufige Streitfälle sind Pflanzennamen. Bei Mädchen sind zum Beispiel Jasmin, Rose oder Holly zulässig, nicht aber Seerose oder Pfefferminze, da diese nicht als Vornamen etabliert sind.

Auch sollte aus dem Vornamen eindeutig das Geschlecht des Kindes hervorgehen. Bei Namen wie Kai oder Toni, die nicht eindeutig verraten, ob das Kind nun männlich oder weiblich ist, muss daher ein eindeutiger Vorname als Zweitname gegeben werden, damit es später nicht zu Verwechslungen kommt. Die beliebten weiblichen Vornamen Gabriele, Simone und Andrea dürfen in Deutschland ohne Zweitnamen vergeben werden. In der Schweiz dagegen ist wegen des Einflusses der italienischen Schweiz – in Italien sind dies männliche Vornamen – ein solcher Name nur in Kombination mit einem eindeutig weiblichen oder männlichen Vornamen zulässig.

Ebenfalls nicht zulässig sind Titel als Bestandteil eines Namens. Michael Jackson, der seinen ersten Sohn Prince Michael nannte, wäre bei deutschen Behörden auf Granit gestoßen, im Falle seines zweiten Sohnes, der Prince Michael II. heißt, sogar gleich doppelt: Unterscheidende Namenszusätze wie Zahlen oder »junior« sind in Deutschland nämlich ebenfalls nicht erlaubt.

DIE FOLGENDEN VORNAMEN WURDEN VON VERSCHIEDENEN GERICHTEN ZUGELASSEN:
Bavaria, Birkenfeld, Che (als Zweitname), Cheyenne, Jesus, Juri, Napoleon, Pepsi-Carola, Pumuckl (als Zweitname), Rapunzel, Robinson, Sonne, Sunshine.

DIESE NAMEN WURDEN VOM GERICHT ABGELEHNT:
Agfa, Atomfried, Baron, Beauregard, Borussia, Cezanne, Champagna, Crazy Horse, Gastritis, Grammophon, Hemingway, Januar, Karl der Große junior, Lenin, McDonald, Millenium, Möhre, Moon, Möwe, Navajo, Ogino, Omo, Pan, Pfefferminze, Pillul, Porsche, Princess, Rasputin, Schanett, Schnuck, Schröder, Seerose, Sputnik, Störenfried, Tiger, Traktora, Woodstock.

In Zweifelsfällen liegt das Ermessen beim zuständigen Standesbeamten, der sich nach dem »Internationalen Buch der Vornamen« richtet, das in jedem Standesamt ausliegt. Sind Sie mit seiner Entscheidung nicht einverstanden, können Sie Einspruch dagegen einlegen. Kein Argument ist in diesem Fall übrigens, dass ein bestimmter Vorname in Großbritannien, den USA oder Kanada vorkommt, denn in diesen Ländern gibt es keinerlei Vorschriften zur Namensgebung. Schauspielerin Gwyneth Paltrow darf ihre Tochter also »Apple« nennen, in Deutschland wäre dies nicht zulässig. Ausnahmeregelungen kann es geben, wenn ein Name durch einen Prominenten etabliert wurde. Paris zum Beispiel gilt in Deutschland als männlicher Vorname (nach dem gleichnamigen Sohn des Königs Priamos von Troja aus der griechischen Mythologie). Da heutzutage jedoch die amerikanische Hotelerbin Paris Hilton bekannter ist als der sagenhafte Paris, könnte ein Gericht dies als Argument sehen, um Paris auch als Mädchennamen gelten zu lassen.

Anzahl der Vornamen

Wie viele Vornamen ein Kind tragen darf, ist gesetzlich nicht geregelt. Hier haben Standesämter und Gerichte sehr unterschiedliche Auffassungen. Während das Amtsgericht Hamburg sieben Vornamen bereits als nicht mehr tragbar ansieht, dürfen diese in Berlin jedoch problemlos eingetragen werden. Auch wenn Sie als Fußballfan Ihrem Kind am liebsten alle elf Vornamen der Spieler Ihrer Lieblingsmannschaft geben möchten, sollten Sie dennoch im Auge behalten, dass dies für Ihren Sprössling sehr unangenehm werden kann. Beim Umgang mit Ämtern und Behörden müssen nämlich stets alle Vornamen angegeben werden – und auf den wenigsten Formularen ist genug Platz, um elf Vornamen einzutragen. Die Regel sind heute ein bis maximal drei Vornamen.

Außerdem ist die Reihenfolge der Vornamen verpflichtend, das heißt, sie müssen das ganze Leben lang in der Reihenfolge angegeben werden, in der sie in der Geburtsanzeige eingetragen sind – unabhängig davon, welches nun der Rufname ist. Früher musste der Rufname noch unterstrichen werden, doch heute gelten alle Vornamen als gleichberechtigt. Für Sie als Eltern bedeutet dies: Wenn Ihr Sohn nun Stefan Maximilian heißt, so dürfen Sie ihn Stefan oder Maximilian nennen und dies zwischendurch auch ändern. Offiziell wird der Rufname nirgends festgelegt.

Schreibweise der Vornamen

Mit der Eintragung ins Geburtsregister wird auch die Schreibweise des Vornamens festgelegt, Änderungen sind später nicht mehr möglich. Daher sollten sich die Eltern bei der Geburtsanzeige über die Schreibweise eines Namens (z.B. Stefanie oder Stephanie) einig sein.

Namensrechtliche Bestimmungen in Österreich

In Österreich regelt das Personenstandsgesetz, wie eine Geburt anzuzeigen ist und welche Vornamen einem Kind gegeben werden dürfen. Im Einzelnen heißt es hier:

§ 18 Anzeige der Geburt

(1) Die Anzeige der Geburt obliegt der Reihenfolge nach

1. dem Leiter der Krankenanstalt, in der das Kind geboren worden ist;

2. dem Arzt oder der Hebamme, die bei der Geburt anwesend waren;

3. dem Vater oder der Mutter, wenn sie dazu innerhalb der Anzeigefrist (Abs. 2) imstande sind;

4. der Behörde oder der Dienststelle der Bundesgendarmerie, die Ermittlungen über die Geburt durchführt;

5. sonstigen Personen, die von der Geburt auf Grund eigener Wahrnehmung Kenntnis haben.

(2) Die Geburt ist der zuständigen Personenstandsbehörde innerhalb einer Woche anzuzeigen.

(3) Die Anzeige hat, soweit der Anzeigepflichtige dazu in der Lage ist, alle Angaben zu erhalten, die für Eintragungen in den Personenstandsbüchern benötigt werden.

(4) Kann die schriftliche Erklärung über die Vornamen des Kindes (21 Abs. 1) zur Zeit der Anzeige nicht beigebracht werden, haben die zur Vornamensgebung berechtigten Personen die Anzeige innerhalb eines Monats nach der Geburt zu ergänzen.

§ 21 Vornamensgebung

(1) Vor der Eintragung der Vornamen des Kindes in das Geburtenbuch haben die dazu berechtigten Personen schriftlich zu erklären, welche Vornamen sie dem Kind gegeben haben. Sind die Vornamen von den Eltern einvernehmlich zu geben, genügt die Erklärung eines Elternteiles, wenn er darin versichert, dass der andere Elternteil damit einverstanden ist.

(2) Bei Kindern [...] muss zumindest der erste Vorname dem Geschlecht des Kindes entsprechen; Bezeichnungen,

die nicht als Vornamen gebräuchlich oder dem Wohl des Kindes abträglich sind, dürfen nicht eingetragen werden.

(3) Stimmen die Erklärungen mehrerer zur Vornamensgebung berechtigter Personen nicht überein, hat die Personenstandsbehörde vor der Eintragung der Vornamen das Pflegschaftsgericht zu verständigen. Das Gleiche gilt, wenn keine Vornamen oder solche gegeben werden, die nach Ansicht der Personenstandsbehörde als dem Abs. 2 widersprechend nicht eingetragen werden können.

§ 11 Personennamen

(1) Personennamen sind aus der für die Eintragung herangezogenen Urkunde buchstaben- und zeichengetreu zu übernehmen. Sind in der Urkunde andere als lateinische Schriftzeichen verwendet worden, müssen die Regeln für die Transliteration beachtet werden.

[...]

Namensrechtliche Bestimmungen in der Schweiz

In der Schweiz muss eine Geburt spätestens drei Tage nach der Entbindung angezeigt werden. Anzeigeberechtigt sind im Allgemeinen dieselben Personen wie in Deutschland. In der Geburtsanzeige müssen die Vornamen des Kindes angegeben werden; eine nachträgliche Meldung ist nicht zulässig.

Auch in der Schweiz können Eltern grundsätzlich frei entscheiden, welche und wie viele Vornamen sie ihrem Kind geben wollen. Zurückgewiesen werden Vornamen laut Artikel 69 der Zivilstandsverordnung vom 1. Juli 1994, »wenn *sie offensichtlich die Interessen des Kindes oder Dritter verletzen«.*

In der vom Schweizerischen Verband der Zivilstandsbeamten herausgegebenen Broschüre »Vornamen in der Schweiz« (1993) wird genauer beschrieben, wie dieser Artikel auszulegen ist. Hier heißt es:

Nicht eintragbare Namen
Es gibt Vornamen, die in einem bestimmten Fall nicht eingetragen werden dürfen: Mädchennamen für einen Knaben und umgekehrt.

Aus dem Wortlaut des Artikels 69 der Zivilstandsverordnung ergibt sich außerdem, dass der Zivilstandsbeamte Namen nicht eintragen darf, die anstößig oder lächerlich sind, oder die die Interessen des Kindes oder Dritter verletzen. Es ist damit die Namensgebungsfreiheit der Eltern ausdrücklich eingeschränkt.

Vornamen, welche das Geschlecht des Kindes nicht ohne weiteres erkennen lassen, können nicht allein erteilt und eingetragen werden. Der Sinn des Personennamens besteht unter anderem darin, den Namensträger in seine Geschlechtsgemeinschaft einzuordnen.

Diskutable Namen
Es gibt Namen, die zumindest diskutabel sind, etwa weil sie den guten Geschmack verletzen. Nun sind aber gerade Geschmacksfragen dem Entscheid des Zivilstandsbeamten entzogen. Er kann persönlich sehr wohl einen von den Eltern gewählten Vornamen als geschmackswidrig empfinden. Sofern ein solcher Name nicht lächerlich oder anstößig ist und nicht die Interessen irgendjemandes verletzt, kann der Zivilstandsbeamte ihn nicht ablehnen.

Auch in der Schweiz wird durch die Geburtsanzeige die Reihenfolge der Vornamen eindeutig festgelegt, einen Rufnamen kennt man hier jedoch nicht. Die Anzahl der Vornamen wird nicht beschränkt.

Grundlage für das Zivilstandsregister in der Schweiz ist die Schriftsprache, mundartliche Formen wie Meieli (für Maria) oder Ruedi (für Rudolf) werden nicht eingetragen. Hilfestellung gibt das viersprachige Vornamenverzeichnis (in Deutsch, Französisch, Italienisch und Rätoromanisch), das in der bereits erwähnten Broschüre »Vornamen in der Schweiz« enthalten ist.

Da in der viersprachigen Schweiz bestimmte Vornamen je nach Sprache männlich oder weiblich sein können, dürfen diese nur in Kombination mit einem anderen, eindeutig männlichen oder weiblichen Vornamen vergeben werden. Im Einzelnen sind dies:

männlich	*weiblich*
Andrea (Andreas)	Andrea
Camille (Camill)	Camille (Camilla)
Claude (Claudius)	Claude (Claudia)
Dominique (Dominik)	Dominique (Dominika)
Gabriele (Gabriel)	Gabriele
Gerit, Gerrit (Garrit)	Gerit, Gerrit (Gerhardine)
Kai, Kaj, Kay	Kai, Kaj, Kay
Kersten (Karsten)	Kerstin, Kirsten
Patrice (Patrick)	Patrice (Patricia)
Sascha	Sascha
Simone (Simon)	Simone
Vanja	Vanja
Wanja	Wanja

Regeln der Vornamenschreibung

Obwohl Vornamen im Allgemeinen den verbindlichen Rechtschreibregeln, wie sie im Duden verzeichnet sind, folgen sollten, ist hier eine Liberalisierung eingetreten, und häufig geben individuelle Gesichtspunkte den Ausschlag. So können sich Eltern entscheiden, ob sie ihr Kind nun Carolin oder Karolin bzw. Stephan oder Stefan nennen möchten. Die Rechtschreibregeln sind in diesen Fällen nur Empfehlungen, ein paar Tipps erhalten Sie in den folgenden Abschnitten.

ai oder *ei*

Bei einigen alten deutschen Vornamen ist neben der Schreibung mit *ei* auch die Schreibung mit *ai* verbreitet, insbesondere bei Rainer oder Rainold.

c, k oder *z*

Bei lateinischen oder latinisierten Vornamen wird das *c* in der Regel zu einem *k* oder *z* eingedeutscht, z.B. bei Markus, Angelika, Veronika, Felizitas oder Patrizia. Bei einigen Namen ist wiederum die Schreibung mit *c* beliebter, etwa bei Claudia, Cornelia, Caroline, Carla oder Clemens. Nur bei Cäcilie und Cäsar hat sich die ursprüngliche Schreibweise erhalten.

Das *ch* wird bei Namen griechisch-lateinischer Herkunft in der Regel beibehalten (Christoph, Christina), doch werden hier in jüngster Zeit die nordischen Formen (Kristof, Kristina) immer beliebter.

d oder t

Bei althochdeutschen Namen hat sich die Schreibweise mit *d* durchgesetzt, also z.B. Gerhard, Waltraud, Adelheid, Hildegard, Sigmund usw.

f oder ph

Bei deutschen Namen ist der Schreibweise mit *f* der Vorzug zu geben, beispielsweise Alfons, Rudolf, Ralf oder Rolf.
Bei Namen griechischer Herkunft ist das *ph* die korrekte Umschrift für den griechischen Buchstaben *phi* (Φ) und gilt somit als eigentlich richtige Variante, z.B. bei Christoph, Philipp, Stephan oder Sophie. Allerdings wird bei den meisten dieser Namen das *ph* mittlerweile zu einem *f* eingedeutscht, also zu Stefan, Stefanie oder Josef.

f oder v

Die ursprüngliche Schreibung bei Vornamen mit althochdeutsch *folk* ist die Schreibung mit *f,* doch hat sich hier unter lateinischem Einfluss schon früh das *v* durchgesetzt, wie bei Volker oder Volkhard. Nur in niederdeutschen und friesischen Varianten ist das *f* erhalten geblieben.
Bei friesischen, niederdeutschen und nordischen Namen ist die Endung auf -*f* die üblichere Variante, z.B. Olaf oder Detlef.

i oder ie

Die althochdeutschen Namensbestandteile *fried* und *sieg* werden heute in der Regel mit *ie* geschrieben. Ausnahmen sind Fridolin, Sigmund oder Sigismund.

Kurzformen mit -*i* oder -*y*

Im Deutschen enden Kurz- oder Koseformen in der Regel auf -*i*, wie bei Susi, Steffi oder Uli. Aus dem Englischen wurden jedoch auch die Schreibweisen mit -*y* übernommen, z.B. Andy oder Lilly.

t oder *th*

In althochdeutschen Namen wird das *th* heute meist auf ein *t* reduziert, z.B. Günter, Walter oder Dieter, doch stehen die Formen mit *th* gleichberechtigt daneben: Günther, Walther, Diether. Sprachgeschichtlich falsch ist ein *th* jedoch bei den Vornamen Helmut, Berta oder Herta.
Bei Vornamen griechischer Herkunft bleibt das *th* in der Regel erhalten, etwa bei Dorothea, Theodor oder Katharina. Bei Vornamen, die aus anderen Sprachen stammen, sind beide Schreibweisen möglich, z.B. Thorsten/Torsten, Arthur/Artur.

w oder *v*

Bei nordischen Vornamen wie Sven, Svenja oder Solveig hat sich die Schreibweise mit *v* erhalten. Bei Vornamen aus dem Russischen wird in der Regel zwar *v* gesprochen, doch *w* geschrieben, z.B. Iwan, Wanja, Swetlana. Eine Ausnahme bildet Vera.

Häufige Falschschreibungen

Vor allem bei Vornamen fremder Herkunft treten immer wieder Fehler auf. Grundsätzlich gilt: Fremde Vornamen werden so geschrieben wie in ihrer ursprünglichen Sprache, also z.B. André, Jacqueline, Jeannette, Mike, Jennifer,

Marco oder Bianca. Die Schreibweise »Schanett« für Jeannette wurde von einem deutschen Gericht abgelehnt, obwohl sie der Aussprache des Namens entspricht.

Akzente, die für die korrekte Aussprache notwendig sind, wie bei André oder René, dürfen nicht weggelassen werden. Umgekehrt dürfen aber auch keine falschen Akzente eingefügt werden, nur um die Aussprache festzulegen; die Schreibweise Michél ist daher unzulässig.

Bei russischen Vornamen sollte die deutsche Transliteration gewählt werden, nicht die englische oder französische (also z. B. Natascha und nicht Natasha).

Bei den hebräisch-griechischen Namen Matthias und Matthäus gilt die Schreibung mit *tth* als korrekt.

Ein Ausnahmefall ist Sibylle. Da dieser Name bereits so häufig falsch geschrieben wurde (Sybille), erkennen die Standesämter mittlerweile auch die eigentlich falsche Schreibweise an.

Schreibung von Doppelnamen

Vornamen, die aus zwei Namen zusammengesetzt sind, können entweder zusammen oder mit Bindestrich geschrieben werden, z. B. Hans-Peter/Hanspeter, Anne-Marie/Annemarie oder Karl-Heinz/Karlheinz.

Dabei gilt ein Bindestrich-Name immer als ganzer Vorname und muss im amtlichen Verkehr auch so angegeben werden. Eine Anne-Marie Müller darf also nicht mit Anne Müller unterschreiben, auch wenn sie im Alltagsleben so genannt wird. Ist eine Schreibweise erst einmal standesamtlich registriert, darf sie nicht mehr geändert werden. Überlegen Sie also gut, ob Sie Ihr Kind wirklich mit einem Doppelnamen wie Maximilian-Alexander belasten wollen.

Einige Tipps und Hinweise zur Namenswahl

Zu guter Letzt erhalten Sie hier noch einige Hinweise zur Wahl des Vornamens, die nicht nur mit gesetzlichen Vorschriften zu tun haben, sondern auch mit dem persönlichen Geschmack – und über den lässt sich ja bekanntlich nicht streiten.

- Haben Sie bei der Wahl des Vornamens immer das Wohl Ihres Kindes im Auge, denn Ihr Sohn oder Ihre Tochter trägt diesen Namen ein Leben lang – und will vielleicht nicht unbedingt gehänselt werden oder ständig den Namen buchstabieren müssen.
- Da heute auch gebräuchliche Kurzformen eines Vornamens eintragungsfähig sind, spricht zwar nichts dagegen, dass Sie Ihr Kind statt Benjamin oder Susanne gleich Benny oder Susi nennen. Dies ist für ein kleines Kind ganz niedlich, aber Kinder werden ja auch einmal größer. Und wenn Susi dann einmal Professorin für Astrophysik ist, möchte sie vielleicht doch lieber als Susanne ihren Nobelpreis in Empfang nehmen.
- Vor- und Zuname eines Kindes dürfen nicht identisch sein. Heißen Sie also zufällig Stefan mit Nachnamen, darf Ihr Kind nicht Stefan Stefan heißen.
- Auch mehrere Kinder innerhalb einer Familie dürfen nicht den gleichen Namen tragen, sie müssen sich zumindest durch einen Zweitnamen unterscheiden.
- Denken Sie bei Ihrer Namenswahl immer auch an den Familiennamen des Kindes, denn schließlich gehören beide zusammen. Alliterationen wie Sandra Seibold oder Max Meier sind Geschmackssache, Reime wie Peter Grether können ebenfalls leicht albern wirken. Verscho-

nen Sie Ihr Kind auch mit schlechten Witzen wie zum Beispiel »Axel Schweiß« oder »Tom Bola«, wenn Sie nicht Ihr Leben lang gehasst werden wollen. Zu einem sehr langen, mehrsilbigen Nachnamen, wie zum Beispiel Obermeier, passen kurze Vornamen besser als lange, umgekehrt klingt auch ein kurzer Nachname besser mit einem langen Vornamen. Wenn Sie einen sehr häufigen Nachnamen wie Meier, Müller, Schmidt oder einen regional geprägten Nachnamen wie Weishäuptl tragen, kann ein außergewöhnlicher oder exotischer Vorname leicht lächerlich wirken. Denken Sie nur einmal an Cheyenne Meier oder Leonardo Weishäuptl.

- Nicht jeder Name passt zu jedem Kind. Natürlich können Sie bei der Geburt noch nicht wissen, wie Ihr Sprössling sich einmal entwickeln wird, aber trotzdem sollten Sie bedenken, dass ein bestimmter Name bestimmte Assoziationen weckt. So stellt man sich unter einer Carmen eine rassige Dunkelhaarige vor, und ein Herkules passt nicht unbedingt zu einem schmächtigen Bürschchen. Zwar trägt jeder seine eigenen positiven wie negativen Vorurteile (die erste Liebe, der verhasste Mathelehrer) gegenüber bestimmten Namen mit sich herum, doch sollten Sie Namen vermeiden, die bei den meisten Menschen bestimmte Assoziationen hervorrufen.

- Vorsicht ist auch bei Modenamen angebracht. So mussten sich Standesbeamte nach dem gleichnamigen Kinohit damit herumschlagen, ob »Nemo« als Vorname zugelassen ist, und auch »Der Herr der Ringe« stand für manch ungewöhnliche Namenswünsche von Frodo und Co. Pate. Diese Namen sind allerdings relativ schnell wieder out – und wollen Sie Ihrem Kind in zehn Jahren wirklich erklären, dass es nach einem Zeichentrickfisch benannt wurde? Auch der Pumuckl stand vor einigen Jahren hoch in der Gunst frischgebackener Eltern, ist allerdings nur als Zweitname zugelassen. Ob all die Pumuckls auch wirklich rothaarig sind?

Die schönsten internationalen Vornamen von A bis Z

Vornamen für Jungen

Sie erwarten einen Jungen? Auf den folgenden Seiten finden Sie Jungennamen aus aller Welt – von Aaron bis Zyriakus.

Aaron, Aron   hebräisch. Bedeutung: der Erleuchtete. Berühmter Namensträger: Aaron Copland (amerikanischer Komponist).

Abbo   Kurzform zu Vornamen mit Adal-.

Abdul   arabisch. Bedeutung: Knecht, Sklave.

Abdullah   arabisch. Bedeutung: Knecht Allahs. Name zahlreicher Gefährten des Propheten.

Abe   Kurzform zu ➤ Albert, ➤ Albrecht oder ➤ Adalbert.

Abel   1. hebräisch. Bedeutung: von hebräisch *hebel* »Hauch, Vergänglichkeit«, in der Bibel der zweite Sohn Adams, der von seinem Bruder Kain erschlagen wurde. 2. im Mittelalter auch Kurzform zu ➤ Adalbert. Berühmte Namensträger: Abel Gance (französischer Regisseur).

Abi   Kurzform zu ➼ Abraham.

Abiona   afrikanisch/nigerianisch. Bedeutung: der während einer Reise Geborene. Auch weiblicher Vorname.

Abo   Nebenform zu ➼ Abbo.

Abraham   hebräisch. Bedeutung: Vater der Menge. Berühmte Namensträger: Abraham a Sancta Clara (deutscher Prediger und Volksschriftsteller), Abraham Lincoln (US-Präsident).

Absalom   hebräisch. Bedeutung: Vater des Friedens.

Achaz   hebräisch. Bedeutung: der Herr hat ergriffen.

Achill, Achilles   griechisch. Geht auf den griechischen Helden Achilleion zurück, der im Trojanischen Krieg Hector im Zweikampf besiegt.

Achim   Kurzform zu ➼ Joachim. Berühmter Namensträger: Achim von Arnim (deutscher Dichter).

Achmed   arabisch. Bedeutung: der Lobenswerte.

Adalbero   deutsch. Bedeutung: von althochdeutsch *adal* »edel, vornehm« und *bero* »Bär«.

Adalbert, Adelbert   deutsch. Bedeutung: von althochdeutsch *adal* »edel, vornehm« und *beraht* »glänzend«. Berühmte Namensträger: Adelbert von Chamisso (deutscher Dichter), Adalbert Stifter (österreichischer Dichter).

Adalfried   deutsch. Bedeutung: von althochdeutsch *adal* »edel, vornehm« und *fridu* »Friede«.

Adalger   deutsch. Bedeutung: von althochdeutsch *adal* »edel, vornehm« und *ger* »Speer«.

Adam   hebräisch. Bedeutung: der Mensch, Mann aus Erde. Biblischer Stammvater der Menschheit. Berühmte Namensträger: Adam Ries (deutscher Rechenmeister), Adam Smith (britischer Moralphilosoph und Volkswirtschaftler), Adam Opel (deutscher Industrieller).

Adamo italienische Form von ➙ Adam.

Addi, Addy Kurzformen zu Vornamen mit Ad(al)-.

Adelar deutsch. Bedeutung: Adler.

Adelbert Nebenform von ➙ Adalbert.

Adelhard deutsch. Bedeutung: von althochdeutsch *adal* »edel, vornehm« und *harti* »hart, stark«.

Adeodatus lateinisch. Bedeutung: der von Gott Geschenkte.

Adi Kurzform zu Vornamen mit Ad(al)-.

Adnan arabisch. Bedeutung: Ruf zum Gebet.

Adolar deutsch. Bedeutung: von althochdeutsch *adal* »edel, vornehm« und *heri* »Kriegsschar, Heer«.

Adolf, Adolph deutsch. Bedeutung: von althochdeutsch *adal* »edel, vornehm« und *wolf* »Wolf«.

Adolfo italienische Form von ➙ Adolf.

Adolph Nebenform zu ➙ Adolf.

Adolphe französische Form von ➙ Adolf.

Adonis griechisch. Bedeutung: In der griechischen Mythologie war Adonis der Geliebte der Göttin Aphrodite.

Adri indisch-pakistanisch. Bedeutung: Felsen, Name einer niederen Hindugottheit.

Adriaen niederländische Form von ➙ Adrian. Berühmter Namensträger: Adriaen de Vries (niederländischer Bildhauer).

Adrian lateinisch. Bedeutung: der aus der Stadt Hadria (Adria) Stammende.

Adriano italienische Form von ➙ Adrian.

Adrien französische Form von ➙ Adrian.

Ady Kurzform zu Vornamen mit Ad(al)-.

Ägid, Ägidius griechisch. Bedeutung: Schild des Zeus.

Agnolo italienische Nebenform zu ➙ Angelo.

Agu   afrikanisch/nigerianisch. Bedeutung: Leopard.

Ahanu   indianisch. Bedeutung: der Lachende.

Aidan   irisch-gälisch. Bedeutung: der Feurige.

Aimé   französisch. Bedeutung: der Geliebte.

Akash   indisch-pakistanisch. Bedeutung: Himmel.

Ake   schwedische Kurzform zu Vornamen mit Agi-.

Akim   dänische und russische Kurzform zu ➦ Joachim.

Aladin   arabisch. Bedeutung: Erhabenheit des Glaubens.

Alain   französische Form von ➦ Alan. Berühmter
Namensträger: Alain Delon (französischer Schauspieler).

Alan, Allan, Allen   englisch, keltisch-bretonischer
Herkunft. Bedeutung: zum Volksstamm der Alanen
gehörend. Berühmter Namensträger: Edgar Allan Poe
(amerikanischer Schriftsteller).

Alani   hawaiisch. Bedeutung: Orange, Orangenbaum.

Alaula   hawaiisch. Bedeutung: Abendrot. Auch weiblicher Vorname.

Alban   lateinisch. Bedeutung: der aus der Stadt Alban
Stammende.

Albano   italienische Form von ➦ Alban.

Alberich   deutsch. Bedeutung: von althochdeutsch *alb*
»Elfe, Naturgeist« und *rihhi* »reich«.

Albert, Albertus   Kurzform zu ➦ Adalbert. Berühmte
Namensträger: Albertus Magnus (Gelehrter des Mittel-
alters), Albert Schweitzer (elsässischer Arzt, Theologe
und Philosoph), Albert Einstein (deutscher Physiker),
Albert Camus (französischer Schriftsteller).

Alberto   italienische und spanische Form von ➦ Albert.
Berühmte Namensträger: Alberto Moravia (italienischer
Schriftsteller), Alberto Tomba (italienischer Skifahrer).

Albin   lateinisch. Bedeutung: der Weiße.

Albrecht   deutsch. Nebenform zu → Adalbert. Berühmter Namensträger: Albrecht Dürer (deutscher Maler).

Albuin   deutsch. Bedeutung: von althochdeutsch *alb* »Elfe, Naturgeist« und *wini* »Freund«.

Alec   englische Kurzform zu → Alexander.

Alejo   spanische Form von → Alexander.

Alessandro   italienische Form von → Alexander.

Alessio   italienische Form von → Alexis.

Alev   türkisch. Bedeutung: Flamme. Auch weiblicher Vorname.

Alex   Kurzform zu → Alexander.

Alexander   griechisch. Bedeutung: Beschützer, Verteidiger. Papstname. Berühmte Namensträger: Alexander von Humboldt (deutscher Naturforscher und Geograf), Alexander Graham Bell (Erfinder des Telefons).

Alexandre   französische Form von → Alexander. Berühmter Namensträger: Alexandre Dumas (französischer Schriftsteller).

Alexei, Alexej, Aleksej   russische Formen von → Alexis.

Alexis, Alexius   griechisch. Bedeutung: Hilfe, Abwehr. Kurzform zu → Alexander.

Alf   Kurzform zu → Adolf und → Alfred.

Alfio   italienisch. Bedeutung: von griechisch *alphos* »weiß«.

Alfons, Alphons   deutsch. Bedeutung: von althochdeutsch *hadu* »Kampf« und *funs* »bereit, tapfer«.

Alfonso   spanische und italienische Form von → Alfons.

Alfred   englisch. Bedeutung: von altenglisch *aelf* »Naturgeist« und *raed* »Ratgeber«. Berühmte Namensträger: Alfred de Musset (französischer Dichter), Alfred Nobel (schwedischer Chemiker), Alfred Hitchcock (englischamerikanischer Regisseur), Alfred Biolek (deutscher TV-Moderator).

Alfredo   italienische und spanische Form von ➥ Alfred.

Ali   arabisch. Bedeutung: der Erhabene.

Aljoscha   russische Kurzform zu ➥ Alexei.

Allan, Allen   Nebenformen zu ➥ Alan.

Almar   nordisch. Bedeutung: der Edle, Berühmte.

Alois   romanisierte Form des althochdeutschen Namens *Alawis* »der vollkommen Weise«.

Alphonse   französische Form von ➥ Alfons.

Alrik   niederdeutsch. Bedeutung: der Vornehme.

Alvaro   spanisch. Bedeutung: Hüter.

Alwin   deutsch. Jüngere Form von Adalwin. Bedeutung: von althochdeutsch *adal* »edel, vornehm« und *wini* »Freund«. Berühmter Namensträger: Alwin Schockemöhle (deutscher Springreiter).

Amadeo   italienische und spanische Form von ➥ Amadeus.

Amadeus   lateinisch. Bedeutung: Liebe Gott! (= Gottlieb). Berühmter Namensträger: Wolfgang Amadeus Mozart (österreichischer Komponist).

Amand   deutsche Form von ➥ Amandus.

Amando   italienische Form von ➥ Amandus.

Amandus   lateinisch. Bedeutung: der Liebenswürdige.

Amatus   lateinisch. Bedeutung: der Geliebte.

Ambros   griechisch. Bedeutung: der Göttliche.

Amin   arabisch. Bedeutung: der Treue, Vertrauenswürdige, Zuverlässige. Einer der Beinamen des Propheten Mohammed.

Amir   arabisch. Bedeutung: Prinz, Befehlshaber.

Amon   hebräisch. Bedeutung: der Treue. In der Bibel ein König von Juda.

Amos hebräisch. Bedeutung: der von Gott Getragene, Träger. Biblischer Prophet. Berühmter Namensträger: Amos Oz (israelischer Schriftsteller).

An, Anh vietnamesisch. Bedeutung: Friede, Sicherheit. Auch weiblicher Vorname.

Anand indisch-pakistanisch. Bedeutung: Glück, Freude.

Anastasius griechisch. Bedeutung: der Auferstandene.

Anatol griechisch. Bedeutung: Sonnenaufgang.

Anders dänische und schwedische Form von ➡ Andreas.

Andi Koseform zu ➡ Andreas.

Andór ungarische Form von ➡ Andreas.

András ungarische Form von ➡ Andreas.

André französische Form von ➡ Andreas.

Andrea italienische Form von ➡ Andreas. In Deutschland gilt Andrea allgemein als Mädchenname. In der Schweiz dürfen Jungen diesen Namen in Kombination mit einem eindeutig männlichen Zweitnamen tragen.

Andreas griechisch. Bedeutung: der Tapfere, Mannhafte. Berühmter Namensträger: Andreas Gryphius (deutscher Dichter).

Andrej russische Form von ➡ Andreas.

Andres Nebenform zu ➡ Andreas.

Andrew englische Form von ➡ Andreas.

Andries niederdeutsch-friesische Nebenform zu ➡ Andreas.

Andy englische Koseform zu ➡ Andrew. Berühmter Namensträger: Andy Warhol (amerikanischer Künstler).

Angelo englische und italienische Form von ➡ Angelus.

Angelus lateinisch-griechisch. Bedeutung: Engel, Bote Gottes. Berühmter Namensträger: Angelus Silesius (deutscher Dichter).

Angus   englisch, vor allem in Schottland verbreitet.
Bedeutung: einzige Wahl.

Anil   indisch-pakistanisch. Bedeutung: Wind.

Aniweta   afrikanisch/nigerianisch. Bedeutung: der von
Ani (Geist der nigerianischen Ibo-Kultur) Gebrachte.
Auch weiblicher Vorname.

Anno   Kurzform zu ➔ Arnold.

Ansbert   deutsch. Bedeutung: von althochdeutsch *ans*
»Gott« und *beraht* »glänzend«.

Anselm   deutsch. Bedeutung: von althochdeutsch *ans*
»Gott« und *helm* »Helm«. Berühmter Namensträger:
Anselm Feuerbach (deutscher Maler).

Anselmo   italienische Form von ➔ Anselm.

Ansgar   deutsch. Bedeutung: von althochdeutsch *ans*
»Gott« und *ger* »Speer«.

Ansis   lettische Form von ➔ Johannes.

Anthony   englische Form von ➔ Anton.

Antoine   französische Form von ➔ Anton.

Anton   lateinisch. Bedeutung: geht zurück auf den altrömischen Geschlechternamen Antonius. Berühmte
Namensträger: Anton Tschechow (russischer Schriftsteller), Kinderbuchfigur aus »Pünktchen und Anton«
von Erich Kästner.

Antonio   italienische Form von ➔ Anton.

Anup   indisch-pakistanisch. Bedeutung: der Unver-
gleichliche.

Ariel   hebräisch. Bedeutung: Held Gottes.

Arjun, Arjuna   indisch-pakistanisch. Bedeutung: der
Weiße, Helle.

Armando   italienische Form von ➔ Hermann.

Armas   finnisch. Bedeutung: der Anmutige, Liebliche.

Armin   Kurzform zu ➔ Arminius.

Arminius latinisierte Form der germanischen Namen aus Ermen- oder Irmen-. Bedeutung: von germanisch *ermana* »allumfassend, groß«. Berühmter Namensträger: Armin Müller-Stahl (deutscher Schauspieler).

Arnaud französische Form von ➥ Arnold.

Arnd Kurzform zu ➥ Arnold.

Arne dänische/schwedische Form von ➥ Arnold.

Arno Kurzform zu ➥ Arnold.

Arnold deutsch. Bedeutung: der wie ein Adler Herrschende.

Aron Nebenform zu ➥ Aaron.

Arslan türkisch. Bedeutung: Löwe.

Arthur, Artur, Arthus, Artus keltisch. Bedeutung unklar. Berühmter Namensträger: König Arthur (englischer Sagenheld).

Arun indisch-pakistanisch. Bedeutung: wie die Morgendämmerung.

Arvid nordisch. Bedeutung: Krieger.

Ashley englisch. Bedeutung: Bewohner der Eschenweide. Auch weiblicher Vorname.

Attila gotisch. Bedeutung: Väterchen. Geht zurück auf den Hunnenkönig Attila.

August, Augustus lateinisch. Bedeutung: der Erhabene. Beiname römischer Herrscher. Berühmte Namensträger: August der Starke (Kurfürst), August Bebel (Mitbegründer der deutschen Sozialdemokratie), August Strindberg (schwedischer Schriftsteller), August Diehl (deutscher Schauspieler).

Augustin erweiterte Form zu ➥ August.

Augustus Nebenform zu ➥ August.

Aurel, Aurelius lateinisch. Bedeutung: der Goldene. Römischer Geschlechtername. Berühmter Namensträger: Marcus Aurelius (römischer Kaiser).

Avery altenglisch. Bedeutung: Elfenführer. Auch weiblicher Vorname.

Axel schwedische Kurzform zu ➤ Absalom.

Aziz arabisch. Bedeutung: er liegt mir am Herzen.

Bala indisch-pakistanisch. Bedeutung: kleines Kind. Auch weiblicher Vorname.

Baldo friesische Kurzform zu Vornamen mit Bald-.

Balduin deutsch. Bedeutung: von althochdeutsch *bald* »kühn« und *wini* »Freund«.

Baldur nordisch. Bedeutung: geht zurück auf den altnordischen Gott Baldr (Gott des Lichts und der Fruchtbarkeit).

Balthasar hebräisch. Bedeutung: Gott schütze sein Leben. Einer der Heiligen Drei Könige. Berühmte Namensträger: Balthasar Neumann (deutscher Baumeister), Baltasar Gracián y Morales (spanischer Philosoph).

Bao chinesisch. Bedeutung: Schatz. Auch weiblicher Vorname.

Baptist griechisch. Ursprünglich Beiname von Johannes dem Täufer. Auch heute noch hauptsächlich in der Kombination Johann Baptist.

Barnabas hebräisch. Bedeutung: Sohn des Trostes.

Barnaby englische Form von ➤ Barnabas.

Barnd niederdeutsche Form von ➤ Bernd.

Bartholomäus hebräisch. Bedeutung: Sohn des Tolmai.

Bartholomé französische Form von ➤ Bartholomäus.

Bartolomé   spanische Form von → Bartholomäus.

Bartolomeo   italienische Form von → Bartholomäus.

Baruch   hebräisch. Bedeutung: der Gesegnete. Berühmter Namensträger: Baruch de Spinoza (niederländischer Philosoph).

Baschir   arabisch. Bedeutung: Freudenbote, Verkünder guter Nachrichten.

Basil, Basilius   griechisch. Bedeutung: der Königliche.

Bassam   arabisch. Bedeutung: der Lächelnde.

Bastian   Kurzform zu → Sebastian.

Bastien   französische Form von → Sebastian.

Beat   Kurzform zu → Beatus. Besonders in der Schweiz sehr beliebt.

Beatus   lateinisch. Bedeutung: der Glückliche.

Bekir   türkisch. Bedeutung: der Reine, Unberührte.

Béla   ungarische Kurzform zu → Adalbert. Berühmter Namensträger: Béla Bartók (ungarischer Komponist).

Bem   afrikanisch/nigerianisch. Bedeutung: Friede.

Ben   Kurzform zu → Benjamin. Berühmter Namensträger: Ben Kingsley (englischer Schauspieler).

Bendix   Nebenform zu → Benedikt.

Benedetto   italienische Form von → Benedikt.

Benedikt   lateinisch. Bedeutung: der Gesegnete. Papstname. Geht zurück auf den hl. Benedikt von Nursia, den Vater des Mönchtums.

Bengt   schwedische und dänische Form von → Benedikt.

Benito   italienische und spanische Kurzform zu → Benedikt.

Benjamin   hebräisch. Bedeutung: Glückskind, Sohn der rechten (glücklichen) Hand. In der Bibel der jüngste Sohn von Jakob und Rahel. Berühmte Namensträger:

Benjamin Franklin (amerikanischer Staatsmann),
Benjamin Britten (englischer Komponist).

Benno   selbstständige Kurzform zu ➤ Bernhard,
➤ Benedikt und ➤ Benjamin.

Benny   Kurzform zu ➤ Benjamin.

Benoît   französische Form von ➤ Benedikt.

Berend   Kurzform zu ➤ Bernhard.

Bernard   englische und französische Form von
➤ Bernhard. Berühmter Namensträger: George Bernard
Shaw (irischer Schriftsteller).

Bernardo   italienische, spanische und portugiesische
Form von ➤ Bernhard. Berühmter Namensträger:
Bernardo Bertolucci (italienischer Regisseur).

Bernd   Nebenform zu ➤ Bernhard.

Bernhard   deutsch. Bedeutung: von althochdeutsch *bero*
»Bär« und *harti* »hart, stark«. Berühmte Namensträger:
Bernhard Grzimek (deutscher Zoologe), Bernhard Wicki
(schweizerischer Schauspieler und Regisseur).

Bert   Kurzform zu ➤ Berthold oder anderen Vornamen
mit Bert-.

Berthold, Bertold, Bertolt   deutsch. Bedeutung: von
althochdeutsch *beraht* »glänzend« und *waltan* »walten,
herrschen«. Berühmter Namensträger: Bertolt Brecht
(deutscher Schriftsteller).

Bertil   schwedisch. Bedeutung: der Glänzende.

Bertold, Bertolt   Nebenformen zu ➤ Berthold.

Bertram   deutsch. Bedeutung: von althochdeutsch *beraht*
»glänzend« und *hraban* »Rabe«. Berühmter Namensträger: Meister Bertram (deutscher Maler und Bild-
schnitzer).

Bertrand   deutsch. Bedeutung: von althochdeutsch
beraht »glänzend« und *rant* »Schild«. Berühmter

Namensträger: Bertrand Russel (englischer Mathematiker und Philosoph).

Bill, Billy   Kurzformen zu ➙ William. Berühmte Namensträger: Bill Clinton (US-Präsident), Bill Gates (amerikanischer Unternehmer), Billy Wilder (amerikanischer Regisseur), Billy Joel (amerikanischer Rockmusiker).

Birger   nordisch. Bedeutung: der Helfer, Schützer.

Birk   alemannische Kurzform zu ➙ Burkhard.

Bjarne   nordisch. Nebenform zu ➙ Björn.

Björn   schwedisch. Bedeutung: der Bär. Berühmte Namensträger: Björn Borg (schwedischer Tennisspieler), Björn Ulvaeus (schwedischer Musiker).

Blaise   französische Form von ➙ Blasius. Berühmter Namensträger: Blaise Pascal (französischer Philosoph und Mathematiker).

Blasius   lateinisch. Bedeutung unklar.

Bo   dänisch und schwedisch. Bedeutung: der Sesshafte. Berühmter Namensträger: Bo Diddley (amerikanischer Bluessänger).

Boas   hebräisch. Bedeutung: in ihm ist Stärke.

Bob   englische Kurzform zu ➙ Robert. Bekannte Namensträger: Bob Dylan (amerikanischer Musiker), Bob Marley (jamaikanischer Musiker).

Bobby   englische Kurzform zu ➙ Robert.

Bodo, Boto, Botho   deutsch. Bedeutung: 1. von altsächsisch *bodo* »Gebieter« bzw. althochdeutsch *boto* »Bote«. 2. selbstständige Kurzform zu deutschen Namen mit Bodo-, Bode-, Bot-. Berühmter Namensträger: Bodo Kirchhoff (deutscher Schriftsteller).

Boris   russische Kurzform zu Borislaw. Bedeutung: von slawisch *boru* »Kampf« und *slava* »Ruhm«. Berühmte Namensträger: Boris Pasternak (russischer Schriftsteller), Boris Becker (deutscher Tennisspieler), Boris Jelzin (russischer Politiker).

Börries niederländische Kurzform zu → Liborius.

Bosse Koseform zu → Bo.

Botho, Boto Nebenformen zu → Bodo.

Brendan englisch, irischer Herkunft. Bedeutung unklar.

Brian, Bryan keltisch. Bedeutung: von *bryn* »Hügel«. Berühmter Namensträger: Bryan Adams (kanadischer Rocksänger).

Broder, Bror friesisch. Bedeutung: Bruder.

Brooke englisch. Bedeutung: der vom Bach. Auch weiblicher Vorname.

Bror Nebenform zu → Broder.

Bruce englisch. Bedeutung: Name eines schottischen Adelsgeschlechts. Berühmte Namensträger: Bruce Lee (amerikanischer Schauspieler), Bruce Springsteen (amerikanischer Rocksänger), Bruce Willis (amerikanischer Schauspieler).

Bruno latinisierte Form des alten deutschen Namens Brun. Bedeutung: der Braune. Berühmte Namensträger: Bruno Apitz (deutscher Schriftsteller), Bruno Ganz (schweizerischer Schauspieler), Bruno Jonas (deutscher Kabarettist).

Bryan Nebenform zu → Brian.

Bülent türkisch. Bedeutung: der Große.

Burkhard, Burkhart, Burghard, Burchard, Burkart deutsch. Bedeutung: von althochdeutsch *burg* »Schutz, Zuflucht« und *harti* »hart, stark«.

Caleb, Kaleb hebräisch. Bedeutung: der Mutige.

Calvin englisch. Bedeutung: geht auf den schweizerischen Reformator Johannes Calvin zurück. Von lateinisch *calvus* »kahlköpfig«. Berühmter Namensträger: Calvin Klein (amerikanischer Modeschöpfer).

Cameron schottisch-gälisch. Bedeutung: schiefe Nase, Name eines schottischen Clans. Auch weiblicher Vorname.

Camille französische Form von ➙ Camillo. Auch weiblicher Vorname.

Camillo italienisch. Bedeutung: von lateinisch *camillus* »Altardiener«. Auch Beiname im altrömischen Geschlecht der Furier.

Can türkisch. Bedeutung: Mensch mit Herz.

Carl Nebenform zu ➙ Karl. Berühmte Namensträger: Carl Zuckmayer (deutscher Schriftsteller), Carl Orff (deutscher Komponist), Carl Lewis (amerikanischer Leichtathlet).

Carlo italienische Form von ➙ Karl. Berühmte Namensträger: Carlo Goldoni (italienischer Dramatiker), Carlo Schmid (deutscher Politiker).

Carlos spanische Form von ➙ Karl. Berühmter Namensträger: Carlos Santana (mexikanisch-amerikanischer Rockmusiker).

Carol rumänische Form zu ➙ Karl.

Carsten Nebenform zu ➙ Karsten.

Cäsar, Caesar lateinisch. Bedeutung: Beiname im altrömischen Geschlecht der Julier. Berühmte Namensträger: Gaius Julius Caesar (römischer Feldherr und Staatsmann), Cäsar Flaischlen (deutscher Schriftsteller).

Casey   irisch-gälisch. Bedeutung: der Tapfere, Wachsame. Auch weiblicher Vorname.

Casimir   Nebenform zu ➞ Kasimir.

Caspar   Nebenform zu ➞ Kaspar.

Cassian   lateinisch. Bedeutung: geht zurück auf den altrömischen Geschlechternamen Cassius.

Cedric   englisch, keltischer Herkunft. Bedeutung: ungenaue Wiedergabe des altenglischen Königsnamens Cerdic.

Chaim   hebräisch. Bedeutung: Leben.

Chandan   indisch-pakistanisch. Bedeutung: Sandelholz.

Charles   englische und französische Form von ➞ Karl. Berühmte Namensträger: Charles Dickens (englischer Schriftsteller), Charlie Chaplin (amerikanischer Schauspieler und Regisseur), Charles de Gaulle (französischer Staatsmann), Charles, Prince of Wales (britischer Thronfolger).

Chi   afrikanisch/nigerianisch. Bedeutung: Gott.

Chrestien   französische Form zu ➞ Christian.

Chris   Kurzform zu ➞ Christian, ➞ Christoph. Auch weiblicher Vorname.

Christel   Kurzform zu ➞ Christian, ➞ Christoph. Auch weiblicher Vorname.

Christer, Krister   dänische und schwedische Formen von ➞ Christian.

Christian, Kristian   lateinisch, griechischer Herkunft. Bedeutung: der Christ, der Gesalbte. Berühmte Namensträger: Christian Morgenstern (deutscher Lyriker), Hans Christian Andersen (dänischer Schriftsteller), Christian Dior (französischer Modeschöpfer).

Christof   Nebenform zu ➞ Christoph.

Christoff, Christoffer   Nebenformen zu ➡ Christoph,
➡ Christopher.

Christoforo   italienische Form von ➡ Christoph.

Christoph, Christof   griechisch. Bedeutung: Christus-
Träger. Berühmte Namensträger: Christoph Kolumbus
(Entdecker Amerikas), Christoph Martin Wieland
(deutscher Dichter).

Christophe   französische Form von ➡ Christoph.

Christopher   englische Form von ➡ Christoph.

Claas   Kurzform zu ➡ Nikolaus.

Clark   englisch. Bedeutung: von lateinisch *clericus*
»Geistlicher, Gelehrter«. Berühmter Namensträger:
Clark Gable (amerikanischer Schauspieler).

Claude   französische Form von ➡ Claudius. Auch weiblicher Vorname. Berühmter Namensträger: Claude
Debussy (französischer Komponist).

Claudio   italienische Form von ➡ Claudius.

Claudius, Klaudius   lateinisch. Bedeutung: geht zurück
auf den altrömischen Geschlechternamen der Claudier.
Berühmter Namensträger: Tiberius Claudius Nero
(römischer Kaiser).

Claus   Nebenform zu ➡ Klaus.

Clemens, Klemens   lateinisch. Bedeutung: der Milde,
Gnädige. Berühmte Namensträger: Clemens Brentano
(deutscher Dichter), Clemens Krauss (österreichischer
Dirigent).

Clement   englische und französische Form von
➡ Clemens.

Clemente   italienische und spanische Form von
➡ Clemens.

Cliff   Kurzform zu ➡ Clifford. Berühmter Namensträger:
Cliff Richard (englischer Popsänger).

Clifford englisch. Bedeutung: geht zurück auf einen englischen Familien- und Ortsnamen.

Clint Kurzform zu → Clinton. Berühmter Namensträger: Clint Eastwood (amerikanischer Schauspieler und Regisseur).

Clinton englisch. Bedeutung unklar.

Clive englisch. Bedeutung: geht auf einen englischen Familiennamen zurück.

Cölestin, Zölestin lateinisch. Bedeutung: der Himmlische.

Colin englische Kurzform zu → Nicolas. Berühmter Namensträger: Colin Farrell (irischer Schauspieler).

Conan keltisch. Bedeutung: Intelligenz, Weisheit.

Conor, Connor irisch. Bedeutung: geht zurück auf eine Sagengestalt.

Conrad Nebenform zu → Konrad.

Constantin Nebenform zu → Konstantin.

Corbinian Nebenform zu → Korbinian.

Cord, Cordt, Kord Nebenformen zu → Kurt.

Cornelius, Kornelius lateinisch. Bedeutung: geht zurück auf das altrömische Geschlecht der Cornelier.

Corrado italienische Form von → Konrad.

Crispin, Crispinus, Krispin, Krispinus lateinisch. Bedeutung: der Kraushaarige.

Cristian, Cristiano italienische Formen zu → Christian.

Cristobal spanische Form von → Christoph, → Christopher.

Curd Nebenform zu → Kurt.

Curran irisch-gälisch. Bedeutung: Held.

Cyrill, Cyrillus griechisch. Bedeutung: der rechte Herr, Gebieter.

Dabir afrikanisch. Bedeutung: Lehrer.

Dag nordisch. Kurzform zu Vornamen mit Dag-. Berühmter Namensträger: Dag Hammarskjöld (schwedischer Politiker).

Dagobert keltisch-germanisch. Bedeutung: von keltisch *daga* »gut, sehr« und althochdeutsch *beraht* »glänzend«.

Damian griechisch. Bedeutung: der aus dem Volk.

Dan englische Kurzform zu → Daniel.

Dana keltisch. Bedeutung: der Däne. Auch weiblicher Vorname.

Daniel hebräisch. Bedeutung: mein Richter ist Gott. Berühmte Namensträger: Daniel Defoe (englischer Schriftsteller), Daniel Day-Lewis (irischer Schauspieler), Daniel Brühl (deutscher Schauspieler).

Daniele italienische Form von → Daniel.

Danilo slawische Form zu → Daniel.

Danny englische Kurzform zu → Daniel.

Dante italienische Kurzform zu Durante. Bedeutung: der Ausdauernde. Berühmte Namensträger: Dante Alighieri (italienischer Dichter), Dante Gabriel Rossetti (englischer Maler und Dichter).

Dario italienische, spanische und portugiesische Form von → Darius.

Darius lateinisch, persischer Herkunft. Bedeutung: aus dem altpersischen *dârayava(h)us* »der das Gute bewahrt«.

Dariusz polnische Form von → Darius.

Dasan indianisch. Bedeutung: Häuptling.

Daudi afrikanisch/Suaheli. Bedeutung: der Geliebte.

Dave englische Kurzform zu → David.

David hebräisch. Bedeutung: der Geliebte, Liebende. Berühmte Namensträger: Caspar David Friedrich (deutscher Maler), David Bowie (englischer Rockmusiker), David Beckham (englischer Fußballer).

Davide italienische Form von → David.

Dean englisch. Bedeutung: ursprünglich Familienname.

Degenhard deutsch. Bedeutung: von althochdeutsch *degan* »junger Held« und *harti* »hart, stark«.

Deinhard Nebenform zu → Degenhard.

Demetrius griechisch. Bedeutung: der der Erdgöttin Demeter Geweihte.

Denis französische Form von → Dionysius. Berühmter Namensträger: Denis Diderot (französischer Philosoph).

Deniz türkisch. Bedeutung: der zum Meer Gehörige. Auch weiblicher Vorname.

Dennis englische Form von → Dionysius. Berühmte Namensträger: Dennis Hopper (amerikanischer Schauspieler und Regisseur), Dennis Quaid (amerikanischer Schauspieler).

Derek, Derik, Derk niederdeutsche Kurzformen zu → Dietrich.

Detlef, Detlev niederdeutsch. Bedeutung: Erbe, Hinterlassenschaft, Sohn des Volkes. Berühmter Namensträger: Detlev von Liliencron (deutscher Dichter).

Dick, Dicky englische Kurzformen zu → Richard.

Diederich, Diederik niederdeutsche Nebenformen zu → Dietrich.

Diego spanische Form von → Jakob. Berühmte Namensträger: Diego Rivera (mexikanischer Maler), Diego Maradona (argentinischer Fußballer).

Dietbald   deutsch. Bedeutung: von althochdeutsch *thiot* »Volk« und *bald* »kühn«.

Dieter, Diether   deutsch. Bedeutung: von althochdeutsch *thiot* »Volk« und *heri* »Kriegsschar, Heer«. Berühmte Namensträger: Dieter Hildebrandt (deutscher Kabarettist), Dieter Bohlen (deutscher Musiker).

Diethard   deutsch. Bedeutung: von althochdeutsch *thiot* »Volk« und *harti* »hart, stark«.

Diether   Nebenform zu ➜ Dieter.

Dietmar, Ditmar, Dittmar, Thietmar   deutsch. Bedeutung: von althochdeutsch *thiot* »Volk« und *mari* »berühmt«. Berühmter Namensträger: Dietmar Schönherr (österreichischer Schauspieler).

Dietrich, Dietreich   deutsch. Bedeutung: von althochdeutsch *thiot* »Volk« und *rihhi* »Herrschaft, Reich«. Berühmter Namensträger: Dietrich Bonhoeffer (deutscher Theologe und Widerstandskämpfer).

Dimitri   russische Form von ➜ Demetrius.

Dino   italienische Kurzform zu Vornamen, die auf -dino enden, z. B. Bernardino, Corradino.

Dionysius   griechisch. Bedeutung: der dem Gott Dionysos Geweihte.

Dirk   niederdeutsche Kurzform zu ➜ Dietrich.

Ditmar, Dittmar   Nebenformen zu ➜ Dietmar.

Djafar   arabisch. Bedeutung: Bach, Fluss.

Djamal, Jamal   arabisch. Bedeutung: Schönheit.

Dolf   Kurzform zu Vornamen, die auf -dolf enden, z. B. Adolf, Rudolf.

Domenico   italienische Form von ➜ Dominikus.

Domingo   spanische Form von ➜ Dominikus.

Dominic   englische Form von ➜ Dominikus.

Dominik, Dominikus lateinisch. Bedeutung: der dem Herrn (Jesus Christus) Gehörende.

Dominique französische Form von ➡ Dominikus. Auch weiblicher Vorname.

Don englische Kurzform zu ➡ Donald.

Donald englisch, keltischer Herkunft. Bedeutung: der Mächtige. Berühmte Namensträger: Donald Duck (Comicfigur), Donald Sutherland (kanadischer Schauspieler).

Donat, Donatus lateinisch. Bedeutung: Geschenk Gottes.

Donato, Donatello italienische Formen von ➡ Donatus.

Donny englische Kurzform zu ➡ Donald.

Donovan keltisch. Bedeutung: der finstere Krieger.

Dorian englisch, griechischer Herkunft. Bedeutung: der Dorier. Bekannt durch Oscar Wildes Roman »Das Bildnis des Dorian Gray«.

Doug Kurzform zu ➡ Douglas.

Douglas englisch, keltischer Herkunft. Bedeutung: dunkelblau, dunkles Wasser. Auch Name eines schottischen Clans.

Dumaka afrikanisch. Bedeutung: reich mir eine helfende Hand.

Duncan englisch, keltischer Herkunft. Bedeutung: der braune Krieger.

Dustin englisch. Bedeutung: geht auf einen Familiennamen zurück. Berühmter Namensträger: Dustin Hoffman (amerikanischer Schauspieler).

Dyami indianisch. Bedeutung: Adler.

Dylan englisch. Bedeutung unklar. Berühmter Namensträger: Dylan Thomas (walisischer Dichter).

Eberhard deutsch. Bedeutung: von althochdeutsch *ebur* »Eber« und *harti* »hart, stark«. Berühmter Namensträger: Eberhard Feick (deutscher Schauspieler).

Eckart Nebenform zu ➞ Eckehard. Berühmter Namensträger: Meister Eckart (deutscher Mystiker).

Eckbert, Eckbrecht, Egbert deutsch. Bedeutung: von althochdeutsch *ekka* »Spitze einer Waffe« und *beraht* »glänzend«.

Eckehard, Ekkehard, Eckhard, Eckart deutsch. Bedeutung: von althochdeutsch *ekka* »Spitze einer Waffe« und *harti* »hart, stark«. Berühmter Namensträger: Eckhard Henscheid (deutscher Schriftsteller).

Ed Kurzform zu ➞ Edward, ➞ Edgar.

Eddi, Eddie, Eddy Kurzformen zu ➞ Edward, ➞ Edgar.

Ede Kurzform zu ➞ Eduard.

Eden hebräisch. Bedeutung: Schönheit. Auch weiblicher Vorname.

Edgar englisch. Bedeutung: von altenglisch *ead* »Erbgut, Besitz« und *gar* »Speer«. Berühmte Namensträger: Edgar Allan Poe (amerikanischer Schriftsteller), Edgar Wallace (englischer Schriftsteller), Edgar Reitz (deutscher Regisseur).

Edi Kurzform zu ➞ Eduard.

Edmund englisch. Bedeutung: von altenglisch *ead* »Erbgut, Besitz« und *munt* »Schutz der Unmündigen«. Berühmter Namensträger: Edmund Stoiber (bayerischer Politiker).

Edmond französische Form von ➞ Edmund.

Edoardo italienische Form von ➞ Eduard.

Édouard   französische Form von ➡ Eduard.

Eduard   eingedeutschte Form von ➡ Edward. Berühmter Namensträger: Eduard Mörike (deutscher Schriftsteller).

Edvard   norwegische Form von ➡ Eduard. Berühmte Namensträger: Edvard Grieg (norwegischer Komponist), Edvard Munch (norwegischer Maler).

Edward   englisch. Bedeutung: von altenglisch *ead* »Erbgut, Besitz« und *weard* »Hüter, Schützer«.

Edwin   englische Form von ➡ Otwin.

Egbert   Nebenform zu ➡ Eckbert.

Egon   deutsch. Bedeutung unklar. Berühmte Namensträger: Egon Erwin Kisch (deutscher Journalist und Schriftsteller), Egon Schiele (österreichischer Maler).

Ehrhard   Nebenform zu ➡ Erhard.

Eike, Eiko   niederdeutsche Kurzformen zu Vornamen mit Ecke-. Auch weiblicher Vorname.

Einar   nordisch. Bedeutung: der allein Kämpfende.

Ekkehard   Nebenform zu ➡ Eckehard.

Eleazar   hebräisch. Bedeutung: wem Gott Hilfe ist.

Elias   biblisch, hebräischer Herkunft. Bedeutung: mein Gott ist Jahwe. Berühmte Namensträger: Elias Holl (deutscher Baumeister), Elias Canetti (deutscher Schriftsteller).

Elie   französische Form von ➡ Elias.

Eliot, Elliot   englisch, ursprünglich altfranzösische Koseform zu ➡ Elias.

Elischa   hebräisch. Bedeutung: Gott hat geholfen.

Elliot   Nebenform zu ➡ Eliot.

Ellis   englische Form von ➡ Elias.

Elmar   Nebenform zu Adalmar. Bedeutung: von althochdeutsch *adal* »edel, vornehm« und *mari* »berühmt«.

Berühmter Namensträger: Elmar Wepper (deutscher Schauspieler).

Elmo italienische und spanische Kurzform zu ➡ Erasmus.

Elsu indianisch. Bedeutung: kreisender Falke.

Elvis englische Form von ➡ Alwin. Berühmter Namensträger: Elvis Presley (amerikanischer Popsänger).

Emanuel Nebenform zu ➡ Immanuel.

Emil französisch, lateinischer Herkunft. Bedeutung: von lateinisch *aemilius* »aus der Familie der Ämilier«. Berühmter Namensträger: Emil Nolde (deutscher Maler).

Émile französische Form von ➡ Emil. Berühmter Namensträger: Émile Zola (französischer Schriftsteller).

Emilio italienische und spanische Form von ➡ Emil.

Emin türkisch. Bedeutung: der Furchtlose.

Emlyn walisisch. Bedeutung: Wasserfall. Auch weiblicher Vorname.

Emmanuel Nebenform zu ➡ Immanuel.

Emmerich deutsch. Bedeutung: vom Stammesnamen der Amaler und althochdeutsch *rihhi* »reich, mächtig«.

Engelbert, Engelbrecht deutsch. Bedeutung: vom Stammesnamen der Angeln und althochdeutsch *beraht* »glänzend«. Berühmter Namensträger: Engelbert Humperdinck (deutscher Komponist).

Engelhard deutsch. Bedeutung: vom Stammesnamen der Angeln und althochdeutsch *harti* »hart, stark«.

Engelmar deutsch. Bedeutung: vom Stammesnamen der Angeln und althochdeutsch *mari* »berühmt«.

Ennio italienisch. Bedeutung: geht zurück auf den altrömischen Geschlechternamen Ennius.

Enoch   walisisch. Bedeutung: Lehrer.

Enrico   italienische Form von ➜ Heinrich. Berühmter Namensträger: Enrico Caruso (italienischer Tenor).

Enrique   spanische Form von ➜ Heinrich. Berühmter Namensträger: Enrique Iglesias (spanisch-amerikanischer Popsänger).

Enzo   Nebenform zu ➜ Enrico. Berühmter Namensträger: Enzo Ferrari (italienischer Automobilfabrikant).

Eoban   griechisch. Bedeutung: der der Morgenröte Entgegengehende.

Ephraim   hebräisch. Bedeutung: der doppelt Fruchtbare. Berühmte Namensträger: Gotthold Ephraim Lessing (deutscher Schriftsteller), Ephraim Kishon (israelischer Schriftsteller).

Erasmus   griechisch. Bedeutung: der Liebenswerte, Anmutige. Berühmter Namensträger: Erasmus von Rotterdam (niederländischer Humanist).

Erhard, Erhart, Ehrhard   deutsch. Bedeutung: von althochdeutsch *era* »Ehre, Ansehen« und *harti* »hart, stark«.

Eric   englische Form von ➜ Erich.

Erich   deutsch. Bedeutung: von althochdeutsch *era* »Ehre, Ansehen« und *rihhi* »reich, mächtig«. Berühmte Namensträger: Erich Kästner (deutscher Schriftsteller), Erich Maria Remarque (deutscher Schriftsteller).

Erik   dänische und schwedische Form von ➜ Erich.

Erin   irisch-gälisch. Bedeutung: der aus Irland Stammende. Auch weiblicher Vorname.

Erkan   türkisch. Bedeutung: der Lebendige, Gesunde.

Erland   nordisch. Bedeutung: der Ausländische, Fremde.

Ernest   englische Form von ➜ Ernst.

Ernesto, Ernestino   italienische und spanische Formen
   von → Ernst.

Ernö   ungarische Form von → Ernst.

Ernst   deutsch. Bedeutung: der Ernste, Gestrenge,
   Besonnene. Berühmte Namensträger: Ernst Haeckel
   (deutscher Zoologe und Philosoph), Ernst Barlach
   (deutscher Bildhauer und Dramatiker), Ernst Reuter
   (deutscher Politiker), Ernst Jandl (österreichischer
   Schriftsteller).

Eros   griechisch. Bedeutung: geht auf den griechischen
   Gott der Liebe, Eros, zurück. Berühmter Namensträger:
   Eros Ramazzotti (italienischer Popsänger).

Erwin   deutsch. Bedeutung: von althochdeutsch *heri*
   »Kriegsschar, Heer« und *wini* »Freund«.

Esben, Espen   nordisch. Bedeutung: Gott und Bär.

Esteban   spanische Form von → Stephan.

Ethan   hebräisch. Bedeutung: Stärke. Berühmter
   Namensträger: Ethan Hawke (amerikanischer Schauspieler).

Étienne   französische Form von → Stephan.

Etu   indianisch. Bedeutung: Sonne.

Eugen   griechisch. Bedeutung: der Wohlgeborene.
   Berühmter Namensträger: Eugen Roth (deutscher
   Schriftsteller).

Eustachius   griechisch. Bedeutung: mit schönen Ähren,
   ährenreich.

Evan   irisch-gälisch. Bedeutung: Jüngling, junger
   Krieger. Auch weiblicher Vorname.

Ewald   deutsch. Bedeutung: von althochdeutsch *ewa*
   »Recht, Gesetz« und *waltan* »walten, herrschen«.
   Berühmter Namensträger: Ewald Christian von Kleist
   (deutscher Dichter).

Ewan, Ewen   englische Formen von ➝ Evan. Berühmter
Namensträger: Ewan McGregor (schottischer Schauspieler).

Eyota   indianisch. Bedeutung: der Größte. Auch weiblicher Vorname.

Ezra, Esra   hebräisch. Bedeutung: Hilfe. Berühmter
Namensträger: Ezra Pound (amerikanischer Dichter).

Fabian   lateinisch. Bedeutung: geht zurück auf den
altrömischen Geschlechternamen Fabius.

Fabiano   italienische Form von ➝ Fabian.

Fabien   französische Form von ➝ Fabian.

Fabio   italienische Form von ➝ Fabian.

Fabrice   französische Form von ➝ Fabrizio.

Fabrizio   italienisch. Bedeutung: geht zurück auf den
altrömischen Familiennamen Fabricius.

Falco   Nebenform zu Falko (➝ Falk).

Falk, Falko, Falco   deutsch. Bedeutung: der Falke.
Berühmter Namensträger: Falco (österreichischer
Popsänger).

Farald, Farold, Farolt   deutsch. Bedeutung: von althochdeutsch *faran* »fahren, reisen« und *waltan* »walten,
herrschen«.

Faris   arabisch. Bedeutung: Reiter, Ritter.

Farold, Farolt   Nebenformen zu ➝ Farald.

Farrell   irisch-gälisch. Bedeutung: der Tapfere, der Krieger.

Faruk   arabisch. Bedeutung: der Unterscheider (zwischen
Wahrem und Falschem).

Fatih   arabisch/türkisch. Bedeutung: der Eroberer.

Fausto   italienische Form von → Faustus.

Faustus   lateinisch. Bedeutung: der Glückbringende.

Federico   italienische Form von → Friedrich.

Fedor   eingedeutschte Form von russisch → Fjodor.

Felipe   spanische Form von → Philipp.

Felix   lateinisch. Bedeutung: der Glückliche. Berühmte Namensträger: Felix Dahn (deutscher Schriftsteller und Geschichtsschreiber), Felix Mendelssohn-Bartholdy (deutscher Komponist), Felix Magath (deutscher Fußballer).

Felizian   erweiterte Form von → Felix.

Feodor   eingedeutschte Form von russisch → Fjodor.

Ferdinand   spanische Nebenform zum germanischen Fridunant. Bedeutung: von gotisch *frith* »Friede, Schutz« und *nanth* »Kühnheit«. Berühmte Namensträger: Ferdinand Lasalle (deutscher Politiker), Ferdinand Porsche (deutscher Automobilkonstrukteur), Conrad Ferdinand Meyer (schweizerischer Dichter).

Ferenc   ungarische Form von → Franz.

Fergal   irisch-gälisch. Bedeutung: Schmied, Eisen.

Fergus   altirisch. Bedeutung: Mann.

Fernando   italienische, spanische und portugiesische Form von → Ferdinand.

Ferrand   französische Form von → Ferdinand.

Fidelis, Fidelius   lateinisch. Bedeutung: der Treue.

Fiete   niederdeutsche Kurzform zu → Friedrich.

Filibert, Philibert   deutsch. Bedeutung: von althochdeutsch *filu* »viel« und *beraht* »glänzend«.

Filip   slawische Form von → Philipp.

Filippino, Filippo   italienische Formen von → Philipp.

Fingal   schottisch, nach einem schottischen Sagenhelden. Bedeutung: blonder Fremder, Wikinger.

Finn   nordisch, keltisch. Bedeutung unklar.

Firmin, Firminus, Firmus   lateinisch. Bedeutung: der Starke.

Fjodor   russische Form von → Theodor.

Flavio   italienische und spanische Form von → Flavius.

Flavius   lateinisch. Bedeutung: der Blonde. Auch altrömischer Geschlechtername.

Florens, Florenz   lateinisch. Bedeutung: der Blühende, der in hohem Ansehen Stehende.

Florent   französische Form von → Florens.

Florentin, Florentinus, Florentius   Weiterbildungen von → Florens.

Florenz   Nebenform zu → Florens.

Florian, Florianus   lateinisch. Bedeutung: der Blühende, Glänzende, in hohem Ansehen Stehende.

Florin   Nebenform zu → Florian.

Floris   niederländische Kurzform zu → Florens.

Flynn   irisch-gälisch. Bedeutung: Sohn des Rothaarigen.

Focke, Focko, Foke   friesische Nebenformen zu Vornamen mit Volk-.

Folke   Kurzform zu Vornamen mit Volk-. Nur in Verbindung mit einem eindeutig männlichen Zweitnamen zulässig.

Folker, Folkher   Nebenformen zu → Volker.

Francesco   italienische Form von → Franz. Berühmte Namensträger: Francesco Petrarca (italienischer Dichter und Humanist), Francesco Guardi (italienischer Maler).

Francis   englische Form von → Franz. Berühmte Namensträger: Sir Francis Drake (englischer Admiral und Seeheld), Francis Bacon (englischer Maler).

Francisco   spanische Form von → Franz.

Franciscus   Nebenform zu → Franziskus.

Franco   Kurzform zu ➼ Francesco. Berühmter Namensträger: Franco Nero (italienischer Schauspieler).

François   französische Form von ➼ Franz.

Franek   polnische Form von ➼ Franz.

Frank   deutsch. Bedeutung: ursprünglich Beiname »der Franke«, aber auch »der Freie«. Berühmte Namensträger: Frank Wedekind (deutscher Schriftsteller), Frank Sinatra (amerikanischer Sänger und Schauspieler), Frank Zappa (amerikanischer Musiker).

Franklin, Franklyn   englisch. Bedeutung: freier Landbesitzer.

Frans   niederländische und schwedische Form von ➼ Franz.

Franz   Kurzform zu ➼ Franziskus. Berühmte Namensträger: Franz Grillparzer (österreichischer Dichter), Franz Schubert (österreichischer Komponist), Franz Kafka (österreichischer Dichter), Franz Beckenbauer (deutscher »Fußballkaiser«).

Franziskus   lateinisch. Bedeutung: der kleine Franzose. Der Name geht auf den heiligen Franz von Assisi zurück.

Fred, Freddy   Kurzformen zu ➼ Alfred, ➼ Friedrich und ➼ Manfred.

Frédéric   französische Form von ➼ Friedrich. Berühmter Namensträger: Frédéric Chopin (polnischer Komponist).

Frederick   englische Form von ➼ Friedrich.

Frederik   niederländische Form von ➼ Friedrich.

Fredrik   schwedische Form von ➼ Friedrich.

Frido   Kurzform zu ➼ Friedrich.

Fridolin   oberdeutsche Kurzform zu ➼ Friedrich.

Friedel   Kurzform zu ➼ Friedrich. Nur in Verbindung mit einem eindeutig männlichen Zweitnamen zulässig.

Friedemann   deutsch. Bedeutung: von althochdeutsch *fridu* »Friede« und *man* »Mann«.

Frieder   Nebenform zu ➙ Friedrich und ➙ Friedemann.

Friedhelm   deutsch. Bedeutung: von althochdeutsch *fridu* »Friede« und *helm* »Helm«.

Friedo   Kurzform zu ➙ Friedrich.

Friedolin   oberdeutsche Kurzform zu ➙ Friedrich.

Friedrich   deutsch. Bedeutung: von althochdeutsch *fridu* »Friede« und *rihhi* »reich, mächtig«. Berühmte Namensträger: Friedrich Schiller (deutscher Dichter), Friedrich Nietzsche (deutscher Philosoph), Friedrich Ebert (deutscher Politiker), Friedrich Dürrenmatt (schweizerischer Schriftsteller).

Frieso, Friso   deutsch. Bedeutung: ursprünglich Beiname »der Friese«.

Frithjof   nordisch. Bedeutung: von altnordisch *fridhr* »Friede« und *ioffor* »Fürst«.

Fritz   Kurzform zu ➙ Friedrich.

Frodewin, Frowin   deutsch. Bedeutung: von althochdeutsch *fruot* »klug, weise« und *wini* »Freund«.

Fryderyk   polnische Form von ➙ Friedrich.

Fürchtegott   deutsch. Bedeutung: Fürchte Gott. Berühmter Namensträger: Christian Fürchtegott Gellert (deutscher Schriftsteller). Meist nur als Zweitname verwendet.

Gábor   ungarische Form von ➙ Gabriel.

Gabriel   hebräisch. Bedeutung: Mann Gottes. Berühmter Namensträger: Gabriel García Márquez (kolumbianischer Schriftsteller).

Gabriele   italienische Form von → Gabriel. In Deutschland gilt Gabriele allgemein als Mädchenname. In der Schweiz dürfen Jungen diesen Namen in Kombination mit einem eindeutig männlichen Zweitnamen tragen.

Gadi   arabisch. Bedeutung: mein Glück.

Gallus   lateinisch. Bedeutung: der Gallier.

Gamaliel   hebräisch. Bedeutung: Lohn Gottes.

Gandolf, Gandulf   nordisch. Bedeutung: zu altisländisch *gandr* »(Wer)wolf« und althochdeutsch *wolf* »Wolf«.

Gangolf   deutsch. Umkehrung von → Wolfgang.

Gareth   walisisch. Bedeutung: der Sanfte, Gütige.

Garret, Garriert, Garrit   niederdeutsche Kurzformen zu → Gerhard.

Gary   englisch. Vermutlich eine Kurzform zu → Garret. Berühmter Namensträger: Gary Cooper (amerikanischer Schauspieler).

Gaspard   französische Form von → Kaspar.

Gaspare, Gasparo   italienische Formen von → Kaspar.

Gaston   französisch. Bedeutung: geht vermutlich auf den französischen Heiligen Vedastus zurück.

Gaudenz   lateinisch. Bedeutung: der Fröhliche, sich Freuende.

Gavin   englisch. Bedeutung: Falke.

Gebhard   deutsch. Bedeutung: von althochdeutsch *geba* »Gabe« und *harti* »hart, stark«. Berühmter Namensträger: Gebhard Leberecht Blücher (preußischer Feldmarschall).

Gedeon   russische Form von → Gideon.

Geert   niederdeutsche Form von → Gerhard.

Gene   englische Kurzform zu Eugene (→ Eugen). Berühmter Namensträger: Gene Kelly (amerikanischer Schauspieler und Tänzer).

Geoffrey englische Form von ➤ Gottfried.
Berühmte Namensträger: Geoffrey Chaucer (englischer Dichter), Geoffrey Rush (australischer Schauspieler).

Georg griechisch. Bedeutung: Ackermann, Bauer.
Berühmte Namensträger: Georg Friedrich Händel (deutscher Komponist), Georg Christoph Lichtenberg (deutscher Physiker und Schriftsteller), Georg Büchner (deutscher Dichter), Georg Hackl (deutscher Rennrodler).

George englische Form von ➤ Georg. Berühmte Namensträger: George Washington (US-Präsident), George Harrison (englischer Musiker), George Michael (englischer Popsänger).

Georges französische Form von ➤ Georg.

Gerald Nebenform zu ➤ Gerwald.

Gérard, Gerard französische und englische Nebenform zu ➤ Gerhard. Berühmter Namensträger: Gérard Depardieu (französischer Schauspieler).

Gerardo italienische und spanische Form von ➤ Gerhard.

Gerd Kurzform zu ➤ Gerhard. Berühmter Namensträger: Gerd Müller (deutscher Fußballer).

Gereon lateinisch-griechisch. Bedeutung: Greis.

Gerhard, Gerhart deutsch. Bedeutung: von althochdeutsch *ger* »Speer« und *harti* »hart, stark«. Berühmte Namensträger: Gerhart Hauptmann (deutscher Dichter), Gerhard Polt (deutscher Kabarettist), Gerhard Schröder (deutscher Politiker).

Geriet, Gerit friesische Kurzformen zu ➤ Gerhard.
Nur in Verbindung mit einem eindeutig männlichen Zweitnamen zulässig.

German, Germanus   lateinisch. Bedeutung: der Germane.

Gernot   deutsch. Bedeutung: von althochdeutsch *ger* »Speer« und *not* »Bedrängnis, Gefahr«. Umkehrung zu ➙ Notker.

Gero   Kurzform zu ➙ Gerhard.

Gerold   Nebenform zu ➙ Gerald, ➙ Gerwald.

Gerolf   deutsch. Bedeutung: von althochdeutsch *ger* »Speer« und *wolf* »Wolf«.

Geronimo   italienische Form von ➙ Hieronymus.

Gerrit   friesische Kurzform zu ➙ Gerhard. Nur in Verbindung mit einem eindeutig männlichen Zweitnamen zulässig.

Gert   Kurzform zu ➙ Gerhard.

Gerwald   deutsch. Bedeutung: von althochdeutsch *ger* »Speer« und *waltan* »walten, herrschen«.

Geza   ungarisch. Bedeutung unklar.

Giacomo   italienische Form von ➙ Jakob.

Gian, Gianni   italienische Formen von ➙ Johannes.

Gideon   hebräisch. Bedeutung: Baumfäller, Krieger.

Gigi   italienische Koseform zu ➙ Luigi.

Gil   Kurzform zu Vornamen mit Gil-.

Gilbert   Kurzform zu ➙ Giselbert.

Gilmar   Nebenform zu ➙ Giselmar.

Gino   italienische Koseform zu ➙ Luigi.

Giorgio   italienische Form von ➙ Georg. Berühmter Namensträger: Giorgio Armani (italienischer Modeschöpfer).

Giovanni   italienische Form von ➙ Johannes.

Gisbert   Nebenform zu ➙ Giselbert.

Giselbert   deutsch. Bedeutung: von germanisch *gisa(l)* »Spross«, althochdeutsch *gisal* »Geisel« und *beraht* »glänzend«.

Giselher   deutsch. Bedeutung: von germanisch *gisa(l)* »Spross«, althochdeutsch *gisal* »Geisel« und *heri* »Kriegsschar, Heer«.

Giselmar, Gismar, Gilmar   deutsch. Bedeutung: von germanisch *gisa(l)* »Spross«, althochdeutsch *gisal* »Geisel« und *mari* »berühmt«.

Giuglio, Giulio, Giuliano   italienische Formen von ➙ Julius, ➙ Julian.

Giuseppe   italienische Form von ➙ Josef. Berühmter Namensträger: Giuseppe Verdi (italienischer Komponist).

Glen, Glenn   englisch. Bedeutung: Talbewohner, geht auf die keltische Ortsbezeichnung *glen* »enges, dunkles Tal« zurück. Berühmter Namensträger: Glenn Miller (amerikanischer Jazzmusiker).

Goliath   hebräisch. Bedeutung: Verbannung.

Golo   Kurzform zu Vornamen mit Gott-. Berühmter Namensträger: Golo Mann (deutscher Historiker und Schriftsteller).

Goran   serbokroatische Form von ➙ Georg.

Göran   schwedische Nebenform zu Jöran (➙ Jürgen, ➙ Georg).

Gorch   niederdeutsche Form von ➙ Georg. Berühmter Namensträger: Gorch Fock (deutscher Seemann und Schriftsteller).

Gordian   lateinisch. Bedeutung: Herkunftsname »aus Gordium«.

Gordon   englisch. Bedeutung: Name eines schottischen Clans.

Gorg   niederdeutsche Form von ➙ Georg.

Gösta   schwedische Kurzform zu ➙ Gustav.

Gottbert   deutsch. Bedeutung: von althochdeutsch *got* »Gott« und *beraht* »glänzend«.

Gottfried   deutsch. Bedeutung: von althochdeutsch *got* »Gott« und *fridu* »Friede«. Berühmte Namensträger: Johann Gottfried Herder (deutscher Schriftsteller), Gottfried Keller (schweizerischer Dichter), Gottfried Semper (deutscher Baumeister).

Gotthelf, Gotthilf   deutsch. Bedeutung: dem Gott hilft. Berühmter Namensträger: Gotthilf Fischer (deutscher Chorleiter).

Gotthold   deutsch. Bedeutung: treu, hold und gütig wie Gott. Berühmter Namensträger: Gotthold Ephraim Lessing (deutscher Dichter).

Gottlieb   deutsch. Bedeutung: 1. pietistische Neuprägung aus dem 17./18. Jahrhundert: der Gott lieb hat. 2. zu althochdeutsch *got* »Gott« und *leip, leiba* »Nachkomme«. Berühmte Namensträger: Gottlieb Wilhelm Daimler (deutscher Automobilhersteller), Friedrich Gottlieb Klopstock (deutscher Dichter).

Gottlob   deutsch. Bedeutung: der Gott lobt.

Gottschalk   deutsch. Bedeutung: von althochdeutsch *got* »Gott« und *scalk* »Knecht, Diener«.

Gottwald   deutsch. Bedeutung: von althochdeutsch *got* »Gott« und *waltan* »walten, herrschen«.

Götz   Kurzform zu ➺ Gottfried. Berühmter Namensträger: Götz George (deutscher Schauspieler).

Gowon   afrikanisch/nigerianisch. Bedeutung: Regenmacher.

Graham   englisch. Bedeutung: Name eines schottischen Clans, »aus dem grauen Haus«. Berühmter Namensträger: Graham Greene (englischer Schriftsteller).

Gratian, Grazian   lateinisch. Bedeutung: geht auf den römischen Geschlechternamen Gratianus zurück.

Berühmter Namensträger: Flavius Gratianus (römischer Kaiser).

Greg englische Kurzform zu ➜ Gregory.

Gregoire französische Form von ➜ Gregor.

Gregor, Gregorius griechisch. Bedeutung: der Wachsame. Papstname. Berühmte Namensträger: Gregor Mendel (österreichischer Botaniker), Gregor Gysi (deutscher Politiker).

Gregorio italienische und spanische Form von ➜ Gregor.

Gregorius Nebenform von ➜ Gregor.

Gregory englische Form von ➜ Gregor.

Grischa russische Koseform zu Grigorij (➜ Gregor).

Guglielmo italienische Form zu ➜ Wilhelm.

Guido romanisierte Form zu germanischen Namen mit Wid-, Wit-, z. B. Withold. Berühmter Namensträger: Guido Westerwelle (deutscher Politiker).

Guilermo spanische Form zu ➜ Wilhelm.

Guillaume französische Form zu ➜ Wilhelm.

Gunnar nordische Form von ➜ Gunter.

Gunter, Gunther, Günter, Günther deutsch. Bedeutung: zu althochdeutsch *gund* »Kampf« und *beraht* »glänzend«. Berühmte Namensträger: Gunter Sachs (deutscher Kunstsammler und Fotograf), Günter Grass (deutscher Schriftsteller), Günter Netzer (deutscher Fußballer), Günther Jauch (deutscher Fernsehmoderator).

Guntram deutsch. Bedeutung: zu althochdeutsch *gund* »Kampf« und *hraban* »Rabe«.

Gustaf, Gustav schwedisch. Bedeutung: Stütze der Goten. Berühmte Namensträger: Gustav Klimt (österreichischer Maler), Gustav Mahler (österreichischer

Komponist), Gustaf Gründgens (deutscher Schauspieler und Regisseur).

Gustel   Kurzform zu ➝ August und ➝ Gustav. Nur in Verbindung mit einem eindeutig männlichen Zweitnamen zulässig.

Guy   französische und englische Form von ➝ Guido, ➝ Veit.

Guyapi   indianisch. Bedeutung: der Offene, Ehrliche.

Gyasi   afrikanisch. Bedeutung: wundervolles Kind.

György   ungarische Form von ➝ Georg.

Gyula   ungarische Form von ➝ Julius.

Haakon   norwegische Form von ➝ Hagen.

Habib   arabisch. Bedeutung: Geliebter.

Hadamar, Hademar   deutsch. Bedeutung: von althochdeutsch *hadu* »Kampf« und *mari* »berühmt«.

Hademund   deutsch. Bedeutung: von althochdeutsch *hadu* »Kampf« und *munt* »Schutz der Unmündigen«.

Hadrian   Nebenform zu ➝ Adrian. Papstname.

Hagen   deutsch. Bedeutung: von althochdeutsch *hagan* »Hag«. Bekannt durch Hagen von Tronje aus dem Nibelungenlied.

Hahnee   indianisch. Bedeutung: der Arme, Bettler.

Hajo   1. friesische Kurzform zu ➝ Hagen. 2. Kurzform des Doppelnamens ➝ Hansjoachim.

Hakan   türkisch. Bedeutung: Bezeichnung für einen Herrscher oder Landesfürsten.

Hakim   arabisch. Bedeutung: der Weise, Arzt.

Hakon   norwegische Form von ➝ Hagen.

Haldo, Haldor nordisch. Bedeutung: von altschwedisch *hall* »Fels, Stein« und dem altnordischen Donnergott *Thor*. Berühmter Namensträger: Halldór Laxness (isländischer Schriftsteller).

Halil türkisch. Bedeutung: enger Freund.

Hamza arabisch/türkisch. Bedeutung: Löwe.

Hanjo Neubildung aus ➤ Hans und ➤ Joachim, ➤ Hans und ➤ Jochen oder ➤ Hans und ➤ Josef.

Hank, Hanke, Hanko niederdeutsche Kurzformen zu ➤ Johannes.

Hannes 1. Kurzform zu ➤ Johannes. 2. Nebenform zu ➤ Hans.

Hannibal phönikisch/griechisch/lateinisch. Bedeutung: Gnade des Gottes Baal.

Hanno 1. Kurzform zu ➤ Hannibal. 2. Kurzform zu ➤ Johannes oder ➤ Hagen. 3. Nebenform zu ➤ Anno.

Hans, Hanns Kurzformen zu ➤ Johannes. Berühmte Namensträger: Hans Holbein der Ältere und Jüngere (deutsche Maler), Hans Christian Andersen (dänischer Schriftsteller), Hans Moser (österreichischer Schauspieler), Hans Rosenthal (deutscher Quizmaster).

Hansdieter, Hans-Dieter, Hans-Dietrich Zusammensetzung aus ➤ Hans und ➤ Dieter bzw. ➤ Dietrich.

Hansi Koseform zu ➤ Hans. Nur in Verbindung mit einem eindeutig männlichen Zweitnamen zulässig.

Hansjoachim, Hans-Joachim Zusammensetzung aus ➤ Hans und ➤ Joachim.

Hansjörg, Hans-Jörg Zusammensetzung aus ➤ Hans und ➤ Jörg.

Hansjürgen, Hans-Jürgen Zusammensetzung aus ➤ Hans und ➤ Jürgen.

Hanspeter, Hans-Peter Zusammensetzung aus ➜ Hans und ➜ Peter.

Hanswerner, Hans-Werner Zusammensetzung aus ➜ Hans und ➜ Werner.

Harald nordische Form von ➜ Harold. Berühmte Namensträger: Harald Schmidt (deutscher Kabarettist), Harald Juhnke (deutscher Schauspieler).

Hard Nebenform zu ➜ Harder.

Hardeep indisch-pakistanisch. Bedeutung: der Gott Liebende.

Harder, Hardi, Hardy Kurzformen zu Vornamen mit Hart- oder -hard, z. B. ➜ Hartmut, ➜ Leonhard. Berühmter Namensträger: Hardy Krüger (deutscher Schauspieler).

Hark nordfriesische Kurzform zu Vornamen mit Har-, Her-.

Harold altenglische und niederdeutsche Form zu althochdeutsch Herwald. Bedeutung: von althochdeutsch *heri* »Kriegsschar, Heer« und *waltan* »walten, herrschen«. Berühmter Namensträger: Harold Faltermeyer (deutscher Komponist).

Harro Kurzform zu Vornamen mit Har-, Her-.

Harry englische Nebenform zu ➜ Henry. Berühmte Namensträger: Harry S. Truman (US-Präsident), Prinz Harry (eigentlich Henry) von England, Harry Potter (Romanfigur).

Hart, Harte friesische Kurzformen zu Vornamen mit Hart- oder -hard.

Hartmann deutsch. Bedeutung: von althochdeutsch *harti* »hart, stark« und *man* »Mann«. Berühmter Namensträger: Hartmann von Aue (deutscher Dichter).

Hartmut deutsch. Bedeutung: von althochdeutsch *harti* »hart, stark« und *muot* »Mut, Eifer, Geist«.

Harto friesische Kurzform zu Vornamen mit Hart- oder -hard.

Hartwig deutsch. Bedeutung: von althochdeutsch *harti* »hart, stark« und *wig* »Kampf«.

Harun arabische Form von → Aaron.

Harvey englische Form von → Herwig. Berühmter Namensträger: Harvey Keitel (amerikanischer Schauspieler).

Hasim arabisch. Bedeutung: der Großzügige, Freundliche.

Hassan arabisch. Bedeutung: der Gute, Schöne.

Hasso deutsch. Bedeutung: der Hesse.

Haug Nebenform zu → Hugo.

Hauk, Hauke friesische Kurzformen zu → Hugo. Nur in Verbindung mit einem eindeutig männlichen Vornamen zulässig.

Heath englisch. Bedeutung: Heide, Weide. Berühmter Namensträger: Heath Ledger (australischer Schauspieler).

Hector Nebenform zu → Hektor.

Heiko niederdeutsche Kurzform zu → Heinrich.

Heimo Kurzform zu Vornamen mit Heim-.

Hein niederdeutsche Kurzform zu → Heinrich.

Heiner Kurzform zu → Heinrich.

Heinke Nebenform zu → Heinko. Nur in Verbindung mit einem eindeutig männlichen Zweitnamen zulässig.

Heinko, Heino niederdeutsche Kurzformen zu → Heinrich. Berühmter Namensträger: Heino (deutscher Volksmusiksänger).

Heinrich deutsch. Bedeutung: entstanden aus dem althochdeutschen Heimerich oder Haganrich, von *hag* »Einfriedung, Hof« und *rihhi* »reich, mächtig«.

Berühmte Namensträger: Name zahlreicher Fürsten und Könige. Heinrich Heine (deutscher Dichter), Heinrich George (deutscher Schauspieler), Heinrich Lübke (deutscher Politiker), Heinrich Böll (deutscher Schriftsteller).

Heintje   friesische Form von → Heinrich. Berühmter Namensträger: Heintje Simons (niederländischer Kinderstar).

Heinz   Kurzform zu → Heinrich. Berühmte Namensträger: Heinz Rühmann (deutscher Schauspieler), Heinz Piontek (deutscher Schriftsteller).

Heiri   schweizerische Kurzform zu → Heinrich.

Hektor, Hector   griechisch. Bedeutung: Schirmer, Erhalter.

Helaku   indianisch. Bedeutung: Sonnentag.

Helge, Helgi   nordisch. Bedeutung: von schwedisch *hel* »gesund, heil«.

Helmbert, Helmbrecht   deutsch. Bedeutung: von althochdeutsch *helm* »Helm« und *beraht* »glänzend«.

Helmfried   deutsch. Bedeutung: von althochdeutsch *helm* »Helm« und *fridu* »Friede«.

Helmut   deutsch. Bedeutung: vermutlich von althochdeutsch *helm* »Helm« und *muot* »Mut, Eifer, Geist«. Berühmte Namensträger: Helmut Schmidt (deutscher Politiker), Helmut Kohl (deutscher Politiker), Helmut Qualtinger (österreichischer Schauspieler und Kabarettist).

Hendrik   niederdeutsche und niederländische Form von → Heinrich.

Henke   niederdeutsche Kurzform zu → Heinrich.

Henner   Kurzform zu → Heinrich.

Hennes   rheinische Kurzform zu → Johannes.

Hennig, Henning niederdeutsche Kurzformen zu
➜ Heinrich oder ➜ Johannes.

Henri französische Form von ➜ Heinrich.

Henrik skandinavische Form von ➜ Heinrich.
Berühmter Namensträger: Henrik Ibsen (norwegischer
Schriftsteller).

Henry englische Form von ➜ Heinrich. Berühmte
Namensträger: Henry Ford (amerikanischer Automobil-
hersteller), Henry Miller (amerikanischer Schriftsteller),
Henry Maske (deutscher Boxer).

Herbert, Heribert deutsch. Bedeutung: von althochdeutsch *heri* »Kriegsschar, Heer« und *beraht* »glänzend«.
Berühmte Namensträger: Herbert von Karajan (österreichischer Dirigent), Herbert Grönemeyer (deutscher
Rocksänger).

Herman englische Form von ➜ Hermann. Berühmter
Namensträger: Herman Melville (amerikanischer
Schriftsteller).

Hermann deutsch. Bedeutung: von althochdeutsch *heri*
»Kriegsschar, Heer« und *man* »Mann«. Berühmte
Namensträger: Hermann von Helmholtz (deutscher
Physiker), Hermann Hesse (deutscher Schriftsteller).

Hermien niederländische Form von ➜ Hermann.

Hermo Kurzform zu ➜ Hermann.

Herwig deutsch. Bedeutung: von althochdeutsch *heri*
»Kriegsschar, Heer« und *wig* »Kampf«.

Hias bairische Kurzform zu ➜ Matthias.

Hieronymus griechisch. Bedeutung: Mann mit dem
heiligen Namen. Berühmter Namensträger: Hieronymus
Bosch (niederländischer Maler).

Hilal arabisch. Bedeutung: Neumond.

Hilarius lateinisch. Bedeutung: der Heitere, Fröhliche.

Hildemar deutsch. Bedeutung: von althochdeutsch *hiltja* »Kampf« und *mari* »berühmt«.

Hilmar Kurzform zu ➔ Hildemar.

Hinderk, Hinnerk, Hinrich, Hindrik niederdeutsche Formen von ➔ Heinrich.

Hinun indianisch. Bedeutung: Götter der Wolken und des Regens.

Hiob hebräisch. Bedeutung: der Angefeindete.

Hippolyt, Hippolytus griechisch. Bedeutung: der die Pferde loslässt.

Hiroshi japanisch. Bedeutung: der Freigiebige.

Hisoka japanisch. Bedeutung: der Verschlossene, Geheimnisvolle.

Hjalmar nordisch. Bedeutung: von altisländisch *hjalmr* »Helm« und *herr* »Heer«. Berühmter Namensträger: Hjalmar Schacht (deutscher Finanzpolitiker).

Ho chinesisch. Bedeutung: der Gute.

Holger nordisch. Bedeutung: von altisländisch *holmi, holmr* »Insel« und *ger* »Speer«.

Holm Kurzform zu ➔ Holger.

Hoku hawaiisch. Bedeutung: Stern. Auch weiblicher Vorname.

Horatio, Horatius lateinisch. Bedeutung: geht zurück auf den altrömischen Geschlechternamen Horatius. Berühmter Namensträger: Quintus Horatius Flaccus, besser bekannt als Horaz (römischer Dichter).

Horst deutsch. Bedeutung: von mittelhochdeutsch/niederdeutsch *horst, hurst* »Gehölz, niedriges Gestrüpp, Nest der Raubvögel«, später auch »Ritterburg«. Berühmte Namensträger: Horst Buchholz (deutscher Schauspieler), Horst Janssen (deutscher

Zeichner und Grafiker), Horst Tappert (deutscher Schauspieler).

Hosea   hebräisch. Bedeutung: Errettung, Befreiung.

Howard   englische Form von ➡ Hubert.

Hubert, Hubertus   deutsch. Bedeutung: Neuform von Hugbert oder Hugubert, von althochdeutsch *hugu* »Gedanke, Verstand« und *beraht* »glänzend«. Berühmte Namensträger: Hubert von Meyerinck (deutscher Schauspieler), Hubert von Goisern (österreichischer Rockmusiker).

Hugh   englische Form von ➡ Hugo. Berühmter Namensträger: Hugh Grant (englischer Schauspieler).

Hugo   deutsch, selbstständig gewordene Kurzform zu Vornamen mit Hug-, z.B. Hugbald oder Hugbert. Bedeutung: von althochdeutsch *hugu* »Gedanke, Verstand«. Berühmte Namensträger: Hugo von Hofmannsthal (österreichischer Schriftsteller), Hugo Wolf (österreichischer Komponist).

Hugues   französische, in der Schweiz verbreitete Form von ➡ Hugo.

Humbert   deutsch. Bedeutung: von althochdeutsch *huni* »Tierjunges« und *beraht* »glänzend«.

Hunfried   deutsch. Bedeutung: von althochdeutsch *huni* »Tierjunges« und *fridu* »Friede«.

Humphrey   englische Form von ➡ Hunfried. Berühmter Namensträger: Humphrey Bogart (amerikanischer Schauspieler).

Hyazint, Hyazinth   griechisch. Bedeutung: geht auf eine Sage zurück, in der ein Jüngling in eine Hyazinthe verwandelt wurde.

I

Ian schottische Form von → Johannes.

Ibo friesische Form von → Ivo.

Ibrahim arabische Form von → Abraham.

Igasho indianisch. Bedeutung: Wanderer.

Ignatius lateinisch. Bedeutung: von lateinisch *igneus* »feurig, glühend«. Berühmter Namensträger: Ignatius von Loyola (Begründer des Jesuitenordens).

Ignaz Nebenform zu → Ignatius.

Igor russische Form des skandinavischen Namens → Ingvar. Berühmter Namensträger: Igor Strawinsky (amerikanisch-russischer Komponist).

Ilja russische Form von → Elias.

Immanuel hebräisch. Bedeutung: Gott ist mit uns. Berühmter Namensträger: Immanuel Kant (deutscher Philosoph).

Immo, Imo ostfriesische Kurzformen zu Vornamen mit Irm(en)-.

Imre ungarische Form von → Emmerich.

Indra italienisch. Bedeutung: Neubildung aus altindisch *indh* »flammen, funkeln«. Nur in Verbindung mit einem eindeutig männlichen Zweitnamen zulässig.

Ingbert Nebenform zu → Ingobert.

Ingemar, Ingmar schwedische Formen von → Ingomar. Berühmte Namensträger: Ingmar Bergmann (schwedischer Regisseur), Ingemar Stenmark (schwedischer Skisportler).

Ingo selbstständige Kurzform zu Vornamen mit Ing(o)-.

Ingobert deutsch. Bedeutung: von althochdeutsch *ingwio* (germanische Gottheit) und *beraht* »glänzend«.

Ingold   deutsch. Bedeutung: von althochdeutsch *ingwio* (germanische Gottheit) und *waltan* »walten, herrschen«.

Ingolf   deutsch. Bedeutung: von althochdeutsch *ingwio* (germanische Gottheit) und *wolf* »Wolf«. Berühmter Namensträger: Ingolf Lück (deutscher TV-Moderator und Comedian).

Ingomar   deutsch. Bedeutung: von althochdeutsch *ingwio* (germanische Gottheit) und *mari* »berühmt«.

Ingram   deutsch. Bedeutung: von althochdeutsch *ingwio* (germanische Gottheit) und *hraban* »Rabe«.

Ingvar, Ingwar   nordisch. Bedeutung: von althochdeutsch *ingwio* (germanische Gottheit) und *heri* »Kriegsschar, Heer«. Berühmte Namensträger: Ingvar Kamprad (schwedischer Gründer von IKEA), Ingvar Ambjörnsen (norwegischer Schriftsteller).

Innozenz   lateinisch. Bedeutung: der Unschuldige. Papstname.

Ioannis   neugriechische Form von → Johannes.

Ira   hebräisch. Bedeutung: der Wachsame. Auch weiblicher Vorname.

Irenäus, Ireneus   griechisch. Bedeutung: der Friedliche. Berühmter Namensträger: Irenäus Eibl-Eibesfeld (österreichischer Naturwissenschaftler).

Irmfried   deutsch. Bedeutung: von althochdeutsch *irmin* »allumfassend, groß« und *fridu* »Friede«.

Isaak   hebräisch. Bedeutung: Er (Gott) wird lachen. Berühmter Namensträger: Isaac Newton (englischer Naturwissenschaftler).

Isas   japanisch. Bedeutung: der Wohltätige.

Isbert, Isenbert   deutsch. Bedeutung: von althochdeutsch *isan* »Eisen« und *beraht* »glänzend«.

Isidor   griechisch. Bedeutung: Geschenk der Göttin Isis.

Ismael hebräisch. Bedeutung: Gott hört oder erhört.

Ismar deutsch. Bedeutung: von althochdeutsch *isan* »Eisen« und *mari* »berühmt«.

Ismet türkisch. Bedeutung: Ehre, Anstand. Auch weiblicher Vorname.

Israel hebräisch. Bedeutung: Fechter Gottes.

István ungarische Form von ➙ Stephan.

Ivan, Iwan russische Formen von ➙ Johannes. Berühmte Namensträger: Iwan S. Turgenjew (russischer Schriftsteller), Ivan Lendl (tschechisch-amerikanischer Tennisspieler).

Ivo englisch und ostfriesisch. Bedeutung: von althochdeutsch *iwa* »Bogen aus Eibenholz«.

Iye indianisch. Bedeutung: Rauch.

Jaap niederländische Kurzform zu ➙ Jakob.

Jabbo friesische Nebenform zu ➙ Jakob.

Jacinto spanische Form von ➙ Hyazinth.

Jack englische Kurzform zu ➙ John.

Jacques französische Form von ➙ Jakob. Berühmter Namensträger: Jean-Jacques Rousseau (französischer Philosoph).

Jacy indianisch. Bedeutung: Mond.

Jago spanische Form von ➙ Jakob.

Jahi afrikanisch/Suaheli. Bedeutung: Würde.

Jaime spanische Form von ➙ Jakob.

Jakob hebräisch. Bedeutung: »Er möge schützen«, aber auch »Er betrügt«. Berühmte Namensträger: Jakob Fugger (Augsburger Kaufmann), Jakob Grimm (deutscher Sprach- und Literaturwissenschaftler).

Jalal   arabisch. Bedeutung: Ruhm, Größe.

Jamal   Nebenform zu → Djamal.

James   englische Form von → Jakob. Berühmte Namensträger: James Joyce (irischer Schriftsteller), James Dean (amerikanischer Schauspieler).

Jamie   englische Kurzform zu → James. Nur in Verbindung mit einem eindeutig männlichen Zweitnamen zulässig. Berühmter Namensträger: Jamie Oliver (englischer TV-Koch).

Jan   niederdeutsche, niederländische, skandinavische, tschechische und polnische Form von → Johannes.

Janek   polnische Form von → Johannes.

Janne   niederdeutsche Form von → Johannes.

Jannik   dänische Koseform zu → Jan.

János   ungarische Form von → Johannes.

Janosch   Nebenform zu → Johannes.

Janusz   polnische Form von → Johannes.

Jarl   nordisch. Bedeutung: von altisländisch *iarl* »Freier, Edler«.

Jaromir   slawisch. Bedeutung: fester Friede.

Jaroslaw   slawisch. Bedeutung: ernster Ruhm.

Jascha   russische Form von → Jakob.

Jason   griechisch. Bedeutung: Heilkundiger.

Jasper   niederdeutsche, niederländische und englische Form von → Kaspar.

Javier   spanische Form von → Xaver.

Jean   französische Form von → Johannes. Nur in Verbindung mit einem eindeutig männlichen Zweitnamen zulässig. Berühmte Namensträger: Jean Paul (deutscher Dichter), Jean Cocteau (französischer Schriftsteller), Jean Reno (französischer Schauspieler).

Jean-Claude französisch. Zusammensetzung aus ➝ Jean und ➝ Claude.

Jean-Michel französisch. Zusammensetzung aus ➝ Jean und ➝ Michel.

Jean-Pierre französisch. Zusammensetzung aus ➝ Jean und ➝ Pierre.

Jeff englische Kurzform zu ➝ Jeffrey oder ➝ Geoffrey.

Jeffrey englische Form von ➝ Gottfried.

Jendrich, Jendrick, Jendrik slawische Formen zu ➝ Heinrich.

Jenö ungarische Form von ➝ Eugen.

Jens niederdeutsche und dänische Kurzform zu ➝ Johannes.

Jeremias hebräisch. Bedeutung: den Gott erhöht. Berühmter Namensträger: Jeremias Gotthelf (schweizerischer Dichter).

Jeremy englische Form von ➝ Jeremias.

Jerome, Jérôme englische bzw. französische Formen von ➝ Hieronymus.

Jerry englische Kurzform zu ➝ Jeremy.

Jerzy polnische Form von ➝ Jürgen.

Jesaja hebräisch. Bedeutung: Heil Gottes.

Jesper dänische Form von ➝ Jasper.

Jim, Jimi, Jimmy englische Kurzformen zu ➝ James. Berühmte Namensträger: Jimi Hendrix (amerikanischer Gitarrist), Jimmy Carter (US-Präsident).

Jindrich slawische Form zu ➝ Heinrich.

Jiři tschechische Form von ➝ Georg.

Jivin indisch-pakistanisch. Bedeutung: Leben spenden.

Jo Kurzform zu ➝ Johannes, ➝ Joachim oder ➝ Josef. Nur in Verbindung mit einem eindeutig männlichen Zweitnamen zulässig.

Joachim   hebräisch. Bedeutung: Gott richtet auf. Berühmte Namensträger: Joachim Ringelnatz (deutscher Schriftsteller), Joachim Fuchsberger (deutscher Schauspieler), Joachim Król (deutscher Schauspieler).

Joakim   skandinavische Form von ➙ Joachim.

Joaquin   spanische Form von ➙ Joachim. Berühmte Namensträger: Joaquin Cortés (spanischer Tänzer), Joaquin Phoenix (amerikanischer Schauspieler).

Job   Nebenform zu ➙ Hiob.

Jobst   Kurzform zu ➙ Jodokus.

Jochem, Jochen   Kurzformen zu ➙ Joachim.

Jodokus   keltisch. Bedeutung: von bretonisch *jud* »Kampf«.

Joe   englische Kurzform zu ➙ Joseph. Berühmter Namensträger: Joe Cocker (englischer Rocksänger).

Joel, Joël   hebräisch. Bedeutung: Jahwe ist Gott.

Johan   nordische und friesische Form von ➙ Johannes.

Johann   Kurzform zu ➙ Johannes. Berühmte Namensträger: Johann Sebastian Bach (deutscher Komponist), Johann Wolfgang von Goethe (deutscher Dichter), Johann Strauß (österreichischer Komponist).

Johannes   hebräisch. Bedeutung: der Herr ist gnädig, gütig. Berühmte Namensträger: Johannes Gutenberg (Erfinder des Buchdrucks), Johannes Kepler (deutscher Astronom), Johannes Heesters (niederländischer Schauspieler).

John   englische Form von ➙ Johannes. Berühmte Namensträger: John Steinbeck (amerikanischer Schriftsteller), John Lennon (englischer Musiker), John Travolta (amerikanischer Schauspieler).

Johnny   englische Kurzform zu → John. Berühmter Namensträger: Johnny Depp (amerikanischer Schauspieler).

Jonah   englische Form von → Jonas.

Jonas   hebräisch. Bedeutung: Taube.

Jonathan   hebräisch. Bedeutung: Gott hat gegeben, Gottesgabe. Berühmter Namensträger: Jonathan Swift (englischer Schriftsteller).

Jonny   englische Kurzform zu → John.

Jooris   niederdeutsche Form von → Gregorius oder → Georg.

Jordan   deutsch. Bedeutung: von altnordisch *jordh* »Erde« und germanisch *nantha* »wagemutig, kühn«. Im Zeitalter der Kreuzzüge mit dem Fluss in Palästina, in dem Jesus getauft wurde, in Verbindung gebracht.

Jörg   Nebenform zu → Georg. Berühmter Namensträger: Jörg Immendorf (deutscher Maler und Bildhauer).

Jorge   spanische Form von → Georg.

Jörgen   dänische Form von → Jürgen.

Joris   niederdeutsche Form von → Gregorius oder → Georg.

Jörn   niederdeutsche Kurzform zu → Georg.

Joschka   ungarische Koseform zu → Josef. Berühmter Namensträger: Joschka Fischer (deutscher Politiker).

José   spanische Form von → Josef. Berühmter Namensträger: José Carreras (spanischer Tenor).

Josef, Joseph   hebräisch. Bedeutung: Gott möge vermehren, Gott fügt hinzu. Berühmte Namensträger: Joseph Haydn (österreichischer Komponist), Joseph Conrad (englischer Schriftsteller), Joseph von Eichendorff (deutscher Schriftsteller), Joseph Beuys (deutscher Künstler).

Josèphe französische Form von ➡ Josef.

Joshua Nebenform zu ➡ Josua.

Josip slawische Form von ➡ Josef.

Jost Nebenform zu ➡ Jodokus.

Josua, Joshua hebräisch. Bedeutung: der Herr hilft.

Józef polnische Form von ➡ Josef.

Juan spanische Form von ➡ Johannes. Berühmter
Namensträger: Juan Carlos I. (König von Spanien).

Judas hebräisch. Bedeutung: der gelobt oder berühmt
ist, Bekenner.

Jukka finnische Form von ➡ Johannes.

Jules französische Form von ➡ Julius. Berühmter
Namensträger: Jules Verne (französischer Schriftsteller).

Julian, Julianus Nebenformen zu ➡ Julius.

Julien französische Form von ➡ Julius.

Julio spanische Form von ➡ Julius. Berühmter
Namensträger: Julio Iglesias (spanischer Sänger).

Julius lateinisch. Bedeutung: geht zurück auf den
altrömischen Geschlechternamen der Julier.
Berühmter Namensträger: Gaius Julius Caesar
(römischer Staatsmann, Feldherr und Schriftsteller).

Jupp rheinische Kurzform zu ➡ Josef.

Jürg, Jürgen niederdeutsche Kurzformen zu ➡ Georg.
Berühmte Namensträger: Jürgen von der Lippe
(deutscher Showmaster), Jürgen Prochnow (deutscher
Schauspieler), Jürgen Klinsmann (deutscher
Fußballer).

Juri slawische Form von ➡ Georg. Berühmter Namensträger: Juri Gagarin (russischer Kosmonaut).

Justin, Justinus Nebenformen von ➡ Justus.

Justus lateinisch. Bedeutung: der Gerechte. Berühmte Namensträger: Justus Liebig (deutscher Chemiker), Justus Frantz (deutscher Pianist).

Kai, Kay Herkunft und Bedeutung nicht eindeutig geklärt. Eventuell von althochdeutsch *kamph* »Kampf, Streit«. Nur in Verbindung mit einem eindeutig männlichen Zweitnamen zulässig. Berühmter Namensträger: Kai-Uwe von Hassel (deutscher Politiker).

Kajetan lateinisch. Bedeutung: aus der Stadt Gaëta. Berühmter Namensträger: Kajetan von Thiene (Gründer des Theatinerordens).

Kalani hawaiisch. Bedeutung: Himmel.

Kaleb Nebenform zu ➜ Caleb.

Kalil arabisch. Bedeutung: guter Freund.

Kalle schwedische Kurzform zu ➜ Karl.

Kálmán ungarische Form von ➜ Kolman.

Kamal arabisch. Bedeutung: Vollkommenheit.

Kami indisch-pakistanisch. Bedeutung: der Anhängliche.

Kamill, Kamillo Nebenformen zu ➜ Camillo.

Kaniel hebräisch. Bedeutung: Halm, Binse.

Kantu indisch-pakistanisch. Bedeutung: der Glückliche.

Karel niederländische und tschechische Form von ➜ Karl. Berühmter Namensträger: Karel Gott (tschechischer Sänger).

Karim arabisch. Bedeutung: der Großzügige.

Karl deutsch. Bedeutung: von althochdeutsch *kar(a)l* »Mann, Ehemann«. Berühmte Namensträger: Karl der

Große (fränkischer Kaiser), Karl Marx (deutscher Theoretiker des Sozialismus), Karl Valentin (deutscher Komiker), Karl Lagerfeld (deutscher Modeschöpfer).

Karlheinz, Karl-Heinz Zusammensetzung aus ➜ Karl und ➜ Heinz. Berühmte Namensträger: Karlheinz Böhm (deutscher Schauspieler), Karl-Heinz Rummenigge (deutscher Fußballer).

Karol polnische Form von ➜ Karl.

Karsten niederdeutsche Form von ➜ Christian.

Kasimir slawisch. Bedeutung: von slawisch *kaza* »verkünden, zeigen« und *mir* »Friede«. Berühmter Namensträger: Kasimir Edschmid (deutscher Schriftsteller).

Kaspar, Caspar persisch. Bedeutung: Schatzmeister. Einer der Heiligen Drei Könige. Berühmte Namensträger: Kaspar Hauser (Findelkind), Caspar David Friedrich (deutscher Maler).

Kay Nebenform zu ➜ Kai.

Kees niederländische Kurzform zu ➜ Cornelius.

Keith englisch. Bedeutung: Name eines schottischen Orts und Clans. Berühmte Namensträger: Keith Richards (englischer Rockmusiker), Keith Jarret (amerikanischer Jazzmusiker).

Kelly irisch-gälisch. Bedeutung: Krieger. Auch weiblicher Vorname.

Kemâl türkisch. Bedeutung: Vollkommenheit, Vollendung.

Ken englische Kurzform zu ➜ Kenneth.

Kenneth englisch, keltischer Herkunft. Bedeutung: der Tüchtige, Flinke. Berühmter Namensträger: Kenneth Branagh (britischer Schauspieler).

Kent 1. altwalisisch. Bedeutung: der Erleuchtete.
2. Kurzform zu ➤ Kenneth.

Kermit englisch, keltischer Herkunft. Bedeutung: freier
Mann. Berühmter Namensträger: Kermit, der Frosch
aus der »Muppets Show«.

Kerry englisch-irisch, keltischer Herkunft. Bedeutung:
der Finstere. Auch weiblicher Vorname.

Kersten niederdeutsche Form von ➤ Christian.

Kerwin irisch-gälisch. Bedeutung: der Schwarze, der
Rabe.

Kevin englisch-irisch. Bedeutung: der Anmutige,
Hübsche. Berühmter Namensträger: Kevin Costner
(amerikanischer Schauspieler).

Khoury arabisch. Bedeutung: Priester.

Kibbe indianisch. Bedeutung: Nachtvogel.

Kilian irisch-schottisch, keltischer Herkunft. Bedeutung:
Kirchenmann.

Kim Kurzform zu ➤ Kimberley, Kimball. Nur in Verbindung mit einem eindeutig männlichen Zweitnamen
zulässig.

Kimberley englisch. Bedeutung: geht auf einen
englischen Familiennamen und den südafrikanischen
Ortsnamen Kimberley zurück. Nur in Verbindung mit
einem eindeutig männlichen Zweitnamen zulässig.

Kin japanisch. Bedeutung: der Goldene.

Kinta indianisch. Bedeutung: Biber.

Kito afrikanisch/Suaheli. Bedeutung: Edelstein.

Kiyoshi japanisch. Bedeutung: Ruhe, Stille.

Klaas, Klas, Claas Kurzformen zu ➤ Nikolaus.

Klaudius Nebenform zu ➤ Claudius.

Klaus, Claus Kurzformen zu ➤ Nikolaus. Berühmte
Namensträger: Klaus Störtebeker (Seeräuber), Klaus

Mann (deutscher Schriftsteller), Klaus Kinski (deutscher Schauspieler).

Klausdieter, Klaus-Dieter Zusammensetzung aus → Klaus und → Dieter.

Klausjürgen, Klaus-Jürgen Zusammensetzung aus → Klaus und → Jürgen. Berühmter Namensträger: Klausjürgen Wussow (deutscher Schauspieler).

Klemens Nebenform zu → Clemens.

Klement Nebenform zu → Clemens.

Klemenz Nebenform zu → Clemens.

Knud dänische Form von → Knut.

Knut nordisch. Bedeutung: von althochdeutsch *chnuz* »freimütig, keck«. Berühmter Namensträger: Knut Hamsun (norwegischer Schriftsteller).

Köbes rheinische Kurzform zu → Jakob.

Kolja russische Kurzform zu → Nikolai.

Kolman, Koloman keltisch. Bedeutung: der Einsiedler.

Kolumban lateinisch. Bedeutung: die Taube.

Konane hawaiisch. Bedeutung: hell wie das Mondlicht.

Konni, Konny Kurzformen zu → Konrad, → Konstantin. Nur in Verbindung mit einem eindeutig männlichen Zweitnamen zulässig.

Konrad deutsch. Bedeutung: von althochdeutsch *kuoni* »kühn, tapfer« und *rat* »Ratgeber«. Berühmte Namensträger: Konrad Lorenz (österreichischer Verhaltensforscher), Konrad Adenauer (deutscher Politiker).

Konradin Verkleinerungsform zu → Konrad.

Konstantin, Constantin lateinisch. Bedeutung: der Standhafte, Beständige. Berühmte Namensträger: Constantin von Dietze (deutscher Volkswirtschaftler), Konstantin Wecker (deutscher Liedermacher).

Korbinian, Corbinian   lateinisch. Herkunft und Bedeutung unklar.

Kornelius   Nebenform zu → Cornelius.

Kosta, Kostja   slawische Kurzformen zu → Konstantin.

Krischan   niederdeutsche Form von → Christian.

Krischna, Krishna   indisch. Bedeutung: der Schwarze, der Entzückende. Auch weiblicher Vorname.

Krispin, Krispinus   Nebenformen zu → Crispin.

Krister   schwedische Form von → Christian.

Kristian   nordische Form von → Christian.

Kristof   nordische Form von → Christoph.

Kumi   afrikanisch/ghanaisch. Bedeutung: der Starke. Auch weiblicher Vorname.

Kunibald   deutsch. Bedeutung: von althochdeutsch *kunni* »Sippe, Geschlecht« und *bald* »kühn«.

Kunibert   deutsch. Bedeutung: von althochdeutsch *kunni* »Sippe, Geschlecht« und *beraht* »glänzend«.

Kuno   Kurzform zu → Konrad und Vornamen mit Kuni-.

Kurt, Curt   selbstständige Kurzformen zu → Konrad. Berühmte Namensträger: Kurt Tucholsky (deutscher Schriftsteller), Kurt Schumacher (deutscher Politiker), Kurt Cobain (amerikanischer Rockmusiker).

Kyle   irisch-gälisch. Bedeutung: der von der Meerenge, der Schöne. Auch weiblicher Vorname.

Kyrill   Nebenform zu → Cyrill.

Laban   hebräisch. Bedeutung: der Weiße.

Ladewig   niederdeutsche Form von → Ludwig.

Ladislaus   latinisierte Form des slawischen → Vladislav.

Lado   südslawische Kurzform zu ➜ Ladislaus.

Lais   indisch-pakistanisch. Bedeutung: Löwe.

Lajos   ungarische Form von ➜ Ludwig.

Lambert, Lampert, Lambrecht, Lamprecht   deutsch.
Bedeutung: von althochdeutsch *lant* »Land« und
beraht »glänzend«. Berühmter Namensträger:
Lambert von Hersfeld (deutscher Geschichtsschreiber).

Lambrecht, Lamprecht   Nebenformen zu ➜ Lambert.

Lancelot, Lanzelot   englisch. Bedeutung: geht zurück
auf den sagenhaften Ritter aus der Tafelrunde des
Königs Artus.

Landerich, Landrich   deutsch. Bedeutung: von althochdeutsch *lant* »Land« und *rihhi* »reich, mächtig«.

Landewin, Landwin, Lantwin   deutsch. Bedeutung: von
althochdeutsch *lant* »Land« und *wini* »Freund«.

Landfried   deutsch. Bedeutung: von althochdeutsch *lant*
»Land« und *fridu* »Friede«.

Lando   Kurzform zu Vornamen mit Land-.

Landolf, Landulf   deutsch. Bedeutung: von althochdeutsch *lant* »Land« und *wolf* »Wolf«.

Landrich   Nebenform zu ➜ Landerich.

Landulf   Nebenform zu ➜ Landolf.

Landwin   Nebenform zu ➜ Landewin.

Langundo   indianisch. Bedeutung: der Friedliche.

Lani   hawaiisch. Bedeutung: Himmel. Auch weiblicher
Vorname.

Lantwin   Nebenform zu ➜ Landewin.

Lanzelot   Nebenform zu ➜ Lancelot.

Larry   englische Kurzform zu ➜ Laurence. Berühmter
Namensträger: Larry Hagman (amerikanischer Schauspieler).

Lars   schwedische Kurzform zu → Laurens. Berühmter Namensträger: Lars Gustafsson (schwedischer Schriftsteller).

Lasse   schwedische Koseform zu → Lars.

László   ungarische Form von → Ladislaus.

Latif   arabisch. Bedeutung: der Nette.

Laurence   englische Form von → Laurentius. Berühmter Namensträger: Laurence Olivier (englischer Schauspieler).

Laurens   schwedische Form von → Laurentius.

Laurent   französische Form von → Laurentius.

Laurentius, Laurenz   lateinisch. Bedeutung: geht zurück auf den römischen Beinamen Laurentius (der aus der Stadt Laurentum Stammende).

Lauri   finnische und norwegische Form von → Laurentius.

Laurids, Lauritz   dänische Formen von → Laurentius.

Laurin   Herkunft und Bedeutung unklar.

Lauritz   Nebenform zu → Laurids.

Lawrence   Nebenform zu → Laurence.

Lazar, Lazarus   hebräisch. Bedeutung. Gott ist Helfer.

Leander   griechisch. Bedeutung: von griechisch *laós* »Volk« und *andrós* »Mann«. Berühmter Namensträger: Leander Haußmann (deutscher Schauspieler und Regisseur).

Leberecht, Lebrecht   deutsch. Bedeutung: pietistische Neuprägung aus dem 17./18. Jahrhundert: Lebe recht! Berühmter Namensträger: Gebhard Leberecht von Blücher (preußischer Feldmarschall).

Lee   englisch. Bedeutung: unsicher, eventuell der Anmutige oder der von Weideland Stammende. Auch weiblicher Vorname.

Lei   chinesisch. Bedeutung: Donner.

Leif   nordisch. Bedeutung: Sohn, Erbe. Berühmter Namensträger: Leif Eriksson (norwegischer See-fahrer).

Lekeke   hawaiisch. Bedeutung: mächtiger Herrscher.

Len   englische Kurzform zu ➡ Leonhard.

Lenard, Lenhard   Nebenformen zu ➡ Leonhard.

Lennart   niederdeutsche und schwedische Form von ➡ Leonhard.

Lenny   englische Kurzform zu ➡ Leonhard. Berühmter Namensträger: Lenny Kravitz (amerikanischer Rock-sänger).

Lenz   Kurzform zu ➡ Lorenz, ➡ Laurentius.

Leo, Leon   Kurzformen zu ➡ Leonhard.

Leonard   Nebenform zu ➡ Leonhard. Berühmter Namensträger: Leonard Bernstein (amerikanischer Dirigent und Komponist).

Léonard   französische Form von ➡ Leonhard.

Leonardo   italienische Form von ➡ Leonhard. Berühmte Namensträger: Leonardo da Vinci (italienisches Universalgenie), Leonardo DiCaprio (amerikanischer Schauspieler).

Leonhard   lateinisch-deutsch. Bedeutung: von lateinisch *leo* »Löwe« und althochdeutsch *harti* »hart, stark«. Berühmter Namensträger: Leonhard Euler (schweizerischer Mathematiker).

Leonid   russisch, griechischer Herkunft. Bedeutung: Löwensohn. Berühmter Namensträger: Leonid Breschnew (sowjetischer Politiker).

Leopold, Leupold, Leupolt   deutsch. Bedeutung: von althochdeutsch *liut* »Volk« und *bald* »kühn«. Berühmte Namensträger: Leopold Mozart (Vater von Wolfgang

Amadeus Mozart), Leopold von Ranke (deutscher Historiker).

Leopoldo italienische Form von ➡ Leopold.

Leslie englisch. Bedeutung: geht auf einen schottischen Orts- und Clannamen zurück. Nur in Verbindung mit einem eindeutig männlichen Zweitnamen zulässig. Berühmter Namensträger: Leslie Nielsen (amerikanischer Schauspieler).

Lester englisch. Bedeutung: geht auf den Ortsnamen Leicester zurück.

Leupold, Leupolt Nebenformen zu ➡ Leopold.

Lev russische Form von ➡ Leo.

Levi hebräisch. Bedeutung: der Anhängliche, dem Bunde Zugetane. Berühmter Namensträger: Levi Strauss (bayerisch-amerikanischer Erfinder der Jeans).

Lew russische Form von ➡ Leo. Berühmter Namensträger: Lew N. Tolstoj (russischer Schriftsteller).

Lewis englische Form von ➡ Ludwig.

Lex Kurzform zu ➡ Alexander. Berühmter Namensträger: Lex Barker (amerikanischer Schauspieler).

Li chinesisch. Bedeutung: der Schöne. Auch weiblicher Vorname.

Liam irische Kurzform zu ➡ William. Berühmte Namensträger: Liam Neeson (irischer Schauspieler), Liam Gallagher (englischer Rocksänger).

Liang chinesisch. Bedeutung: der Gute.

Liberty englisch. Bedeutung: Freiheit. Auch weiblicher Vorname.

Liborius lateinisch. Bedeutung: einem Gott opfern.

Liebert deutsch. Bedeutung: von althochdeutsch *liob* »lieb« und *beraht* »glänzend«.

Liebfried   deutsch. Bedeutung: von althochdeutsch *liob* »lieb« und *fridu* »Friede«.

Liebhard   deutsch. Bedeutung: von althochdeutsch *liob* »lieb« und *harti* »hart, stark«.

Lin   chinesisch. Bedeutung: Wald.

Lindsay   altenglisch. Bedeutung: der von der Insel der Lindenbäume. Auch weiblicher Vorname.

Linnart   schwedische Nebenform zu ➡ Lennart.

Lino   italienische Form von ➡ Linus.

Linus   1. griechisch. Bedeutung: geht auf den altgriechischen Personennamen Linos zurück. 2. Kurzform zu Namen, die auf -linus enden, z. B. Paulinus. Berühmter Namensträger: Linus Pauling (amerikanischer Chemiker).

Lion   Nebenform zu ➡ Leo, Leon. Berühmter Namensträger: Lion Feuchtwanger (deutscher Schriftsteller).

Lionel   französische und englische Verkleinerungsform zu ➡ Lion. Berühmter Namensträger: Lionel Richie (amerikanischer Popsänger).

Litthard   deutsch. Bedeutung: von althochdeutsch *liut* »Volk« und *harti* »hart, stark«.

Liu   afrikanisch. Bedeutung: Stimme.

Livio   italienische Form von ➡ Livius.

Livius   lateinisch. Bedeutung: geht zurück auf den altrömischen Geschlechternamen Livius. Berühmter Namensträger: Livius (römischer Geschichtsschreiber).

Liwanu   indianisch. Bedeutung: brummender Bär.

Lodewig, Lodewik   niederländische Formen von ➡ Ludwig.

Lois, Loisl   Kurzformen zu ➡ Alois.

Longin, Longinus   lateinisch. Bedeutung: der Lange.

Lorenz   eingedeutschte Form von ➡ Laurentius.

Lorenzo   italienische und spanische Form von ➡ Laurentius.

Loris   italienische und schweizerische Kurzform zu
➜ Laurentius. Nur in Verbindung mit einem eindeutig
männlichen Zweitnamen zulässig.

Lothar   deutsch. Bedeutung: von althochdeutsch *hlut*
»laut, berühmt« und *heri* »Kriegsschar, Heer«. Berühmte
Namensträger: Lothar Späth (deutscher Politiker),
Lothar Matthäus (deutscher Fußballer).

Lou   Kurzform zu ➜ Louis.

Louis   französische Form von ➜ Ludwig. Berühmte
Namensträger: Louis Pasteur (französischer Chemiker),
Louis de Funès (französischer Schauspieler), Louis
Armstrong (amerikanischer Jazzmusiker).

Lovis, Lowis   niederdeutsche Formen von ➜ Ludwig.

Lowik   niederländische Form von ➜ Ludwig.

Lu   Kurzform zu Vornamen mit Lu-, Lud-. Nur in
Verbindung mit einem eindeutig männlichen Zweitnamen zulässig.

Lubbe, Lübbe, Lubbo, Lube   ostfriesische Kurzformen zu
Vornamen mit Luit-.

Luc   französische Kurzform zu ➜ Lukas.

Luca   italienische Form von ➜ Lukas.

Lucas   Nebenform zu ➜ Lukas.

Lucian, Lucianus   erweiterte Formen von ➜ Lucius.

Luciano   italienische Form von ➜ Lucianus. Berühmter
Namensträger: Luciano Pavarotti (italienischer Tenor).

Lucianus   Nebenform zu ➜ Lucian.

Lucien   französische Form zu ➜ Lucianus.

Lucio   italienische Form von ➜ Lucius.

Lucius   lateinisch. Bedeutung: der Lichte, der Glänzende,
auch: der bei Tagesanbruch Geborene. Papstname.

Lüde, Lüdeke   niederdeutsche Kurzformen zu Vornamen
mit Luit-.

Ludger   deutsch. Nebenform zu ➛ Luitger. Berühmter
Namensträger: Ludger Beerbaum (deutscher Springreiter).

Ludo   Kurzform zu Vornamen mit Lud-.

Ludolf   Nebenform zu ➛ Luitolf.

Ludovico   italienische Form von ➛ Ludwig.

Ludvig   rätoromanische und schwedische Form von
➛ Ludwig.

Ludwig   deutsch. Bedeutung: von althochdeutsch *hlut*
»laut, berühmt« und *wig* »Kampf«. Berühmte Namensträger: Ludwig Tieck (deutscher Dichter), Ludwig
Feuerbach (deutscher Philosoph), Ludwig Erhard
(deutscher Politiker).

Luggi   schweizerische und österreichische Kurzform zu
➛ Ludwig.

Luick   ostfriesische Kurzform zu Vornamen mit Luit-.

Luigi   italienische Form von ➛ Ludwig.

Luis   rätoromanische und spanische Form von
➛ Ludwig. Berühmter Namensträger: Luis Trenker
(Südtiroler Schriftsteller und Schauspieler).

Luitbald, Luitpold   deutsch. Bedeutung: von althochdeutsch *liut* »Volk« und *bald* »kühn«.

Luitbert, Luitbrecht   deutsch. Bedeutung: von althochdeutsch *liut* »Volk« und *beraht* »glänzend«.

Luitbrand   deutsch. Bedeutung: von althochdeutsch *liut*
»Volk« und *brant* »Brand, Brennen«.

Luitbrecht   Nebenform zu ➛ Luitbert.

Luitfried   deutsch. Bedeutung: von althochdeutsch *liut*
»Volk« und *fridu* »Friede«.

Luitger   deutsch. Bedeutung: von althochdeutsch *liut*
»Volk« und *ger* »Speer«.

Luithard   deutsch. Bedeutung: von althochdeutsch *liut*
»Volk« und *harti* »hart, stark«.

Luitolf deutsch. Bedeutung: von althochdeutsch *liut* »Volk« und *wolf* »Wolf«.

Luitpold Nebenform zu ➜ Luitbald. Berühmter Namensträger: Prinzregent Luitpold von Bayern.

Luitwin deutsch. Bedeutung: von althochdeutsch *liut* »Volk« und *wini* »Freund«.

Luiz spanische Form von ➜ Ludwig.

Lukas, Lucas lateinisch. Bedeutung: geht auf den Evangelisten Lukas zurück, der dem Namen nach aus dem unteritalienischen Lucania stammte. Berühmte Namensträger: Lucas Cranach der Ältere und Lucas Cranach der Jüngere (deutsche Maler).

Luke englische Kurzform zu ➜ Lukas.

Lulani hawaiisch. Bedeutung: höchster Punkt im Himmel. Auch weiblicher Vorname.

Lutz Kurzform zu ➜ Ludwig.

Lux Kurzform zu ➜ Lukas.

Luzius deutsche Form des lateinischen ➜ Lucius.

Lysander griechisch. Bedeutung: der Freigelassene.

M

Maarten niederdeutsche und niederländische Form von ➜ Martin.

Madison englisch. Bedeutung: Mauds Sohn.

Mads nordische Kurzform zu ➜ Matthias.

Magnar Nebenform zu ➜ Magnus.

Magnus lateinisch. Bedeutung: der Große, Angesehene. Berühmter Namensträger: Hans Magnus Enzensberger (deutscher Lyriker und Schriftsteller).

Maik   eingedeutschte Form des englischen → Mike.

Mainart, Maint   ostfriesische Formen von
→ Meinhard.

Makani   hawaiisch. Bedeutung: Wind. Auch weiblicher
Vorname.

Malcolm   englisch, keltischer Herkunft. Bedeutung:
Diener, Schützer des heiligen Columban.

Malte   dänisch. Bedeutung: geht vermutlich auf das
deutsche Helmolt (von althochdeutsch *helm* »Helm«
und *waltan* »walten, herrschen«) zurück.

Malwin   deutsch. Bedeutung: von althochdeutsch *mahal*
»Gerichtsstätte« und *wini* »Freund«.

Manchu   chinesisch. Bedeutung: der Reine.

Manfred   deutsch. Bedeutung: von althochdeutsch
man »Mann« und *fridu* »Friede«. Berühmte Namensträger: Manfred Freiherr von Richthofen (deutscher
Jagdflieger), Manfred Krug (deutscher Schauspieler).

Manhard, Manhart   deutsch. Bedeutung: von althochdeutsch *man* »Mann« und *harti* »hart, stark«.

Mano   slawische und ungarische Kurzform zu
→ Immanuel.

Manolo   spanische Verkleinerungsform zu → Manuel.

Mansa   afrikanisch. Bedeutung: König.

Manuel   spanische Form von → Immanuel.

Marbert   deutsch. Bedeutung: von althochdeutsch *marah*
»Pferd« und *beraht* »glänzend«.

Marbod   deutsch. Bedeutung: von althochdeutsch *marah*
»Pferd« und *boto* »Bote«.

Marc   1. Nebenform zu → Mark. 2. französische
Form von → Markus. Berühmter Namensträger:
Marc Chagall (russischer Maler).

Marcel französische Form von ➙ Marcellus. Berühmte Namensträger: Marcel Proust (französischer Schriftsteller), Marcel Reich-Ranicki (deutscher Literaturkritiker).

Marcello italienische Form von ➙ Marcellus.

Marcellus erweiterte Form von ➙ Marcus.

Marco italienische und spanische Form von ➙ Markus.

Marcus lateinische Form von ➙ Markus.

Marek slawische Form von ➙ Markus.

Marhold deutsch. Bedeutung: von althochdeutsch *marah* »Pferd« und *waltan* »walten, herrschen«.

Maria Als männlicher Zweitname zugelassen. Berühmte Namensträger: Rainer Maria Rilke (österreichischer Dichter), Klaus Maria Brandauer (österreichischer Schauspieler).

Marian Kurzform zum lateinischen Marianus. Bedeutung: den Marius betreffend.

Marin französische Form von ➙ Marinus.

Marino italienische Form von ➙ Marinus.

Marinus lateinisch. Bedeutung: der zum Meer Gehörende.

Mario italienische und spanische Form von ➙ Marius: Berühmte Namensträger: Mario Vargas Llosa (peruanischer Schriftsteller), Mario Adorf (deutscher Schauspieler).

Marius lateinisch. Bedeutung: Geht zurück auf den altrömischen Geschlechternamen der Marier. Berühmter Namensträger: Marius Müller-Westernhagen (deutscher Schauspieler und Rocksänger).

Mark englische, dänische und niederländische Kurzform zu ➙ Markus. Berühmter Namensträger: Mark Twain (amerikanischer Schriftsteller).

Marko südslawische Form von ➙ Markus, auch eingedeutschte Schreibweise von ➙ Marco.

Markus lateinisch. Bedeutung: Sohn des Mars
(römischer Kriegsgott). Berühmter Namensträger:
Markus Lüpertz (deutscher Künstler).

Markward, Markwart, Marquard deutsch. Bedeutung:
von althochdeutsch *marcha* »Grenze« und *wart* »Hüter«.

Marlin Nebenform zu ➙ Merlin.

Marlon englisch. Bedeutung: geht wahrscheinlich auf
eine altfranzösische Koseform von ➙ Marc zurück.
Berühmter Namensträger: Marlon Brando
(amerikanischer Schauspieler).

Marquard Nebenform zu ➙ Markward.

Mart Kurzform zu ➙ Martin.

Marten niederländische und schwedische Form von
➙ Martin.

Märten Nebenform zu ➙ Martin.

Martin lateinisch. Bedeutung: geht auf den römischen
Beinamen Martinus (von Mars, dem römischen Kriegsgott) zurück. Berühmte Namensträger: Martin Luther
(deutscher Reformator), Martin Heidegger (deutscher
Philosoph), Martin Walser (deutscher Schriftsteller).

Martino italienische Form ➙ von Martin.

Marvin englisch. Bedeutung: geht auf den walisischen
Namen Merfyn zurück. Berühmter Namensträger:
Marvin Gaye (amerikanischer Soulsänger).

Marwin deutsch. Bedeutung: von althochdeutsch *mari*
»berühmt« und *wini* »Freund«.

Masetto, Masino, Maso italienische Koseformen zu
➙ Thomas.

Massimo italienische Form von ➙ Maximilian.

Masud arabisch. Bedeutung: der Glückliche.

Mat   englische Kurzform zu ➙ Matthew.

Mathew   englische Form von ➙ Matthias.

Mathias   Nebenform zu ➙ Matthias.

Mathieu   französische Form von ➙ Matthias.

Mathis   niederdeutsche Form von ➙ Matthias.

Mato   indianisch. Bedeutung: der Tapfere.

Mats   nordische Kurzform zu ➙ Matthias.

Matt   englische Kurzform zu ➙ Matthew. Berühmter
Namensträger: Matt Damon (amerikanischer Schauspieler).

Matteo   italienische Form von ➙ Matthäus.

Mattes   Kurzform zu ➙ Matthias.

Matthäus   Nebenform zu ➙ Matthias.

Matthew   englische Form von ➙ Matthias.

Matthias   hebräisch. Bedeutung: Gabe des Herrn, Gottesgeschenk. Berühmte Namensträger: Matthias
Grünewald (deutscher Maler), Matthias Claudius
(deutscher Dichter).

Matti   finnische Form von ➙ Matthias.

Mattia   italienische Form von ➙ Matthias.

Maurice   englische und französische Form von
➙ Moritz. Berühmter Namensträger: Maurice Ravel
(französischer Komponist).

Mauritius   lateinisch. Bedeutung: der Mohr, der Maure
aus der römischen Provinz Mauritania.

Mauritz, Mauriz   Nebenformen zu ➙ Moritz.

Maurizio   italienische Form von ➙ Moritz.

Mauro   italienische Form von ➙ Maurus.

Maurus   lateinisch. Bedeutung: der Mohr, der Maure aus
der römischen Provinz Mauritania.

Max   Kurzform zu ➙ Maximilian. Berühmte Namensträger: Max Planck (deutscher Physiker), Max Weber

(deutscher Ökonom und Soziologe), Max Schmeling
(deutscher Boxer), Max Frisch (schweizerischer Schriftsteller).

Maxim   Kurzform zu ➜ Maximus.

Maxime   französische Form von ➜ Maximus.

Maximilian   lateinisch. Bedeutung: geht auf die
römischen Beinamen Maximus bzw. Maximianus (der
Größte, Älteste, Erhabenste) zurück. Berühmte
Namensträger: Maximilian Harden (deutscher
Publizist), Maximilian Schell (schweizerischer Schau-
spieler).

Maximus   lateinisch. Bedeutung: der Größte, Älteste,
Erhabenste.

Maxwell   englisch, keltischer Herkunft. Bedeutung: große
Quelle.

Mehmet   türkische Form von ➜ Mohammed.

Mehtar   indisch-pakistanisch. Bedeutung: Prinz.

Meik   eingedeutschte Form des englischen ➜ Mike.

Meiko   niederdeutsche Kurzform zu Vornamen mit
Mein-.

Meinald, Meinold, Meinhold   deutsch. Bedeutung: von
althochdeutsch *magan, megin* »Kraft, Macht« und
waltan »walten, herrschen«.

Meinard   Nebenform zu ➜ Meinhard.

Meinbod   deutsch. Bedeutung: von althochdeutsch
magan, megin »Kraft, Macht« und altsächsisch *bodo*
»Gebieter«.

Meinfried   deutsch. Bedeutung: von althochdeutsch
magan, megin »Kraft, Macht« und *fridu* »Friede«.

Meinhard   deutsch. Bedeutung: von althochdeutsch
magan, megin »Kraft, Macht« und *harti* »hart, stark«.

Meinhold   Nebenform zu ➜ Meinald.

Meino   friesische Kurzform zu Namen mit Mein-.

Meinold   Nebenform zu ➤ Meinald.

Meinolf, Meinulf   deutsch. Bedeutung: von althochdeutsch *magan, megin* »Kraft, Macht« und *wolf* »Wolf«.

Meinrad   deutsch. Bedeutung: von althochdeutsch *magan, megin* »Kraft, Macht« und *rat* »Ratgeber«.

Meinulf   Nebenform zu ➤ Meinolf.

Meinward   deutsch. Bedeutung: von althochdeutsch *magan, megin* »Kraft, Macht« und *wart* »Hüter«.

Mel   englische Kurzform zu ➤ Melvin. Berühmter Namensträger: Mel Gibson (australisch-amerikanischer Schauspieler).

Melcher   Nebenform zu ➤ Melchior.

Melchior   hebräisch. Bedeutung: Gott ist König des Lichts. Einer der Heiligen Drei Könige.

Melvin   englisch. Bedeutung: von altangelsächsisch *Maelwine* »Schwertfreund«.

Menard, Menardus   ostfriesische Formen von ➤ Meinhard.

Mendel   Kurzform zu ➤ Immanuel.

Mense   friesische Kurzform zu Vornamen mit Mein-.

Meo   italienische Kurzform zu ➤ Bartolomeo.

Meredith   altwalisisch. Bedeutung: großer Führer, Wächter. Auch weiblicher Vorname.

Merlin, Marlin   englisch, walisischer Herkunft. Bedeutung: von walisisch *Myrddin, Merddin* »Hügel am Meer, Düne«. Wurde bekannt durch Merlin, den Ratgeber von König Artus.

Merten   rheinisch-niederländische Form von ➤ Martin.

Meso   friesische Kurzform zu Vornamen mit Mein-.

Micha   hebräische Kurzform zu Michaja. Bedeutung: Wer ist gleich Gott?.

Michael hebräisch. Bedeutung: Wer ist wie Gott?.
Berühmte Namensträger: Michael Ende (deutscher
Schriftsteller), Michael Schumacher (deutscher Renn-
fahrer), Michael Ballack (deutscher Fußballer), Michael
Douglas (amerikanischer Schauspieler).

Michail slawische Form von ➙ Michael. Berühmter
Namensträger: Michail Gorbatschow (russischer
Politiker), Michail Baryschnikow (russischer Tänzer).

Michal Kurzform zu ➙ Michael.

Michel 1. französische Form von ➙ Michael. Berühmte
Namensträger: Michel Piccoli (französischer Schauspieler). 2. deutsche Kurzform zu ➙ Michael.

Michele italienische Form von ➙ Michael.

Michiel niederländische Form von ➙ Michael.

Mick englische Kurzform zu ➙ Michael. Berühmter
Namensträger: Mick Jagger (englischer Rocksänger).

Mickel dänische und schwedische Form von ➙ Michael.

Mies niederdeutsche und niederländische Kurzform zu
➙ Bartholomäus.

Miguel spanische und portugiesische Form von
➙ Michael.

Mihály ungarische Form von ➙ Michael.

Mika Kurzform zu ➙ Michael. Auch weiblicher
Vorname.

Mikael schwedische und norwegische Form von
➙ Michael.

Mike englische Kurzform zu ➙ Michael. Berühmter
Namensträger: Mike Krüger (deutscher Sänger und
TV-Moderator).

Miklas, Mikola, Mikolas slawische Formen von
➙ Nikolaus.

Miklós ungarische Form von ➙ Nikolaus.

Mikola, Mikolas   Nebenformen zu → Miklas.

Milan   Kurzform zu → Miloslaw, → Miroslaw. Berühmter Namensträger: Milan Kundera (tschechischer Schriftsteller).

Miles   englisch, lateinischer Herkunft. Bedeutung: Krieger.

Milko   Kurzform zu → Miloslaw.

Milo   Kurzform zu → Miloslaw, → Miroslaw.

Miloslaw   slawisch. Bedeutung: der Ruhmliebende.

Miltaiye   indianisch. Bedeutung: aufgewühltes Wasser.

Mingo   spanische Kurzform zu → Domingo.

Mino   italienische Kurzform zu Giacomino oder Guglielmino.

Mirco, Mirko   Kurzformen zu → Miroslaw.

Miroslaw   slawisch. Bedeutung: Frieden und Ruhm. Berühmter Namensträger: Miroslaw Klose (deutscher Fußballer).

Mischa   russische Kurzform zu → Michail.

Misu   indianisch. Bedeutung: gekräuseltes, bewegtes Wasser.

Mitja   slawische Kurzform zu → Demetrius.

Modest   lateinisch. Bedeutung: der Bescheidene. Berühmter Namensträger: Modest Mussorgski (russischer Komponist).

Mohammed   arabisch. Bedeutung: der Gepriesene.

Mombert, Mombrecht   deutsch. Bedeutung: von althochdeutsch *muni* »Geist, Gedanke« und *beraht* »glänzend«.

Moreno   italienisch. Bedeutung: der Dunkle, Schwarze.

Morgan   englisch, keltischer Herkunft. Bedeutung: der Seemann, der auf See Geborene. Berühmter Namensträger: Morgan Freeman (amerikanischer Schauspieler).

Moritz deutsche Form von ➙ Maurus, ➙ Mauritius.
Berühmte Namensträger: Moritz von Sachsen
(Kurfürst), Moritz Bleibtreu (deutscher Schauspieler).

Morris englische Form von ➙ Moritz.

Morten dänische und norwegische Form von ➙ Martin.
Berühmter Namensträger: Morten Harket (norwegischer
Popsänger).

Mortimer englisch. Bedeutung: Herkunftsname, geht auf
den Ort Mortemer in der Normandie zurück.

Moses 1. hebräisch. Bedeutung: aus dem Wasser
gezogen. 2. ägyptisch. Bedeutung: Kind.

Muck Kurzform zu ➙ Nepomuk.

Munibert deutsch. Bedeutung: von althochdeutsch *muni*
»Geist, Gedanke« und *beraht* »glänzend«.

Muraco indianisch. Bedeutung: weißer Mond.

Mustafa arabisch. Bedeutung: der Erwählte.

Nabil arabisch. Bedeutung: der Edle, Vornehme.

Nabor hebräisch. Bedeutung: Prophet des Lichts.

Naboth hebräisch. Bedeutung: der Herausragende.

Nadim arabisch. Bedeutung: Freund.

Nadir arabisch. Bedeutung: der Seltene, Kostbare.

Nahele hawaiisch. Bedeutung: Wald.

Nahum, Naum hebräisch. Bedeutung: Tröster.

Namid indianisch. Bedeutung: Sternentänzer.

Nandolf deutsch. Bedeutung: von althochdeutsch
nantha »wagemutig, kühn« und *wolf* »Wolf«.

Nandor ungarische Form von ➙ Ferdinand.

Nanno friesische Kurzform zu Vornamen mit Nant-.

Nante   niederdeutsche Kurzform zu → Ferdinand.

Nantwig   deutsch. Bedeutung: von gotisch *nantha* »wagemutig, kühn« und *wig* »Kampf«.

Nantwin   deutsch. Bedeutung: von gotisch *nantha* »wagemutig, kühn« und *wini* »Freund«.

Narziss   griechisch. Bedeutung: geht auf eine griechische Sage zurück, in der ein in sich selbst verliebter Jüngling in eine Narzisse verwandelt wird.

Nasir   türkisch. Bedeutung: Helfer.

Nat   englische Kurzform zu → Nathanael.

Nathan   hebräisch. Bedeutung: Gott hat gegeben.

Nathanael, Nathaniel   hebräisch. Bedeutung: Gott hat gegeben. Berühmter Namensträger: Nathaniel Hawthorne (amerikanischer Schriftsteller).

Naum   Nebenform zu → Nahum.

Nayati   indianisch. Bedeutung: Ringer.

Nazarius   vermutlich lateinisch. Bedeutung: der Nazarener.

Ned   englische Kurzform zu → Edward.

Neel   friesische Kurzform zu → Cornelius.

Nehemia   hebräisch. Bedeutung: Gott hat getröstet.

Neidhard, Neithard, Nithard   deutsch. Bedeutung: von althochdeutsch *nid* »Kampfeszorn, wilder Eifer« und *harti* »hart, stark«. Berühmter Namensträger: Neidhard von Reuenthal (deutscher Dichter).

Neil   englisch, keltischer Herkunft. Bedeutung: Wolke. Berühmte Namensträger: Neil Armstrong (amerikanischer Astronaut), Neil Young (kanadischer Rockmusiker).

Neithard   Nebenform zu → Neidhard.

Nelson   englisch. Bedeutung: Sohn des Neil. Berühmter Namensträger: Nelson Mandela (südafrikanischer Politiker).

Nepomuk tschechisch. Bedeutung: geht auf den böhmischen Ortsnamen Nepomuk (früherer Name Pomuk) zurück, und zwar auf den heiligen Johannes von Nepomuk, durch den der Name populär wurde. Berühmter Namensträger: Johann Nepomuk Nestroy (österreichischer Schriftsteller und Schauspieler).

Nero lateinisch. Bedeutung: der Starke, Strenge.

Nestor griechisch. Bedeutung: geht auf Homers »Odyssee« zurück, in der Nestor die Griechen im Kampf gegen Troja beriet.

Netis indianisch. Bedeutung: guter Freund. Auch weiblicher Vorname.

Nic rätoromanische Kurzform zu ➝ Nikolaus.

Niccolò italienische Form von ➝ Nikolaus. Berühmter Namensträger: Niccolò Paganini (italienischer Violinvirtuose).

Nicholas englische Form von ➝ Nikolaus.

Nick englische Kurzform zu ➝ Nikolaus.

Nicki, Nicky Koseformen zu ➝ Nikolaus. Auch weibliche Vornamen.

Niclo rätoromanische Kurzform zu ➝ Nikolaus.

Nicodemo rätoromanische Form von ➝ Nikodemus.

Nicol Kurzform zu ➝ Nikolaus.

Nicola italienische und rätoromanische Form von ➝ Nikolaus. Häufiger männlicher Vorname in der Schweiz. Nur in Verbindung mit einem eindeutig männlichen Zweitnamen zulässig.

Nicolaas niederländische Form von ➝ Nikolaus.

Nicolas englische und französische Form von ➝ Nikolaus.

Niels 1. niederdeutsche und dänische Kurzform zu ➝ Nikolaus. 2. niederdeutsche und niederländische

Kurzform zu → Cornelius. Berühmter Namensträger: Niels Bohr (dänischer Physiker).

Nigel englisch. Vermutlich Nebenform zu → Neil. Berühmter Namensträger: Nigel Kennedy (englischer Violinist).

Nigg friesische Kurzform zu → Nikolaus.

Nik Kurzform zu → Nikolaus.

Nikita russische Koseform zu → Nikolai. Berühmter Namensträger: Nikita S. Chruschtschow (russischer Politiker).

Niklas, Niklaus Kurzformen zu → Nikolaus. Berühmter Namensträger: Niklas von Wyle (schweizerischer Humanist).

Niko Kurzform zu → Nikolaus.

Nikol Kurzform zu → Nikolaus.

Nikodemus griechisch. Bedeutung: Volkssieger.

Nikolai, Nikolaj russische Form von → Nikolaus. Berühmter Namensträger: Nikolaj W. Gogol (russischer Schriftsteller).

Nikolaus griechisch. Bedeutung: von griechisch *nike* »Sieg« und *laos* »Volk, Kriegsvolk«. Berühmte Namensträger: Nikolaus Kopernikus (deutscher Astronom), Nikolaus Lenau (österreichischer Dichter).

Nikos neugriechische Kurzform zu → Nikolaus.

Nils schwedische Kurzform zu → Nikolaus. Berühmt geworden durch Selma Lagerlöfs Kinderbuch »Die wunderbare Reise des kleinen Nils Holgersson mit den Wildgänsen«.

Nino italienische Koseform zu → Giovanni.

Nisse dänische und schwedische Koseform zu → Nils, → Niels.

Nithard Nebenform zu → Neidhard.

Noah hebräisch. Bedeutung: Ruhebringer. Berühmter Namensträger: Noah Webster (amerikanischer Lexikograph).

Noël französisch. Bedeutung: von französisch *Noël* »Weihnachten«.

Nolan keltisch. Bedeutung: Nordland.

Nolde, Nolte friesische Kurzformen zu → Arnold.

Nonne, Nonno friesische Kurzformen zu Vornamen mit Nant-.

Norbert deutsch. Bedeutung: von althochdeutsch *nord* »Norden« und *beraht* »glänzend«. Berühmte Namensträger: Norbert Elias (deutscher Kultursoziologe), Norbert Blüm (deutscher Politiker).

Nordfried, Norfried deutsch. Bedeutung: von althochdeutsch *nord* »Norden« und *fridu* »Friede«.

Nordwin, Norwin deutsch. Bedeutung: von althochdeutsch *nord* »Norden« und *wini* »Freund«.

Norfried Nebenform zu → Nordfried.

Norman deutsch. Bedeutung: von althochdeutsch *nord* »Norden« und *man* »Mann«. Berühmter Namensträger: Norman Mailer (amerikanischer Schriftsteller).

Norwin Nebenform zu → Nordwin.

Notger Nebenform zu → Notker.

Notker deutsch. Bedeutung: von althochdeutsch *not* »Not« und *ger* »Speer«.

Nuru afrikanisch/Suaheli. Bedeutung: Licht.

Obbe, Obbo friesische Kurzformen zu Vornamen mit Od-, Ot-.

Oberon französisch, von Auberon, einer Nebenform von ➜ Alberich. Bedeutung: von althochdeutsch *alb* »Elf, Naturgeist« und *rihhi* »Herrschaft, Reich«. Bekannt geworden durch Shakespeares »Sommernachtstraum«.

Octavius lateinisch. Bedeutung: geht auf den altrömischen Geschlechternamen Octavius zurück.

Ode friesische Kurzform zu Vornamen mit Od-, Ot-.

Odemar Nebenform zu ➜ Odomar.

Odilo Koseform zu ➜ Odo.

Odin Name des altgermanischen Gottes Odin (Wotan).

Odo deutsch. Selbstständige Kurzform zu Vornamen mit Od-, Ot-.

Odomar, Odemar Nebenformen zu ➜ Otmar.

Ödön ungarische Form von ➜ Edmund. Berühmter Namensträger: Ödön von Horvath (österreichischer Schriftsteller).

Oktavian Nebenform zu ➜ Octavius.

Olaf, Olav nordisch. Bedeutung: Ahnenspross. Name zahlreicher skandinavischer Könige. Berühmter Namensträger: Olaf Gulbransson (norwegischer Zeichner und Maler).

Oldrik niederdeutsche Form von ➜ Ulrich.

Ole 1. dänische Kurzform zu ➜ Olaf. 2. niederdeutsche Kurzform zu Vornamen mit Od-, Ul-.

Oleander nach dem immergrünen Strauch Oleander (Rosenlorbeer).

Oleg russische Form von → Helge. Berühmter Namensträger: Oleg Popow (russischer Clown).

Olf Kurzform zu Vornamen, die auf -olf enden.

Olfer, Olfert ostfriesische Kurzformen zu → Wolfhard.

Oliver geht zurück auf den altfranzösischen Namen Olivier, den Waffengefährten Rolands in der Rolandssage. Bedeutung: von altfranzösisch *olif* »Olivenzweig«. Berühmte Namensträger: Oliver Cromwell (englischer Staatsmann), Oliver Hardy (amerikanischer Komiker), Oliver Stone (amerikanischer Regisseur), Oliver Kahn (deutscher Fußballer).

Olivier französische Form von → Oliver.

Oliviero italienische Form von → Oliver.

Olli Kurzform zu → Oliver. Nur in Verbindung mit einem eindeutig männlichen Zweitnamen zulässig.

Olof schwedische Form von → Olaf. Berühmter Namensträger: Olof Palme (schwedischer Politiker).

Oltman friesisch. Bedeutung: von althochdeutsch *ald* »bewährt« und *man* »Mann«.

Oluf dänische Form von → Olaf.

Olufemi afrikanisch/nigerianisch. Bedeutung: Gott liebt mich.

Olympus griechisch. Bedeutung: der vom Berg Olymp Stammende.

Omar arabisch. Bedeutung: der Höchste, der Erstgeborene. Berühmter Namensträger: Omar Sharif (ägyptischer Schauspieler).

Omke, Omko, Omme, Ommo friesische Kurzformen zu Vornamen mit Od-, Ot-.

Orell schweizerische Form von → Aurelius.

Orion griechisch. Bedeutung: Sohn des Feuers.

Orlando   italienische Form von → Roland. Bekannt durch Virginia Woolfs gleichnamigen Roman. Berühmter Namensträger: Orlando Bloom (englischer Schauspieler).

Ortfried   deutsch. Bedeutung: von althochdeutsch *ort* »Spitze (der Waffe)« und *fridu* »Friede«.

Ortger   deutsch. Bedeutung: von althochdeutsch *ort* »Spitze (der Waffe)« und *ger* »Speer«.

Ortlieb   deutsch. Bedeutung: von althochdeutsch *ort* »Spitze (der Waffe)« und *leiba* »Erbe«.

Ortnid, Ortnit   deutsch. Bedeutung: von althochdeutsch *ort* »Spitze (der Waffe)« und *nid* »Kampfeszorn, wilder Eifer«.

Ortnulf   Nebenform zu → Ortolf.

Ortolf, Ortulf   deutsch. Bedeutung: von althochdeutsch *ort* »Spitze (der Waffe)« und *wolf* »Wolf«.

Ortolt   Nebenform zu → Ortwald.

Ortwald   deutsch. Bedeutung: von althochdeutsch *ort* »Spitze (der Waffe)« und *waltan* »walten, herrschen«.

Ortwein, Ortwin   deutsch. Bedeutung: von althochdeutsch *ort* »Spitze (der Waffe)« und *wini* »Freund«.

Oscar   Nebenform zu → Oskar. Berühmter Namensträger: Oscar Wilde (englischer Schriftsteller).

Oskar   Nebenform zu → Ansgar. Berühmte Namensträger: Oskar Kokoschka (österreichischer Maler), Oskar Maria Graf (deutscher Schriftsteller).

Osmar   deutsch. Bedeutung: von althochdeutsch *ans* »Gott« und *mari* »berühmt«.

Osmund   deutsch. Bedeutung: von althochdeutsch *ans* »Gott« und *munt* »Schutz der Unmündigen«.

Ossi   Kurzform zu Vornamen mit Os-.

Ossip russische Form von → Josef.

Ossy Kurzform zu Vornamen mit Os-.

Oswald, Oswalt altsächsische Nebenform zu Answald. Bedeutung: von althochdeutsch *ans* »Gott« und *waltan* »walten, herrschen«. Berühmte Namensträger: Oswald Spengler (deutscher Philosoph), Oswalt Kolle (deutscher Sexualaufklärer).

Ota tschechische Nebenform zu → Otto.

Otbert deutsch. Bedeutung: von althochdeutsch *ot* »Besitz« und *beraht* »glänzend«.

Otfried, Ottfried deutsch. Bedeutung: von althochdeutsch *ot* »Besitz« und *fridu* »Friede«. Berühmte Namensträger: Ottfried Fischer (deutscher Kabarettist und Schauspieler), Otfried Preußler (deutscher Kinderbuchautor).

Otger, Otker deutsch. Bedeutung: von althochdeutsch *ot* »Besitz« und *ger* »Speer«.

Otmar, Othmar, Ottmar deutsch. Bedeutung: von althochdeutsch *ot* »Besitz« und *mari* »berühmt«.

Otmund deutsch. Bedeutung: von althochdeutsch *ot* »Besitz« und *munt* »Schutz der Unmündigen«.

Ott Kurzform zu Vornamen mit Ot-, Ott-.

Otte 1. Kurzform zu Vornamen mit Ot-, Ott-. 2. schwedische Form von → Otto.

Ottfried Nebenform zu → Otfried.

Ottheinrich Zusammensetzung aus → Otto und → Heinrich.

Ottmar Nebenform zu → Otmar.

Otto deutsch, selbstständige Kurzform zu Vornamen mit Ot-, Ott-. Bedeutung: von althochdeutsch *ot* »Besitz«. Berühmte Namensträger: Otto von Bismarck (deutscher Politiker), Otto Rehhagel (deutscher Fußballtrainer),

Otto Schily (deutscher Politiker), Otto Waalkes (deutscher Komiker).

Ottokar   deutsch. Bedeutung: von althochdeutsch *ot* »Besitz« und *wakar* »wachsam, munter«.

Otwald   deutsch. Bedeutung: von althochdeutsch *ot* »Besitz« und *waltan* »walten, herrschen«.

Otward   deutsch. Bedeutung: von althochdeutsch *ot* »Besitz« und *wart* »Hüter«.

Otwin   deutsch. Bedeutung: von althochdeutsch *ot* »Besitz« und *wini* »Freund«.

Ouray   indianisch. Bedeutung: Pfeil.

Ouwe   nordfriesische Form von ➙ Uwe.

Ove   dänische und schwedische Form von ➙ Uwe.

Owe   nordfriesische Form von ➙ Uwe.

Owen   walisisch. Bedeutung unklar. Berühmter Namensträger: Owen Wilson (amerikanischer Schauspieler).

Paale   friesische Form von ➙ Paul.

Paavo   finnische Form von ➙ Paul. Berühmter Namensträger: Paavo Nurmi (finnischer Rekordläufer).

Pablo   spanische Form von ➙ Paul. Berühmte Namensträger: Pablo Picasso (spanischer Maler), Pablo Neruda (chilenischer Dichter).

Paco   spanische Kurzform zu ➙ Francisco.

Paddy   englische Kurzform zu ➙ Patrick.

Paki   afrikanisch. Bedeutung: Zeuge.

Pál   ungarische Form von ➙ Paul.

Palmiro   italienisch. Bedeutung: abgeleitet vom kirchlichen Festtag Palmarum, dem Palmsonntag.

Pals friesische Form von ➙ Paul.

Pancho spanische Kurzform zu ➙ Francisco.

Pankratius, Pankraz lateinisch, griechischer Herkunft. Bedeutung: von griechisch *pan* »ganz« und *krátos* »Kraft, Macht«.

Pantaleon griechisch. Bedeutung: ein ganz Barmherziger.

Paolo, Paolino italienische Formen von ➙ Paul.

Pär schwedische Form von ➙ Peter.

Paridam englisch. Bedeutung: der aus Paris Stammende.

Paris 1. französische Nebenform zu ➙ Patricius.
2. altgriechisch. Name des Sohns des sagenhaften Königs Priamos von Troja.

Parzival, Parsifal, Parsival geht zurück auf altfranzösisch *perce val*. Bedeutung: der das Tal durchquert.

Pascal französische Form von ➙ Paschalis.

Pascha russische Kurzform zu ➙ Pawel.

Paschalis lateinisch. Bedeutung: der zu Ostern Gehörende, der Österliche.

Pascual spanische Form von ➙ Paschalis.

Pasquale italienische Form von ➙ Paschalis.

Pat englische Kurzform zu ➙ Patrick. Nur in Verbindung mit einem eindeutig männlichen Zweitnamen zulässig.

Patrice englische und französische Form von ➙ Patricius. Auch weiblicher Vorname.

Patricius, Patrizius lateinisch. Bedeutung: zum altrömischen Adel gehörend.

Patrick irisch-englisch, lateinischer Herkunft. Bedeutung: zum altrömischen Adel gehörend. Berühmte Namensträger: Patrick Süßkind (deutscher Schriftsteller), Patrick Swayze (amerikanischer Schauspieler).

Patrik   Nebenform zu ➜ Patrick.

Patrizius   deutsche Schreibweise von ➜ Patricius.

Patty   Koseform zu ➜ Patrick. Nur in Verbindung mit einem eindeutig männlichen Zweitnamen zulässig.

Paul   lateinisch. Bedeutung: der Kleine. Papstname. Berühmte Namensträger: Paul Klee (schweizerisch-deutscher Maler), Paul Celan (deutscher Schriftsteller), Paul Newman (amerikanischer Schauspieler), Paul McCartney (englischer Musiker).

Paulin, Paulinus   erweiterte Formen von ➜ Paul.

Paulus   lateinische Form von ➜ Paul.

Pavel   tschechische Form von ➜ Paul.

Pawel   russische Form von ➜ Paul.

Payat   indianisch. Bedeutung: er kommt.

Peder   dänische Form von ➜ Peter.

Pedro   spanische Form von ➜ Peter. Berühmter Namensträger: Pedro Almodóvar (spanischer Regisseur).

Peeke   friesische Form von ➜ Peter.

Peer   nordische Form von ➜ Peter.

Pelagius   griechisch. Bedeutung: offene See, Meer.

Pelle   schwedische Koseform zu ➜ Peter.

Pellegrino   italienische Form von ➜ Peregrin.

Pepablo   spanische volkstümliche Zusammensetzung von ➜ Pedro und ➜ Pablo.

Pepe   spanische Koseform zu ➜ José.

Pepino   spanische Form von ➜ Pippin.

Peppe, Peppo   italienische Koseform zu ➜ Giuseppe.

Per   schwedische Nebenform zu ➜ Peter.

Percy   englische Kurzform zu ➜ Parzival. Berühmter Namensträger: Percy Bysshe Shelley (englischer Dichter).

Peregrin, Peregrinus lateinisch. Bedeutung: der Fremde, Reisende, später auch: Pilger.

Perez spanische Form von ➔ Peter.

Perry englische Kurzform zu ➔ Peregrinus.

Petar bulgarische und serbokroatische Form von ➔ Peter.

Pete englische Kurzform zu ➔ Peter. Berühmte Namensträger: Pete Seeger (amerikanischer Folksänger), Pete Townsend (englischer Rockmusiker).

Peter griechisch-lateinisch. Bedeutung: Fels, Felssitz. Berühmte Namensträger: Peter I. der Große (russischer Zar), Peter Paul Rubens (niederländischer Maler), Peter Ustinov (englischer Schauspieler und Schriftsteller), Peter Maffay (deutscher Sänger).

Petö ungarische Form von ➔ Peter.

Petr slawische Form von ➔ Peter.

Petrus lateinische Form von ➔ Peter.

Phelan irisch-gälisch. Bedeutung: kleiner Wolf.

Phil englische Kurzform zu ➔ Philip. Berühmter Namensträger: Phil Collins (englischer Musiker).

Philhard Zusammensetzung aus ➔ Philipp und ➔ Gerhard.

Philibert Nebenform zu ➔ Filibert.

Philip englische Form von ➔ Philipp.

Philipp griechisch. Bedeutung: Pferdefreund. Berühmte Namensträger: Philipp Melanchthon (deutscher Humanist), Philipp Scheidemann (deutscher Politiker).

Philippe französische Form von ➔ Philipp. Berühmter Namensträger: Philippe Noiret (französischer Schauspieler).

Philo griechisch. Bedeutung: Freund, Liebhaber.

Phöbus griechisch. Bedeutung: der Strahlende.

Pidder nordfriesische Form von ➔ Peter.

Pier italienische und niederländische Nebenform zu
→ Peter. Berühmter Namensträger: Pier Paolo Pasolini
(italienischer Regisseur).

Piero italienische Form von → Peter.

Pierre französische Form von → Peter. Berühmte
Namensträger: Pierre Corneille (französischer Schrift-
steller), Pierre Brice (französischer Schauspieler), Pierre
Littbarski (deutscher Fußballer).

Piet, Pieter niederländische Formen von → Peter.
Berühmter Namensträger: Pieter Breughel
(niederländischer Maler).

Pietro italienische Form von → Peter.

Pim niederländische Koseform zu → Wilhelm.

Pinar türkisch. Bedeutung: Quelle. Auch weiblicher
Vorname.

Pinkas Nebenform zu → Pinkus. Berühmter Namensträger: Pinkas Braun (schweizerischer Schauspieler).

Pinkus hebräisch. Bedeutung: Sprachrohr.

Pio italienische Form von → Pius.

Pippin althochdeutsch. Bedeutung: der Pfeifer.

Pippo italienische Koseform zu → Filippo.

Pirmin Herkunft und Bedeutung unklar. Berühmter
Namensträger: Pirmin Zurbriggen (schweizerischer
Skisportler).

Pit, Pitt englische Kurzformen zu → Peter.

Pitter rheinische Form von → Peter.

Pius lateinisch. Bedeutung: der Fromme, Gottesfürchtige.
Papstname.

Pjotr russische Form von → Peter.

Plácido spanische Form von → Placidus. Berühmter
Namensträger: Plácido Domingo (mexikanisch-
spanischer Opernsänger).

Placidus   lateinisch. Bedeutung: der Sanfte, Ruhige.

Pol   niederdeutsche Nebenform zu ➜ Paul.

Poldi   Kurzform zu ➜ Leopold. Nur in Verbindung mit einem eindeutig männlichen Zweitnamen zulässig.

Pole   niederdeutsche Nebenform zu ➜ Paul.

Polykarp, Polykarpus   griechisch. Bedeutung: der reife Frucht bringt.

Pontian   lateinisch. Bedeutung: geht zurück auf den lateinischen Beinamen *Pontus, Pontianus* »der Mann an der Brücke«.

Poul   dänische Form von ➜ Paul.

Pramod   indisch-pakistanisch. Bedeutung: Jubel.

Prem   indisch-pakistanisch. Bedeutung: Liebe.

Primus   lateinisch. Bedeutung: der Erste.

Prosper, Prosperus   lateinisch. Bedeutung: der Glückliche. Berühmter Namensträger: Prosper Mérimée (französischer Dichter).

Prudens   lateinisch. Bedeutung: der Kluge, Besonnene.

Pulcher   lateinisch. Bedeutung: der Schöne, Hübsche.

Qabil   arabisch. Bedeutung: der Begabte, Fähige.

Quentin   englische Form von ➜ Quintus. Berühmter Namensträger: Quentin Tarantino (amerikanischer Regisseur).

Quinn   irisch-gälisch. Bedeutung: der Weise.

Quint   Kurzform zu ➜ Quintus.

Quintinus   erweiterte Form von ➜ Quintus.

Quintus   lateinisch. Bedeutung: der Fünfte.

Quirin, Quirinus   lateinisch. Bedeutung: der Kriegsmächtige, Kriegerische.

Raban   deutsch. Bedeutung: von althochdeutsch *hraban*
»Rabe«.

Rabanus   latinisierte Form von ➙ Raban. Berühmter
Namensträger: Rabanus Maurus (deutscher Kleriker).

Radek   slawische Kurzform zu Vornamen mit Rada-,
Rado-.

Radlof   Nebenform zu ➙ Radolf.

Rado   slawische Kurzform zu Vornamen mit Rada-,
Rado-.

Radolf, Radulf; Radlof   deutsch. Bedeutung: von althochdeutsch *rat* »Ratgeber« und *wolf* »Wolf«.

Radomil   slawisch. Bedeutung: von slawisch *rad* »froh«
und *milyi* »lieb, angenehm«.

Radomir   slawisch. Bedeutung: von slawisch *rad* »froh«
und althochdeutsch *mari* »berühmt«.

Radulf   Nebenform zu ➙ Radolf.

Rafael, Raffael   Nebenformen zu ➙ Raphael.

Raffaele, Raffaelo   italienische Formen von ➙ Raphael.
Berühmter Namensträger: Raffaelo Santi (italienischer
Maler).

Rafi   arabisch. Bedeutung: loben, preisen.

Ragnar   nordische Form von ➙ Rainer.

Raiden   japanisch. Bedeutung: Gott des Donners.

Raimar   Nebenform zu ➙ Reimar.

Raimond   Nebenform zu ➙ Raimund.

Raimund, Reimund   deutsch. Bedeutung: von germanisch *ragina* »Rat, Beschluss« und *munt* »Schutz der Unmündigen«.

Rainald   Nebenform zu ➝ Reinold.

Rainer, Reiner; Reinar   deutsch. Bedeutung: von germanisch *ragina* »Rat, Beschluss« und *heri* »Kriegsschar, Heer«. Berühmte Namensträger: Rainer Maria Rilke (österreichischer Dichter), Rainer Werner Fassbinder (deutscher Regisseur).

Raini   indianisch. Bedeutung: Schöpfer.

Rainier   französische Form von ➝ Rainer.

Rajan   indisch-pakistanisch. Bedeutung: König.

Rajnish   indisch-pakistanisch. Bedeutung: Herrscher der Nacht.

Ralf, Ralph   englische Kurzformen zu ➝ Radolf. Berühmte Namensträger: Ralf Bauer (deutscher Schauspieler), Ralf Schumacher (deutscher Rennfahrer), Ralph Waldo Emerson (amerikanischer Dichter).

Rambald, Rambold, Rambo   deutsch. Bedeutung: von althochdeutsch *hraban* »Rabe« und *bald* »kühn«.

Rambert   deutsch. Bedeutung: von althochdeutsch *hraban* »Rabe« und *beraht* »glänzend«.

Rambo   Nebenform zu ➝ Rambald.

Rambod   deutsch. Bedeutung: von althochdeutsch *hraban* »Rabe« und altsächsisch *bodo* »Gebieter«.

Rambold   Nebenform zu ➝ Rambald.

Rami   indianisch. Bedeutung: Bogenschütze.

Ramiro   spanisch. Bedeutung: der Berühmte, Angesehene.

Ramón   spanische Form von ➝ Raimund.

Ramses   ägyptisch. Bedeutung: Der Gott ist es, der ihn geboren hat.

Randal englische Nebenform zu ➝ Randolf.

Rando Kurzform zu Vornamen mir Rand-.

Randolf, Randulf deutsch. Bedeutung: von althochdeutsch *rant* »Schild« und *wolf* »Wolf«.

Randolph englische Form von ➝ Randolf.

Randwig, Rantwig deutsch. Bedeutung: von althochdeutsch *rant* »Schild« und *wig* »Kampf«.

Raoul französische Form von ➝ Randolf. Berühmter Namensträger: Raoul Dufy (französischer Maler).

Raphael hebräisch. Bedeutung: Gott heilt.

Rappert Nebenform zu ➝ Ratbert.

Rappo, Rappold, Rappolt Nebenformen zu ➝ Ratbald.

Raschid arabisch. Bedeutung: der Weise.

Rasmus Kurzform zu ➝ Erasmus.

Rasso Kurzform zu Vornamen mit Rat-.

Ratbald; Rappo, Rappold, Rappolt deutsch. Bedeutung: von althochdeutsch *rat* »Ratgeber« und *bald* »kühn«.

Ratbert deutsch. Bedeutung: von althochdeutsch *rat* »Ratgeber« und *beraht* »glänzend«.

Ratfried deutsch. Bedeutung: von althochdeutsch *rat* »Ratgeber« und *fridu* »Friede«.

Rathard deutsch. Bedeutung: von althochdeutsch *rat* »Ratgeber« und *harti* »hart, stark«.

Rathold deutsch. Bedeutung: von althochdeutsch *rat* »Ratgeber« und *waltan* »walten, herrschen«.

Ratilo Kurzform zu Vornamen mit Rat-.

Ratmar deutsch. Bedeutung: von althochdeutsch *rat* »Ratgeber« und *mari* »berühmt«.

Rato Kurzform zu Vornamen mit Rat-.

Räto, Reto rätoromanische Form von ➝ Rätus.

Rätus lateinisch. Bedeutung: bezeichnet den Bewohner von Raetia, der Landschaft zwischen Donau, Rhein und Lech.

Raúl spanische Form von ➝ Radolf.

Ravi indisch-pakistanisch. Bedeutung: Sonne. Berühmter Namensträger: Ravi Shankar (indischer Musiker und Komponist).

Ray englische Kurzform zu ➝ Raymond. Berühmter Namensträger: Ray Charles (amerikanischer Musiker).

Raymond englische und französische Form von ➝ Raimund.

Reamonn irische Form von ➝ Raimund.

Reemet, Reemt friesische Kurzformen zu ➝ Raimund.

Reginald ältere und englische Form von ➝ Reinold.

Regis Kurzform zu ➝ Remigius.

Régnier französische Form von ➝ Rainer.

Reich friesische Kurzform zu ➝ Richard.

Reichard Nebenform zu ➝ Richard.

Reimar, Raimar deutsch. Bedeutung: von germanisch *ragina* »Rat, Beschluss« und *mari* »berühmt«.

Reimbert, Reimbrecht, Rembert deutsch. Bedeutung: von germanisch *ragina* »Rat, Beschluss« und *beraht* »glänzend«.

Reimo Kurzform zu Vornamen mit Reim-.

Reimund Nebenform zu ➝ Raimund.

Reimut deutsch. Bedeutung: von germanisch *ragina* »Rat, Beschluss« und *muot* »Mut, Eifer, Geist«.

Reinald Nebenform zu ➝ Reinold.

Reinar Nebenform zu ➝ Rainer.

Reinecke, Reineke friesische Nebenformen zu Vornamen mit Rein-.

Reiner Nebenform zu ➝ Rainer.

Reinfried   deutsch. Bedeutung: von germanisch *ragina* »Rat, Beschluss« und *fridu* »Friede«.

Reinhard, Reinhart   deutsch. Bedeutung: von germanisch *ragina* »Rat, Beschluss« und *harti* »hart, stark«. Berühmter Namensträger: Reinhard Mey (deutscher Liedermacher).

Reinhold   Nebenform zu ➜ Reinold. Berühmter Namensträger: Reinhold Messner (italienischer Bergsteiger).

Reinke, Reinko   ostfriesische Kurzformen zu ➜ Reinhard.

Reinmar   deutsch. Bedeutung: von germanisch *ragina* »Rat, Beschluss« und *mari* »berühmt«.

Reinold, Reinald, Rainald, Reinhold, Reinwald   deutsch. Bedeutung: abgeleitet von Raginald, von germanisch *ragina* »Rat, Beschluss« und *waltan* »walten, herrschen«.

Reinulf   deutsch. Bedeutung: von germanisch *ragina* »Rat, Beschluss« und *wolf* »Wolf«.

Reinwald   Nebenform zu ➜ Reinald.

Reitz   Kurzform zu ➜ Heinrich.

Reku   finnische Kurzform zu ➜ Richard.

Rembert   Nebenform zu ➜ Reimbert.

Remigius   lateinisch. Bedeutung: Mann einer Rudermannschaft.

Remo   italienische Form von ➜ Remus.

Remus   lateinisch. Bedeutung: geht auf die legendären Gründer Roms, die Zwillinge Romulus und Remus, zurück.

Renard   französische Form von ➜ Reinhard.

Renato   italienische Form von ➜ Renatus.

Renatus   lateinisch. Bedeutung: der Wiedergeborene.

René französische Form von ➤ Renatus. Berühmte Namensträger: René Magritte (belgischer Maler), René Kollo (deutscher Tenor).

Renja russische Kurzform zu ➤ Andrej. Nur in Verbindung mit einem eindeutig männlichen Zweitnamen zulässig.

Reno italienische Kurzform zu ➤ Renato.

Renz Kurzform zu ➤ Lorenz.

Renzo italienische Kurzform zu ➤ Lorenzo.

Reto Nebenform zu ➤ Räto.

Rex englische Kurzform zu ➤ Reginald. Berühmter Namensträger: Rex Harrison (englischer Schauspieler).

Ricardo spanische Form von ➤ Richard.

Riccardo italienische Form von ➤ Richard.

Ricco italienische und spanische Kurzform zu ➤ Ricardo, ➤ Riccardo.

Richard, Reichard deutsch. Bedeutung: von althochdeutsch *rihhi* »reich, mächtig« und *harti* »hart, stark«. Berühmte Namensträger: Richard Löwenherz (englischer König), Richard Wagner (deutscher Komponist), Richard von Weizsäcker (deutscher Politiker), Richard Chamberlain (amerikanischer Schauspieler).

Richbald deutsch. Bedeutung: von althochdeutsch *rihhi* »reich, mächtig« und *bald* »kühn«.

Richbert, Rigobert deutsch. Bedeutung: von althochdeutsch *rihhi* »reich, mächtig« und *beraht* »glänzend«.

Richmar, Rigomar deutsch. Bedeutung: von althochdeutsch *rihhi* »reich, mächtig« und *mari* »berühmt«.

Richmut deutsch. Bedeutung: von althochdeutsch *rihhi* »reich, mächtig« und *muot* »Mut, Eifer, Geist«.

Richwald deutsch. Bedeutung: von althochdeutsch *rihhi* »reich, mächtig« und *waltan* »walten, herrschen«.

Rick   englische Kurzform zu ➜ Richard.

Rickard   schwedische Form von ➜ Richard.

Rickert   niederdeutsche Form von ➜ Richard.

Ricky   englische Koseform zu ➜ Rick. Berühmter Namensträger: Ricky Martin (puertoricanischer Popsänger).

Rico   italienische und spanische Kurzform zu ➜ Ricardo, ➜ Riccardo.

Rieghard   friesische Form von ➜ Richard.

Riek   niederdeutsche Kurzform zu ➜ Richard.

Rigo   Kurzform zu Vornamen mit Rig-, Rigo-.

Rigobert   Nebenform zu ➜ Richbert.

Rigomar   Nebenform zu ➜ Richmar.

Rik   niederdeutsche und niederländische Kurzform zu ➜ Frederik, ➜ Hendrik.

Rikkart   friesische Form von ➜ Richard.

Riley   irisch-gälisch. Bedeutung: der Kriegerische.

Rinaldo   italienische Form von ➜ Reinold.

Ringo   Kurzform zu ➜ Ringolf. Berühmter Namensträger: Ringo Starr (englischer Musiker).

Ringolf   deutsch. Bedeutung: von germanisch *ragina* »Rat, Beschluss« und *wolf* »Wolf«.

Riordan   irisch-gälisch. Bedeutung: königlicher Dichter, Barde.

Risto   finnische Kurzform zu ➜ Christoph.

Roald   nordische Form von ➜ Rodewald. Berühmte Namensträger: Roald Amundsen (norwegischer Polarforscher), Roald Dahl (englischer Schriftsteller).

Rob, Robbie, Robby   englische Kurzformen zu ➜ Robert. Berühmter Namensträger: Robbie Williams (englischer Popsänger).

Robert Nebenform zu ➥ Rupert. Bedeutung: abgeleitet von Hrodebert, von germanisch *hroth* »Ruhm« und althochdeutsch *beraht* »glänzend«. Berühmte Namensträger: Robert Burns (schottischer Dichter), Robert Schumann (deutscher Komponist), Robert Musil (österreichischer Schriftsteller), Robert Redford (amerikanischer Schauspieler), Robert De Niro (amerikanischer Schauspieler).

Roberto italienische Form von ➥ Robert.

Robin englische Kurzform zu ➥ Robert. Bekannt geworden durch den englischen Volkshelden Robin Hood. Berühmter Namensträger: Robin Williams (amerikanischer Schauspieler).

Robinson englisch. Bedeutung: Sohn des Robin. Bekannt geworden durch die Romanfigur Robinson Crusoe.

Robrecht Nebenform zu Rodebrecht (➥ Rodebert).

Rocco italienische Form von ➥ Rochus.

Roche, Roque spanische Formen von ➥ Rochus.

Rochus latinisierte Form des althochdeutschen Namens *Roho*. Bedeutung: von althochdeutsch *rohon* »Kriegsruf«.

Rock amerikanische Form von ➥ Rochus. Berühmter Namensträger: Rock Hudson (amerikanischer Schauspieler).

Rockwell englisch, keltischer Herkunft. Bedeutung: der von der felsigen Quelle.

Rocky amerikanische Koseform zu ➥ Rock.

Rod englische Kurzform zu ➥ Roderick. Berühmter Namensträger: Rod Stewart (schottischer Popsänger).

Rodebert, Rodebrecht, Robrecht deutsch. Bedeutung: von germanisch *hroth* »Ruhm« und althochdeutsch *beraht* »glänzend«.

Roderic französische Form von ➥ Roderich.

Roderich   deutsch. Bedeutung: von germanisch *hroth* »Ruhm« und althochdeutsch *rihhi* »reich, mächtig«.

Roderick   englische Form von ➤ Roderich.

Rodewald   deutsch. Bedeutung: von germanisch *hroth* »Ruhm« und althochdeutsch *waltan* »walten, herrschen«.

Rodolfo   italienische Form von ➤ Rudolf.

Rodolphe   französische Form von ➤ Rudolf.

Rodrigo   italienische, spanische und portugiesische Form von ➤ Roderich.

Rodrigue   spanische und portugiesische Form von ➤ Roderich.

Roelef, Roelf, Roelof   friesische Formen von ➤ Rolf, ➤ Rudolf.

Roger   Nebenform zu ➤ Rüdiger. Berühmte Namensträger: Roger Vadim (französischer Regisseur), Roger Moore (englischer Schauspieler), Roger Federer (schweizerischer Tennisspieler).

Roland   deutsch. Bedeutung: abgeleitet von Hrodland, von germanisch *hroth* »Ruhm« und althochdeutsch *lant* »Land«.

Rolando   italienische Form von ➤ Roland.

Rolf   selbstständige Kurzform zu ➤ Rudolf. Berühmter Namensträger: Rolf Schneider (deutscher Schriftsteller).

Rolland   französische Form von ➤ Roland.

Rollo   Kurzform zu ➤ Roland, ➤ Rudolf.

Romain   französische Form von ➤ Romanus. Berühmter Namensträger: Romain Rolland (französischer Schriftsteller).

Roman   Nebenform zu ➤ Romanus. Berühmte Namensträger: Roman Polanski (polnisch-amerikanischer Regisseur), Roman Herzog (deutscher Politiker).

Romano italienische Form von ➡ Romanus. Berühmter Namensträger: Romano Prodi (italienischer Politiker).

Romanus lateinisch. Bedeutung: der Römer.

Romek polnische Form von ➡ Romanus.

Romeo italienische Kurzform zu ➡ Bartolomeo. Bekannt geworden durch Shakespeares »Romeo und Julia«.

Romuald Nebenform zu ➡ Rumold.

Romulus lateinisch. Bedeutung: geht auf die legendären Gründer Roms, die Zwillinge Romulus und Remus, zurück.

Ron englische Kurzform zu ➡ Ronald.

Ronald schottische Form von ➡ Reinold. Berühmter Namensträger: Ronald Reagan (amerikanischer Schauspieler und Politiker).

Ronan irisch. Bedeutung: kleine Robbe. Berühmter Namensträger: Ronan Keating (irischer Popsänger).

Ronny englische Koseform zu ➡ Ronald.

Rorik norddeutsche Kurzform zu ➡ Roderich.

Rory 1. englische Form von ➡ Roderich. 2. irisch-gälisch. Bedeutung: der Rothaarige.

Roswin deutsch. Bedeutung: von althochdeutsch *hros* »Pferd, Ross« und *wini* »Freund«.

Rothard deutsch. Bedeutung: von althochdeutsch *hruom* »Ruhm, Ehre« und *harti* »hart, stark«.

Rother deutsch. Bedeutung: von althochdeutsch *hruom* »Ruhm, Ehre« und *heri* »Kriegsschar, Heer«.

Rouven Nebenform zu ➡ Ruben.

Rowan irisch-gälisch. Bedeutung: der Rothaarige.

Rowland englische Form von ➡ Roland.

Roy englisch, keltischer Herkunft. Bedeutung: der Rote. Berühmte Namensträger: Roy Liechtenstein (amerikanischer Maler und Grafiker), Roy Black (deutscher Schlagersänger).

Ruben, Ruven, Ruwen; Rouven   hebräisch. Bedeutung: Seht den Sohn!

Rüdeger   Nebenform zu ➙ Rüdiger.

Rudgar, Rudgard, Rudger   Nebenformen zu ➙ Rüdiger.

Rudi   Kurzform zu ➙ Rudolf. Berühmte Namensträger: Rudi Völler (deutscher Fußballer), Rudi Carrell (niederländischer Showmaster), Rudi Dutschke (deutscher Studentenführer).

Rudibert   deutsch. Bedeutung: von althochdeutsch *hruom* »Ruhm, Ehre« und *beraht* »glänzend«.

Rüdiger, Rüdeger   deutsch. Bedeutung: von althochdeutsch *hruom* »Ruhm, Ehre« und *ger* »Speer«. Berühmter Namensträger: Rüdiger Hoffmann (deutscher Kabarettist).

Rudmar   deutsch. Bedeutung: von althochdeutsch *hruom* »Ruhm, Ehre« und *mari* »berühmt«.

Rudo   Kurzform zu ➙ Rudolf.

Rudolf   deutsch. Bedeutung: von althochdeutsch *hruom* »Ruhm, Ehre« und *wolf* »Wolf«. Berühmte Namensträger: Rudolf Diesel (deutscher Ingenieur), Rudolf Steiner (österreichischer Anthroposoph), Rudolf Augstein (deutscher Journalist), Rudolf Nurejew (russischer Tänzer).

Rudolph   englische Form von ➙ Rudolf.

Ruedeli, Ruedi, Ruedli, Ruedy   schweizerische Nebenformen zu ➙ Rudolf.

Rufin, Rufinus   erweiterte Formen von ➙ Rufus.

Rufus   lateinisch. Bedeutung: der Rote, Rothaarige. Berühmter Namensträger: Rufus Beck (deutscher Schauspieler).

Ruggero   italienische Form von ➜ Rüdiger.

Rumold, Rumolt; Romuald   deutsch. Bedeutung: von althochdeutsch *hruom* »Ruhm, Ehre« und *waltan* »walten, herrschen«.

Rune   schwedische Kurzform zu Vornamen mit Run-. Auch weiblicher Vorname.

Runfried   deutsch. Bedeutung: von althochdeutsch *runa* »Geheimnis« und *fridu* »Friede«.

Rupert, Ruppert, Rupertus   deutsch. Bedeutung: von althochdeutsch *hruom* »Ruhm, Ehre« und *beraht* »glänzend«. Berühmter Namensträger: Rupert Everett (englischer Schauspieler).

Ruppert   Nebenform zu ➜ Rupert.

Rupprecht, Ruprecht   Nebenform zu ➜ Rupert. Berühmter Namensträger: Ruprecht Eser (deutscher TV-Journalist).

Rurik   russische Form von ➜ Roderich.

Russell   englisch. Bedeutung unklar, vermutlich: der Rothaarige. Berühmter Namensträger: Russell Crowe (neuseeländischer Schauspieler).

Rutger, Rütger, Rüttger   Nebenformen zu ➜ Rüdiger.

Ruthard   deutsch. Bedeutung: von althochdeutsch *hruom* »Ruhm, Ehre« und *harti* »hart, stark«.

Ruud   niederländische Kurzform zu ➜ Rudolf. Berühmter Namensträger: Ruud Gullit (niederländischer Fußballer).

Ruven, Ruwen   Nebenformen zu ➜ Ruben.

Ryan   irisch. Bedeutung: Nachkomme des Rian. Berühmter Namensträger: Ryan Philippe (amerikanischer Schauspieler).

Ryszard   polnische Form von ➜ Richard.

Sabin, Sabinus lateinisch. Bedeutung: ursprünglich römischer Beiname für das Volk der Sabiner.

Sabri türkisch, arabischer Herkunft. Bedeutung: Geduld, Ausdauer.

Sacha französische Form von ➙ Sascha. Berühmter Namensträger: Sacha Guitry (französischer Schriftsteller).

Sachar russische Form von ➙ Zacharias.

Sachso deutsch. Bedeutung: der Sachse.

Safi arabisch. Bedeutung: der Reine.

Sahen indisch-pakistanisch. Bedeutung: Falke.

Said arabisch. Bedeutung: der Wachsende, Glückliche.

Sakima indianisch. Bedeutung: König.

Saladin arabisch. Bedeutung: Heil des Glaubens.

Salman arabisch. Bedeutung: der Heile, Gesunde. Berühmter Namensträger: Salman Rushdie (indischer Schriftsteller).

Salomo, Salomon hebräisch. Bedeutung: Glück, Wohlergehen, Friede.

Salvador spanische Form von ➙ Salvator. Berühmter Namensträger: Salvador Dalí (spanischer Maler).

Salvator lateinisch. Bedeutung: Retter, Erlöser.

Salvatore italienische Form von ➙ Salvator.

Sam Kurzform zu ➙ Samuel. Nur in Verbindung mit einem eindeutig männlichen Zweitnamen zulässig. Berühmte Namensträger: Sam Shepard (amerikanischer Schriftsteller und Schauspieler), Sam Neill (neuseeländischer Schauspieler).

Sami arabisch. Bedeutung: der Erhabene.

Sammy Kurzform zu ➡ Samuel. Berühmter Namensträger: Sammy Davis jr. (amerikanischer Entertainer).

Samson hebräisch. Bedeutung: kleine Sonne.

Samuel hebräisch. Bedeutung: Ich bin erhört von Gott. Berühmte Namensträger: Samuel Hahnemann (Begründer der Homöopathie), Samuel Beckett (irischer Schriftsteller).

Sander Kurzform zu ➡ Alexander.

Sándor ungarische Form von ➡ Alexander. Berühmter Namensträger: Sándor Petöfi (ungarischer Schriftsteller).

Sandro italienische Kurzform zu ➡ Alessandro. Berühmter Namensträger: Sandro Botticelli (italienischer Maler).

Sanja russische Kurzform zu ➡ Alexander. Nur in Verbindung mit einem eindeutig männlichen Zweitnamen zulässig.

Santo italienisch. Bedeutung: der Heilige.

Sarad indisch-pakistanisch. Bedeutung: der im Herbst Geborene.

Sarojin indisch-pakistanisch. Bedeutung: wie Lotos.

Sascha russische Kurzform zu ➡ Alexander. Nur in Verbindung mit einem eindeutig männlichen Zweitnamen zulässig. Berühmte Namensträger: Sascha Hehn (deutscher Schauspieler), Sasha (deutscher Popsänger).

Sasso niederdeutsche Nebenform zu ➡ Sachso.

Saul hebräisch. Bedeutung: der Erbetene, Begehrte. Berühmter Namensträger: Saul Bellow (amerikanischer Schriftsteller).

Schorsch oberdeutsche Koseform zu ➡ Georg.

Schura   russische Koseform zu ➙ Alexander. Nur in Verbindung mit einem eindeutig männlichen Zweitnamen zulässig.

Scott   englisch. Bedeutung: ursprünglich Familienname, der Schotte.

Seamus   irische Form von ➙ Jakob.

Sean   irische Form von ➙ Johannes. Berühmte Namensträger: Sean O'Casey (irischer Dichter), Sean Connery (schottischer Schauspieler), Sean Penn (amerikanischer Schauspieler).

Sebald, Sebaldus   Nebenformen zu ➙ Siegbald.

Sebastian   griechisch. Bedeutung: der Verehrungswürdige, Erhabene. Berühmte Namensträger: Johann Sebastian Bach (deutscher Komponist), Sebastian Kneipp (deutscher »Wasserdoktor«).

Sébastien   französische Form von ➙ Sebastian.

Sebe, Sebo, Sebold   Kurzformen zu ➙ Siegbald.

Segimer   Nebenform zu ➙ Siegmar.

Segimund   Nebenform zu ➙ Siegmund.

Seibold, Seibolt   Nebenformen zu ➙ Siegbald.

Selman   deutsch. Bedeutung: von altsächsisch *seli* »Saalhaus« und althochdeutsch *man* »Mann«.

Selmar   deutsch. Bedeutung: von altsächsisch *seli* »Saalhaus« und althochdeutsch *mari* »berühmt«.

Semjon   russische Form von ➙ Simon.

Sepp   oberdeutsche Kurzform zu ➙ Josef.

Seraph, Seraphin   hebräisch. Bedeutung: der Brennende, Leuchtende.

Serenus   lateinisch. Bedeutung: der Heitere, Glückliche.

Serge   englische und französische Form von ➙ Sergius. Berühmter Namensträger: Serge Gainsbourg (französischer Schauspieler und Sänger).

Sergej russische Form von → Sergius. Berühmte Namensträger: Sergej Eisenstein (sowjetischer Regisseur und Schriftsteller), Sergej Rachmaninow (russischer Komponist und Pianist).

Sergio italienische Form von → Sergius. Berühmter Namensträger: Sergio Leone (italienischer Regisseur).

Sergius lateinisch. Bedeutung: geht auf den altrömischen Geschlechternamen der Sergier zurück.

Servas Kurzform zu → Servatius.

Servatius, Servaz lateinisch. Bedeutung: der Gerettete.

Seth hebräisch. Bedeutung: (Ersatz-)Spross.

Severin, Severinus, Severus lateinisch. Bedeutung: der Strenge, Ernsthafte.

Shahin arabisch. Bedeutung: Falke.

Shalom hebräisch. Bedeutung: Friede.

Shanahan irisch-gälisch. Bedeutung: der Weise.

Shannon irisch-gälisch. Bedeutung: der kleine, alte Weise.

Sharif arabisch. Bedeutung: der Ehrliche, Redliche.

Shawn moderne amerikanische Form von → John.

Shing chinesisch. Bedeutung: Sieg.

Sibe, Sibo friesische Kurzformen zu → Siegbert, → Siegbold.

Sidney englisch, lateinischer Herkunft (→ Sidonius). Berühmter Namensträger: Sidney Poitier (amerikanischer Schauspieler).

Sidonius lateinisch. Bedeutung: Herkunftsname (der Sidonier).

Siebald Nebenform zu → Siegbald.

Siegbald, Siegbold, Siebold deutsch. Bedeutung: von althochdeutsch *sigu* »Sieg« und *bald* »kühn«.

Siegbert, Sigbert, Sigisbert   deutsch. Bedeutung: von althochdeutsch *sigu* »Sieg« und *beraht* »glänzend«.

Siegbold   Nebenform zu ➙ Siegbald.

Siegbod, Sigbot   deutsch. Bedeutung: von althochdeutsch *sigu* »Sieg« und *bodo* »Gebieter«.

Siegfried, Sigfried   deutsch. Bedeutung: von althochdeutsch *sigu* »Sieg« und *fridu* »Friede«. Berühmte Namensträger: Siegfried Lenz (deutscher Schriftsteller), Siegfried Lowitz (deutscher Schauspieler).

Sieghard, Sieghart, Sighart   deutsch. Bedeutung: von althochdeutsch *sigu* »Sieg« und *harti* »hart, stark«.

Siegmar, Sigmar   deutsch. Bedeutung: von althochdeutsch *sigu* »Sieg« und *mari* »berühmt«.

Siegmund, Sigmund, Sigismund   deutsch. Bedeutung: von althochdeutsch *sigu* »Sieg« und *munt* »Schutz der Unmündigen«. Berühmter Namensträger: Sigmund Freud (österreichischer Psychiater).

Siegolf, Siegulf   deutsch. Bedeutung: von althochdeutsch *sigu* »Sieg« und *wolf* »Wolf«.

Siegrad, Sigrat   deutsch. Bedeutung: von althochdeutsch *sigu* »Sieg« und *rat* »Ratgeber«.

Siegulf   Nebenform zu ➙ Siegolf.

Siegwald   deutsch. Bedeutung: von althochdeutsch *sigu* »Sieg« und *waltan* »walten, herrschen«.

Siegward, Siegwart   deutsch. Bedeutung: von althochdeutsch *sigu* »Sieg« und *wart* »Hüter«.

Sierk   friesische Kurzform zu Vornamen mit Sieg-.

Sievert, Siewert   niederdeutsche Formen von ➙ Siegward.

Sigfried   Nebenform zu ➙ Siegfried.

Sigge, Siggi, Sigi   Kurzformen zu ➙ Siegfried.

Siggo   friesische Kurzform zu Vornamen mit Sieg-.

Sigi Kurzform zu Vornamen mit Sieg-. Nur in Verbindung mit einem eindeutig männlichen Zweitnamen zulässig.

Sigismund Nebenform zu ➙ Siegmund.

Sigmar Nebenform zu ➙ Siegmar.

Sigrat Nebenform zu ➙ Siegrad.

Silas 1. aramäische Nebenform zu ➙ Saul.
2. griechische Kurzform zu ➙ Silvanus.

Silvain französische Form von ➙ Silvanus.

Silvan Nebenform zu ➙ Silvanus.

Silvano italienische Form von ➙ Silvanus.

Silvanus, Silvan lateinisch. Bedeutung: Name des altrömischen Waldgottes Silvanus.

Silvest, Silvester lateinisch. Bedeutung: der zum Wald Gehörende. Papstname.

Silvio italienische und spanische Form von ➙ Silvius.

Silvius lateinisch. Bedeutung: von lateinisch *silva* »Wald«.

Simeon hebräisch. Bedeutung: Gott hat gehört.

Simon hebräisch. Bedeutung: erhört, Erhörung. Berühmte Namensträger: Simon Dach (deutscher Dichter), Simón Bolívar (südamerikanischer Staatsmann).

Simone italienische Form von ➙ Simon. In Deutschland gilt Simone allgemein als Mädchenname. In der Schweiz dürfen Jungen diesen Namen in Kombination mit einem eindeutig männlichen Zweitnamen tragen.

Simson hebräisch. Bedeutung: kleine Sonne.

Sinan türkisch, arabischer Herkunft. Bedeutung: eiserne Speerspitze.

Sinbald, Sintbald deutsch. Bedeutung: von althochdeutsch *sind* »Weg, Reise« und *bald* »kühn«.

Sinbert, Sintbert deutsch. Bedeutung: von althochdeutsch *sind* »Weg, Reise« und *beraht* »glänzend«.

Sindram, Sintram deutsch. Bedeutung: von althochdeutsch *sind* »Weg, Reise« und *hraban* »Rabe«.

Sion walisische Form von ➙ Johannes.

Sirk friesisch. Bedeutung: von altsächsisch *sigi* »Sieg«
   und *riki* »reich«.

Sisto italienische Form von ➙ Sixtus.

Sixten schwedisch. Bedeutung: von altschwedisch *sigher*
   »Sieg« und *sten* »Stein(waffe)«.

Sixtus, Sixt lateinisch. Bedeutung: Umbildung des
   griechischen Beinamens *xystós* »der Feine, Glatte«.
   Papstname.

Slava, Slavko slawische Kurzformen zu Vornamen, die
   auf -slava enden.

Söncke, Sönke, Sönnich niederdeutsch-friesisch.
   Bedeutung: Söhnchen. Berühmter Namensträger:
   Sönke Wortmann (deutscher Regisseur).

Sören dänische und niederländische Form von
   ➙ Severin. Berühmter Namensträger: Sören Kierke-
   gaard (dänischer Philosoph).

Songan indianisch. Bedeutung: der Starke.

Spencer englisch. Bedeutung: Diener, Angestellter.
   Berühmter Namensträger: Spencer Tracy (amerikanischer Schauspieler).

Spiridon neugriechisch. Bedeutung: Sämann.

Stachus Kurzform zu ➙ Eustachius.

Stan 1. englische Kurzform zu ➙ Stanley. 2. polnische
   Kurzform zu ➙ Stanislaw. Berühmter Namensträger:
   Stan Laurel (englischer Komiker).

Stani Nebenform zu ➙ Stanislaus.

Stanislaus latinisierte Form des slawischen ➙ Stanislaw.

Stanislaw   slawisch. Bedeutung: von altslawisch *stani* »standhaft« und *slava* »Ruhm«. Berühmter Namensträger: Stanislaw Lem (polnischer Schriftsteller).

Stanley   englisch. Bedeutung: geht auf einen Orts- und Familiennamen zurück. Berühmter Namensträger: Stanley Kubrick (amerikanischer Regisseur).

Stasik   Koseform zu ➙ Stanislaw.

Steen   niederländische und dänische Form von ➙ Sten.

Stefan   Nebenform zu ➙ Stephan.

Stefano   italienische Form von ➙ Stephan.

Steffen   niederdeutsche Form von ➙ Stephan.

Sten   nordisch. Bedeutung: Stein. Berühmter Namensträger: Sten Nadolny (deutscher Schriftsteller).

Stepan   slawische Form von ➙ Stephan.

Stephan, Stefan   griechisch. Bedeutung: Kranz, Krone. Berühmte Namensträger: Stephan Lochner (deutscher Maler), Stefan George (deutscher Dichter), Stefan Zweig (österreichischer Schriftsteller), Stefan Edberg (schwedischer Tennisspieler).

Stéphane   französische Form von ➙ Stephan. Berühmter Namensträger: Stéphane Mallarmé (französischer Dichter).

Stephen   englische Form von ➙ Stephan. Berühmter Namensträger: Stephen King (amerikanischer Schriftsteller).

Stepka, Stepko   slawische Kurzformen zu ➙ Stephan.

Steve   englische Nebenform zu ➙ Stephen. Berühmte Namensträger: Steve McQueen (amerikanischer Schauspieler), Steve Martin (amerikanischer Schauspieler).

Steven   englische Nebenform zu ➙ Stephen. Berühmter Namensträger: Steven Spielberg (amerikanischer Regisseur).

Stig   nordisch. Bedeutung: Wanderer.

Stoffel, Stoffer   Kurzformen zu ➙ Christoph.

Stuart   englisch. Bedeutung: ursprünglich Name der schottischen Königsfamilie und eines schottischen Clans.

Sudi   afrikanisch/Suaheli. Bedeutung: Glück.

Suleiman   persische und türkische Form von ➙ Salomon.

Sune   schwedisch. Bedeutung: Sohn.

Sven, Svend, Swen   nordisch. Bedeutung: junger Mann, Jüngling.

Swante   slawisch. Bedeutung: Kriegsvolk.

Swindbert   deutsch. Bedeutung: von althochdeutsch *swinde* »stark, geschwind« und *beraht* »glänzend«.

Swindger   deutsch. Bedeutung: von althochdeutsch *swinde* »stark, geschwind« und *ger* »Speer«.

Sylvain   französische Form von ➙ Silvanus.

Sylvester   Nebenform zu Silvester (➙ Silvest). Berühmter Namensträger: Sylvester Stallone (amerikanischer Schauspieler).

Tade   friesische Kurzform zu Vornamen mit Diet-.

Taddeo   italienische Form von ➙ Thaddäus.

Tadeusz   polnische Form von ➙ Thaddäus.

Tadi   indianisch. Bedeutung: Wind.

Taelke, Taetse   friesische Kurzformen zu Vornamen mit Diet-.

Tage   nordisch. Bedeutung: früher Beiname für einen Bürgen, Gewährsmann.

Tahir   arabisch. Bedeutung: der Saubere, Reine.

Tai vietnamesisch. Bedeutung: Begabung.

Take friesische Kurzform zu Vornamen mit Diet-.

Tamás ungarische Form von ➙ Thomas.

Tamino griechisch. Bedeutung: Herr, Gebieter.

Tamme, Tammo niederdeutsch-friesische Kurzformen zu
➙ Thomas.

Tani japanisch. Bedeutung: Tal. Auch weiblicher
Vorname.

Tankred normannische Form von Dankrad. Bedeutung:
von althochdeutsch *dank* »Gedanke« und *rat*
»Ratgeber«. Berühmter Namensträger: Tankred Dorst
(deutscher Schriftsteller).

Tarek, Tarik arabisch. Bedeutung: nächtlicher Besucher.

Taro japanisch. Bedeutung: dicker junger Mann, Gatte.

Tasida indianisch. Bedeutung: Reiter. Auch weiblicher
Vorname.

Tassilo Koseform zu ➙ Tasso.

Tasso italienisch. Bedeutung: Eibe.

Ted, Teddy englische Kurzformen zu ➙ Theodore,
➙ Edward.

Teetje friesische Kurzform zu Vornamen mit Diet-.

Tekin türkisch. Bedeutung: Prinz.

Tell deutsch. Bedeutung unklar, geht auf den Familiennamen des schweizerischen Nationalhelden zurück.

Temme, Temmo friesische Kurzformen zu ➙ Dietmar.

Teo Kurzform zu ➙ Theodor, ➙ Theobald.

Terence englisch, lateinischer Herkunft. Bedeutung: geht
zurück auf den altrömischen Geschlechternamen
Terentius. Berühmter Namensträger: Terence Hill
(italienischer Schauspieler).

Terry englische Kurzform zu ➙ Terence.

Tetje friesische Kurzform zu Vornamen mit Diet-.

Tewes   Kurzform zu ➜ Matthäus.

Thaddäus   Herkunft und Bedeutung unklar. Berühmter Namensträger: Thaddäus Troll (deutscher Schriftsteller).

Thaisen   nordfriesische Kurzform zu ➜ Matthias.

Thassilo   Koseform zu ➜ Tasso. Berühmter Namensträger: Thassilo von Scheffer (deutscher Schriftsteller und Übersetzer).

Theis, Theiß   Kurzformen zu ➜ Matthias.

Themke   Kurzform zu ➜ Dietmar.

Theo   Kurzform zu ➜ Theodor, ➜ Theobald. Berühmte Namensträger: Theo Lingen (deutscher Schauspieler), Theo Adam (deutscher Sänger und Regisseur).

Theobald   latinisierte Form von ➜ Dietbald. Berühmte Namensträger: Theobald Ziegler (deutscher Philosoph und Soziologe), Theobald von Bethmann Hollweg (deutscher Politiker).

Theodemar   latinisierte Form von ➜ Dietmar.

Theoderich   latinisierte Form von ➜ Dietrich.

Theodor   griechisch. Bedeutung: Gottesgeschenk. Berühmte Namensträger: Theodor Storm (deutscher Schriftsteller), Theodor Fontane (deutscher Schriftsteller), Theodor Heuss (deutscher Politiker), Theodor W. Adorno (deutscher Philosoph und Soziologe).

Theodore   englische Form von ➜ Theodor. Nur in Verbindung mit einem eindeutig männlichen Zweitnamen zulässig.

Theodosius   griechisch. Bedeutung: Gottesgeschenk.

Theophil   griechisch. Bedeutung: Gottesfreund. Berühmter Namensträger: Théophile Gautier (französischer Schriftsteller).

Thetje friesische Kurzform zu Vornamen mit Diet-.

Thibaut französische Form von ➙ Theobald.

Thiedemann, Thielemann Nebenformen zu Vornamen mit Diet-.

Thiemo Kurzform zu ➙ Thietmar, ➙ Dietmar.

Thien vietnamesisch. Bedeutung: der Sanfte.

Thierri, Thierry französische Formen von ➙ Dietrich.

Thies, Thieß Kurzformen zu ➙ Matthias.

Thietmar Nebenform zu ➙ Dietmar.

Thilo, Tilo Kurzformen zu Vornamen mit Diet-.

Thimo Kurzform zu ➙ Thietmar, ➙ Dietmar.

This niederdeutsche Kurzform zu ➙ Matthias.

Thomas aramäisch. Bedeutung: Zwilling. Berühmte Namensträger: Thomas Mann (deutscher Schriftsteller), Thomas Bernhard (österreichischer Schriftsteller), Thomas Gottschalk (deutscher Showmaster), Thomas Jefferson (amerikanischer Politiker), Thomas Hardy (englischer Schriftsteller).

Thoralf, Toralf nordisch. Bedeutung: von germanisch *thor* (Göttername) und *alf* »Elf, Naturgeist«.

Thorben Nebenform zu ➙ Torbjörn.

Thore, Tore; Thure, Ture nordisch. Bedeutung: Name des germanischen Donnergottes.

Thornton englisch. Bedeutung: Land mit Dornenhecken. Berühmter Namensträger: Thornton Wilder (amerikanischer Schriftsteller).

Thorsten, Torsten nordisch. Bedeutung: von germanisch *thor* (Göttername) und *sten* »Stein«.

Thorwald, Torwald, Torvald nordisch. Bedeutung: von germanisch *thor* (Göttername) und althochdeutsch *waltan* »walten, herrschen«.

Thure   Nebenform zu → Thore.

Thyl   niederdeutsch-friesische Kurzform zu Vornamen mit Diet-.

Tiard   friesische Kurzform zu → Diethard.

Tiark   friesische Kurzform zu → Dietrich.

Tiberius   lateinisch. Bedeutung: dem Flussgott geweiht.

Tibor   ungarische Form von → Tiberius.

Tiemo   Kurzform zu → Thietmar, → Dietmar.

Til, Tile, Till   niederdeutsch-friesische Kurzformen zu Vornamen mit Diet-. Berühmter Namensträger: Til Schweiger (deutscher Schauspieler).

Tillman, Tilman, Tilmann, Tillo   alte friesische Formen von → Dietrich. Berühmter Namensträger: Tilman Riemenschneider (deutscher Bildhauer).

Tilo   Kurzform zu Vornamen mit Diet-.

Tim, Timm   Kurzformen zu → Timotheus.

Timo, Timmo   niederdeutsch-friesische Kurzformen zu → Thiemo.

Timon   griechisch. Bedeutung: Ehre, Ansehen.

Timotheus   griechisch. Bedeutung: Ehre Gott!

Timothy   englische Form von → Timotheus.

Tino   italienische Kurzform zu Vornamen, die auf -tino enden.

Tito   italienische Form von → Titus.

Titus   lateinisch. Bedeutung unklar.

Tizian   erweiterte Form von → Titus.

Tiziano   italienische Form von → Tizian.

Tjard   friesische Kurzform zu → Diethard.

Tjark   friesische Kurzform zu → Dietrich.

Tobey   englische Kurzform zu → Tobias. Berühmter Namensträger: Tobey Maguire (amerikanischer Schauspieler).

Tobias   hebräisch. Bedeutung: Gott ist gnädig. Berühmter Namensträger: Tobias Moretti (österreichischer Schauspieler).

Toby   englische Kurzform zu → Tobias.

Tohon   indianisch. Bedeutung: Puma.

Tom   englische Kurzform zu → Thomas. Berühmte Namensträger: Tom Cruise (amerikanischer Schauspieler), Tom Jones (walisischer Popsänger).

Tomas   schwedische und spanische Form von → Thomas.

Tomaso   italienische Form von → Thomas.

Tommy   englische Kurzform zu → Thomas.

Toni   Kurzform zu → Anton. Nur in Verbindung mit einem eindeutig männlichen Zweitnamen zulässig. Berühmter Namensträger: Toni Sailer (österreichischer Skiläufer).

Tonio   italienische Kurzform zu → Antonio.

Tönjes, Tönnies, Töns   rheinisch-niederländische Kurzformen zu → Antonius.

Tony   Kurzform zu → Anton. Nur in Verbindung mit einem eindeutig männlichen Zweitnamen zulässig. Berühmter Namensträger: Tony Curtis (amerikanischer Schauspieler).

Toralf   Nebenform zu → Thoralf.

Torben   Nebenform zu → Torbjörn.

Torbjörn; Thorben, Torben   nordisch. Bedeutung: von germanisch *thor* (Göttername) und altschwedisch *biorn* »Mann, Held, Krieger«.

Tore   Nebenform zu → Thore.

Torsten   Nebenform zu → Thorsten.

Torvald, Torwald   Nebenformen zu → Thorwald.

Tracy   englisch. Bedeutung: geht zurück auf einen Familien- und Ortsnamen. Auch weiblicher Vorname.

Traugott   pietistische Neuprägung aus dem 18. Jahrhundert. Bedeutung: Vertraue Gott! Berühmter Namensträger: Traugott Buhre (deutscher Schauspieler).

Trauthelm   deutsch. Bedeutung: von althochdeutsch *trud* »Kraft, Stärke« und *helm* »Helm«.

Trauthold   deutsch. Bedeutung: von althochdeutsch *trud* »Kraft, Stärke« und *waltan* »walten, herrschen«.

Trautmann   deutsch. Bedeutung: von althochdeutsch *trud* »Kraft, Stärke« und *man* »Mann«.

Trautmar   deutsch. Bedeutung: von althochdeutsch *trud* »Kraft, Stärke« und *mari* »berühmt«.

Trautmund   deutsch. Bedeutung: von althochdeutsch *trud* »Kraft, Stärke« und *munt* »Schutz der Unmündigen«.

Trautwein   deutsch. Bedeutung: von althochdeutsch *trud* »Kraft, Stärke« und *wini* »Freund«.

Trevor   irisch-gälisch. Bedeutung: der Besonnene, Weise.

Tristan, Tristram   keltisch. Bedeutung: Waffenlärm.

Troy   englisch. Bedeutung: nach der antiken Stadt Troja.

Trudbert   deutsch. Bedeutung: von althochdeutsch *trud* »Kraft, Stärke« und *beraht* »berühmt«.

Trudo   Kurzform zu ➜ Trudbert.

Truman   englisch. Bedeutung: der Getreue. Berühmter Namensträger: Truman Capote (amerikanischer Schriftsteller).

Tryggve   nordisch. Bedeutung: der Treue, Zuverlässige.

Tünnes   rheinische Kurzform zu ➜ Antonius.

Ture   Nebenform zu ➜ Thore.

Tycho   griechisch. Bedeutung: Schicksal, Glück.

Tyee   indianisch. Bedeutung: Führer, Häuptling.

Tyl   niederdeutsch-friesische Kurzform zu Vornamen mit Diet-.

Tyron   irisch. Bedeutung: nach einer irischen Grafschaft.

Ubald   deutsch. Bedeutung: von althochdeutsch *hugu* »Sinn, Geist, Verstand« und *bald* »kühn«.

Ubbo   friesische Kurzform zu → Ubald.

Udelar   Nebenform zu → Adelar.

Udo   Kurzform zu → Otto und → Ulrich. Berühmte Namensträger: Udo Jürgens (österreichischer Schlagersänger), Udo Lindenberg (deutscher Rocksänger).

Ueli   schweizerische Kurzform zu → Ulrich.

Ufe, Uffe, Uffert   ostfriesische Kurzformen zu → Wolfbert.

Ugo   italienische Form von → Hugo.

Uhl   Kurzform zu → Ulrich.

Uhland, Uland   deutsch. Bedeutung: von althochdeutsch *uodal* »Erbgut, Heimat« und *lant* »Land«.

Ulbert   deutsch. Bedeutung: von althochdeutsch *uodal* »Erbgut, Heimat« und *beraht* »glänzend«.

Ulf   Kurzform zu Vornamen mit -ulf, Ulf-. Berühmter Namensträger: Ulf Merbold (deutscher Astronaut).

Ulfart, Ulferd, Ulfert   friesische Formen von → Wolfhard.

Ulfilas   gräzisierte Form von gotisch *Wulfila*. Bedeutung: Wölfchen.

Ulfo   Kurzform zu Vornamen mit -ulf, Ulf-.

Ulfried, Ulfrid   deutsch. Bedeutung: von althochdeutsch *uodal* »Erbgut, Heimat« und *fridu* »Friede«.

Uli, Ulli   Kurzformen zu → Ulrich.

Ullmann, Ulmann   deutsch. Bedeutung: von althochdeutsch *uodal* »Erbgut, Heimat« und *man* »Mann«.

Ulrich   deutsch. Bedeutung: von althochdeutsch *uodal*
»Erbgut, Heimat« und *rihhi* »reich, mächtig«. Berühmte
Namensträger: Ulrich Zwingli (schweizerischer
Reformator), Ulrich Wickert (deutscher TV-Journalist),
Ulrich Mühe (deutscher Schauspieler).

Ulrik   niederdeutsche Form von → Ulrich.

Ultimus   lateinisch. Bedeutung: der Letzte.

Ulv   schwedische Form von → Ulf.

Ulvi   türkisch, arabischer Herkunft. Bedeutung: der
Himmlische, Erhabene.

Ulysses   lateinische Form von Odysseus.

Umberto   italienische Form von → Humbert. Berühmter
Namensträger: Umberto Eco (italienischer Schriftsteller).

Umme, Ummo   ostfriesische Kurzform zu Vornamen mit
Od-, Ot-.

Urban, Urbanus   lateinisch. Bedeutung: der Stadt-
bewohner. Papstname.

Uri   Kurzform zu → Uriel.

Urias   hebräisch. Bedeutung: Licht ist der Herr.

Uriel   hebräisch. Bedeutung: Gott ist mein Licht.

Urs   in der Schweiz sehr verbreitete Kurzform zu
→ Ursus. Berühmte Namensträger: Urs Graf
(schweizerischer Maler und Holzschnitzer), Urs Widmer
(schweizerischer Schriftsteller).

Ursin   französische Form von → Ursus.

Ursinus   erweiterte Form von → Ursus.

Ursio   italienische Form von → Ursus.

Ursus   lateinisch. Bedeutung: der Bär.

Usmar   Nebenform zu → Osmar.

Uto   Nebenform zu ➙ Udo.

Utz   oberdeutsche Kurzform zu ➙ Ulrich.

Uve, Uvo   Nebenformen zu ➙ Uwe.

Uwe   friesische Kurzform zu Vornamen mit Ot-, Od-.
Berühmte Namensträger: Uwe Seeler (deutscher
Fußballer), Uwe Ochsenknecht (deutscher Schau-
spieler).

Uz   oberdeutsche Kurzform zu ➙ Ulrich.

Václav   tschechische Form von ➙ Wenzeslaus.
Berühmter Namensträger: Václav Havel (tschechischer
Dichter und Politiker).

Vadin   indisch-pakistanisch. Bedeutung: gelehrter
Redner.

Valentin, Valentinus   lateinisch. Bedeutung: der Gesunde,
Starke. Berühmter Namensträger: Valentin Frey,
genannt Karl Valentin (bayerischer Komiker).

Valentino   italienische Form von ➙ Valentin.

Valer, Valerian   Nebenformen zu ➙ Valerius.

Valerio   italienische Form von ➙ Valerius.

Valerius, Valer, Valerian   lateinisch. Bedeutung: geht auf
den altrömischen Geschlechternamen der Valerier
zurück.

Valtin   oberdeutsche Kurzform zu ➙ Valentin.

Varus   lateinisch. Bedeutung unklar. Besonders in der
Schweiz verbreitet.

Vasco   portugiesisch. Bedeutung: der Baske, Biskayer.
Berühmter Namensträger: Vasco da Gama (portugiesi-
scher Seefahrer).

Vassilij   Nebenform zu ➙ Wassili.

Veit   1. Nebenform zu ➙ Vitus. Bedeutung: von lateinisch *vita* »Leben«. 2. deutsch. Bedeutung: von althochdeutsch *witu* »Holz, Wald«. Berühmter Namensträger: Veit Stoß (deutscher Holzschnitzer und Bildhauer).

Velten, Veltin   oberdeutsche Kurzformen zu ➙ Valentin.

Verner   dänische und schwedische Form von ➙ Werner.

Vicco   italienische Kurzform zu ➙ Viktor oder ➙ Ludovico. Berühmter Namensträger: Vicco von Bülow (Loriot, deutscher Satiriker).

Vicente   italienische Form von ➙ Vinzenz.

Vico   italienische Kurzform zu ➙ Viktor oder ➙ Ludovico.

Victor   englische und französische Form von ➙ Viktor. Berühmter Namensträger: Victor Hugo (französischer Schriftsteller).

Viggo   italienische Kurzform zu ➙ Viktor oder ➙ Ludovico. Berühmter Namensträger: Viggo Mortensen (amerikanischer Schauspieler).

Viktor   lateinisch. Bedeutung: Sieger. Berühmte Namensträger: Viktor von Scheffel (deutscher Schriftsteller), Viktor Freiherr von Weizsäcker (deutscher Internist).

Vilmar   deutsch. Bedeutung: von althochdeutsch *filu* »viel« und *mari* »berühmt«.

Vilmos   ungarische Form von ➙ Wilhelm.

Vinay   indisch-pakistanisch. Bedeutung: Höflichkeit.

Vincent   englische, französische und niederländische Form von ➙ Vinzenz. Berühmter Namensträger: Vincent van Gogh (niederländischer Maler).

Vincenzo   italienische Form von ➙ Vinzenz.

Vinzent   Nebenform zu ➙ Vinzenz.

Vinzenz, Vinzent, Vinzentius lateinisch. Bedeutung: Weiterbildung von *vincere* »siegen«.

Virgil, Virgilius lateinisch. Bedeutung: geht auf einen altrömischen Familiennamen zurück.

Vital, Vitalis lateinisch. Bedeutung: der lange Lebende, Kräftige.

Vito italienische Form von ➝ Veit, ➝ Vitus.

Vittorio italienische Form von ➝ Viktor.

Vitulja russische Form von ➝ Viktor.

Vitus 1. lateinisch. Bedeutung: von lateinisch *vita* »Leben«. 2. deutsch. Bedeutung: von althochdeutsch *witu* »Holz, Wald«.

Vivian, Vivianus englisch, lateinischer Herkunft. Bedeutung: der Muntere, Lebhafte. Nur in Verbindung mit einem eindeutig männlichen Zweitnamen zulässig.

Vivien französische Form von ➝ Vivian. Auch weiblicher Vorname.

Vladimir slawische Form von ➝ Wladimir. Berühmter Namensträger: Vladimir Nabokov (russischer Schriftsteller).

Vladislav slawisch. Bedeutung: von slawisch *vladi* »Herrschaft, Macht« und *slava* »Ruhm«.

Volbert, Volbrecht Nebenformen zu ➝ Volkbert.

Volkbert, Volkbrecht deutsch. Bedeutung: von althochdeutsch *folc* »Kriegsschar, Volk« und *beraht* »glänzend«.

Volker deutsch. Bedeutung: von althochdeutsch *folc* »Kriegsschar, Volk« und *heri* »Kriegsschar, Heer«. Berühmte Namensträger: Volker Schlöndorff (deutscher Regisseur), Volker Lechtenbrink (deutscher Sänger und Schauspieler).

Volkert Nebenform zu ➝ Volkhard.

Volkhard, Volkhart   deutsch. Bedeutung: von althochdeutsch *folc* »Kriegsschar, Volk« und *harti* »hart, stark«.

Volkmann   deutsch. Bedeutung: von althochdeutsch *folc* »Kriegsschar, Volk« und *man* »Mann«.

Volkmar, Volmar   deutsch. Bedeutung: von althochdeutsch *folc* »Kriegsschar, Volk« und *mari* »berühmt«.

Volko   Kurzform zu Vornamen mit Volk-.

Volkrad   deutsch. Bedeutung: von althochdeutsch *folc* »Kriegsschar, Volk« und *rat* »Ratgeber«.

Volkram   deutsch. Bedeutung: von althochdeutsch *folc* »Kriegsschar, Volk« und *hraban* »Rabe«.

Volkwald   deutsch. Bedeutung: von althochdeutsch *folc* »Kriegsschar, Volk« und *waltan* »walten, herrschen«.

Volkward   deutsch. Bedeutung: von althochdeutsch *folc* »Kriegsschar, Volk« und *wart* »Hüter«.

Volkwin   deutsch. Bedeutung: von althochdeutsch *folc* »Kriegsschar, Volk« und *wini* »Freund«.

Volmar   Nebenform zu ➝ Volkmar.

Waban   indianisch. Bedeutung: Ostwind.

Wachsmut   Nebenform zu ➝ Wasmut.

Wakiza   indianisch. Bedeutung: verwegener Kämpfer.

Waldebert   deutsch. Bedeutung: von althochdeutsch *waltan* »walten, herrschen« und *beraht* »glänzend«.

Waldemar   deutsch. Bedeutung: von althochdeutsch *waltan* »walten, herrschen« und *mari* »berühmt«. Berühmter Namensträger: Waldemar Bonsels (deutscher Schriftsteller).

Waldfried, Walfried   deutsch. Bedeutung: von althochdeutsch *waltan* »walten, herrschen« und *fridu* »Friede«.

Waldmann   deutsch. Bedeutung: von althochdeutsch
waltan »walten, herrschen« und *man* »Mann«.

Waldo   Kurzform zu ➙ Waldemar und ➙ Walter.

Walfried   Nebenform zu ➙ Waldfried.

Wallace   altenglisch. Bedeutung: Mann aus Wales.

Walraf, Walram   Nebenformen zu ➙ Waltram.

Walt   deutsche und englische Kurzform zu ➙ Walter.
Berühmte Namensträger: Walt Whitman (amerikanischer Dichter), Walt Disney (amerikanischer Trickfilm-
zeichner).

Walter, Walther   deutsch. Bedeutung: von althochdeutsch *waltan* »walten, herrschen« und *heri* »Kriegsschar, Heer«. Berühmte Namensträger: Walter Scott
(schottischer Schriftsteller), Walter Gropius (deutscher
Architekt), Walter Plathe (deutscher Schauspieler),
Walther von der Vogelweide (deutscher Minnesänger),
Walther Rathenau (deutscher Politiker).

Walthard   deutsch. Bedeutung: von althochdeutsch
waltan »walten, herrschen« und *harti* »hart, stark«.

Waltram, Walraf, Walram   deutsch. Bedeutung: von
althochdeutsch *waltan* »walten, herrschen« und *hraban*
»Rabe«.

Wanja   russische Koseform zu ➙ Ivan. Nur in Verbindung mit einem eindeutig männlichen Zweitnamen
zulässig.

Wanko   bulgarische Koseform zu ➙ Ivan.

Wapi   indianisch. Bedeutung: der Glückliche.

Warmund   deutsch. Bedeutung: von althochdeutsch
warjan, werjan »sich wehren« und *munt* »Schutz der
Unmündigen«.

Warner   niederdeutsch-friesische Form von ➝ Werner.

Warnfried   niederdeutsch-friesische Form von
➝ Wernfried.

Warren   englisch. Bedeutung: von althochdeutsch
warjan, werjan »sich wehren«. Berühmter Namensträger: Warren Beatty (amerikanischer Schauspieler).

Wasmod, Wasmot   Nebenformen zu ➝ Wasmut.

Wasmut, Wachsmut   deutsch. Bedeutung: von althochdeutsch *wahsan* »wachsam« und *muot* »Mut, Eifer,
Geist«.

Wassili, Wassilij, Wassily, Vassilij   russische Formen von
➝ Basilius. Berühmter Namensträger: Wassily
Kandinsky (russischer Maler).

Wastl   bairische Koseform zu ➝ Sebastian.

Wedekind   Nebenform zu ➝ Widukind.

Weigand   Nebenform zu ➝ Wiegand.

Weigel   Kurzform zu ➝ Wiegand.

Weike   Kurzform zu ➝ Wighart, ➝ Weikhart. Nur in
Verbindung mit einem eindeutig männlichen Zweitnamen zulässig.

Weikhard, Weikhart   Nebenformen zu ➝ Wighart.

Welf   deutsch. Bedeutung: geht auf das Fürstenge-
schlecht der Welfen zurück, auch althochdeutsch *welf*
»Tierjunges, Welpe«.

Wellem   rheinische Form von ➝ Wilhelm.

Welmer   Nebenform zu ➝ Willimar.

Welmot, Welmuth   friesische Formen von ➝ Wilmut.

Wendel   Kurzform zu Vornamen mit Wendel-.

Wendelbert   deutsch. Bedeutung: vom Stammesnamen
der Wandalen und althochdeutsch *beraht* »glänzend«.

Wendelin, Wendelinus   Kurzformen zu Vornamen mit
Wendel-.

Wendelmar   deutsch. Bedeutung: vom Stammesnamen der Wandalen und althochdeutsch *mari*
»berühmt«.

Wenzel   Kurzform zu → Wenzeslaus.

Wenzeslaus   latinisierte Form eines slawischen Namens.
Bedeutung: Mehrer des Ruhmes.

Werner, Wernher   deutsch. Bedeutung: von althochdeutsch *warjan, werjan* »sich wehren« und *heri*
»Kriegsschar, Heer«. Berühmte Namensträger: Werner
von Siemens (deutscher Industrieller), Werner Herzog
(deutscher Regisseur), Werner Heisenberg (deutscher
Physiker), Wernher von Braun (deutsch-amerikanischer
Physiker).

Wernfried   deutsch. Bedeutung: von althochdeutsch
warjan, werjan »sich wehren« und *fridu* »Friede«.

Wernhard, Wernhart   deutsch. Bedeutung: von althochdeutsch *warjan, werjan* »sich wehren« und *harti* »hart,
stark«.

Wernher   Nebenform zu → Werner.

Werno   Kurzform zu Vornamen mit Wern-.

Whitney   altenglisch. Bedeutung: der von der weißen
Insel. Auch weiblicher Vorname.

Wibald   Nebenform zu → Wigbald.

Wibert   Nebenform zu → Wigbert.

Widar   nordisch. Bedeutung: von althochdeutsch *witu*
»Holz, Wald« und *heri* »Kriegsschar, Heer«.

Wido   Kurzform zu Vornamen mit Wid-, Wit-.

Widukind, Wittekind   deutsch. Bedeutung: von althochdeutsch *witu* »Holz, Wald« und *kind* »Kind, Sohn«.

Wiegand   Nebenform zu → Wigand.

Wieland   deutsch. Bedeutung: von althochdeutsch *wela*
»Kampf« und *nand* »wagemutig, kühn«.

Wigald   Nebenform zu ➧ Wigbald. Berühmter Namensträger: Wigald Boning (deutscher TV-Komiker).

Wigand, Wiegand   deutsch. Bedeutung: von althochdeutsch *wigan* »kämpfen«.

Wigbald, Wigbold, Wibald, Wigald   deutsch. Bedeutung:
von althochdeutsch *wig* »Kampf« und *bald* »kühn«.

Wigbert, Wigbrecht, Wibert, Wipert   deutsch. Bedeutung:
von althochdeutsch *wig* »Kampf« und *beraht*
»glänzend«.

Wigbrand   deutsch. Bedeutung: von althochdeutsch *wig*
»Kampf« und *brand* »Brand«.

Wigbold   Nebenform zu ➧ Wigbald.

Wigbrecht   Nebenform zu Wigbert.

Wigge, Wiggo   friesische Kurzformen zu Vornamen mit
Wig-.

Wighard, Wighart   deutsch. Bedeutung: von althochdeutsch *wig* »Kampf« und *harti* »hart, stark«.

Wiglaf   deutsch. Bedeutung: von althochdeutsch *wig*
»Kampf« und altsächsisch *leva* »Erbe«. Berühmter
Namensträger: Wiglaf Droste (deutscher Schriftsteller).

Wigmar   deutsch. Bedeutung: von althochdeutsch *wig*
»Kampf« und *mari* »berühmt«.

Wigmund   deutsch. Bedeutung: von althochdeutsch *wig*
»Kampf« und *munt* »Schutz der Unmündigen«.

Wilbert, Willibert, Willbrecht   deutsch. Bedeutung: von
althochdeutsch *willo* »Wille« und *beraht* »glänzend«.

Wilbrand   deutsch. Bedeutung: von althochdeutsch *willo*
»Wille« und *brand* »Brand«.

Wilbur   amerikanisch. Bedeutung: geht auf einen
Familiennamen zurück. Berühmter Namensträger:
Wilbur Wright (amerikanischer Flugpionier).

Wildfried   Nebenform zu ➧ Wilfried.

Wilfred   Nebenform zu ➛ Wilfried.

Wilfried, Wilfrid   deutsch. Bedeutung: von althochdeutsch *willo* »Wille« und *fridu* »Friede«.

Wilhard   deutsch. Bedeutung: von althochdeutsch *willo* »Wille« und *harti* »hart, stark«.

Wilhelm   deutsch. Bedeutung: von althochdeutsch *willo* »Wille« und *helm* »Helm«. Berühmte Namensträger: Wilhelm von Humboldt (deutscher Gelehrter), Wilhelm Busch (deutscher Dichter und Maler), Wilhelm Conrad Röntgen (deutscher Physiker), Wilhelm Furtwängler (deutscher Dirigent).

Wilke, Wilken, Wilko   friesische Kurzformen zu Vornamen mit Wil-.

Will   Kurzform zu ➛ Wilhelm, ➛ William. Berühmte Namensträger: Will Quadflieg (deutscher Schauspieler), Will Smith (amerikanischer Schauspieler).

Willbrecht   Nebenform zu ➛ Wilbert.

Willem   niederdeutsche und niederländische Form von ➛ Wilhelm.

Willi   Kurzform zu ➛ Wilhelm.

William   englische Form von ➛ Wilhelm. Berühmte Namensträger: William Shakespeare (englischer Dichter), Prinz William von England.

Willibald   deutsch. Bedeutung: von althochdeutsch *willo* »Wille« und *bald* »kühn«. Berühmter Namensträger: Willibald Pirckheimer (deutscher Humanist).

Willibert   deutsch. Bedeutung: von althochdeutsch *willo* »Wille« und *beraht* »glänzend«.

Willibrord   englisch. Bedeutung: von angelsächsisch *willa* »Wille« und *brord* »Spitze, Speer«.

Willimar, Wilmar   deutsch. Bedeutung: von althochdeutsch *willo* »Wille« und *mari* »berühmt«.

Williram   deutsch. Bedeutung: von althochdeutsch *willo* »Wille« und *hraban* »Rabe«.

Willo   ostfriesische Kurzform zu Vornamen mit Wil(l)-.

Willy   Kurzform zu ➞ Wilhelm. Berühmte Namensträger: Willy Millowitsch (deutscher Schauspieler), Willy Brandt (deutscher Politiker).

Wilm   niederdeutsche Kurzform zu ➞ Wilhelm.

Wilmar   Nebenform zu ➞ Willimar.

Wilmont   deutsch. Bedeutung: von althochdeutsch *willo* »Wille« und *munt* »Schutz der Unmündigen«.

Wilmut   deutsch. Bedeutung: von althochdeutsch *willo* »Wille« und *muot* »Mut, Eifer, Geist«.

Wim, Wims   Kurzformen zu ➞ Wilhelm. Berühmte Namensträger: Wim Wenders (deutscher Regisseur), Wim Thoelke (deutscher Showmaster).

Winald   deutsch. Bedeutung: von althochdeutsch *wini* »Freund« und *waltan* »walten, herrschen«.

Winemar, Winmar   deutsch. Bedeutung: von althochdeutsch *wini* »Freund« und *mari* »berühmt«.

Winfried   deutsch. Bedeutung: von althochdeutsch *wini* »Freund« und *fridu* »Friede«.

Winibald   deutsch. Bedeutung: von althochdeutsch *wini* »Freund« und *bald* »kühn«.

Winibert   deutsch. Bedeutung: von althochdeutsch *wini* »Freund« und *beraht* »glänzend«.

Winimar   deutsch. Bedeutung: von althochdeutsch *wini* »Freund« und *mari* »berühmt«.

Winmar   Nebenform zu ➞ Winemar.

Winnetou   nach der gleichnamigen Figur in Karl Mays Werken.

Winrich   deutsch. Bedeutung: von althochdeutsch *wini* »Freund« und *rihhi* »reich, mächtig«.

Winston englisch. Bedeutung: geht auf einen Ortsnamen zurück. Berühmter Namensträger: Winston Churchill (englischer Politiker).

Wipert, Wiprecht Nebenformen zu ➜ Wigbert, ➜ Wigbrecht.

Witigo, Witiko Kurzformen zu Vornamen mit Wid-, Wit-.

Wito Kurzform zu Vornamen mit Wid-, Wit-.

Witold, Withold deutsch. Bedeutung: von althochdeutsch *witu* »Holz, Wald« und *waltan* »walten, herrschen«.

Wittekind Nebenform zu ➜ Widukind.

Wittiko Kurzform zu Vornamen mit Wid-, Wit-.

Wladimir russische Form von ➜ Waldemar. Berühmter Namensträger: Wladimir Iljitsch Lenin (russischer Politiker).

Wladislaw Nebenform zu ➜ Vladislav.

Woldemar niederdeutsche Form von ➜ Waldemar.

Wolf selbstständige Kurzform zu Vornamen mit Wolf-. Berühmter Namensträger: Wolf Biermann (deutscher Schriftsteller und Liedermacher).

Wolfbert Neubildung aus Vornamen mit Wolf- und Vornamen, die auf -bert enden.

Wolfdieter Zusammensetzung aus ➜ Wolf und ➜ Dieter.

Wolfdietrich Zusammensetzung aus ➜ Wolf und ➜ Dietrich. Berühmter Namensträger: Wolfdietrich Schnurre (deutscher Schriftsteller).

Wolfgang deutsch. Bedeutung: von althochdeutsch *wolf* »Wolf« und *ganc* »(Waffen)Gang, Streit«. Berühmte Namensträger: Wolfgang Amadeus Mozart (österreichischer Komponist), Johann Wolfgang von Goethe (deutscher Dichter), Wolfgang Joop (deutscher Modeschöpfer), Wolfgang Petersen (deutscher Regisseur), Wolfgang Niedecken (deutscher Rockmusiker).

Wolfger   deutsch. Bedeutung: von althochdeutsch *wolf* »Wolf« und *ger* »Speer«.

Wolfhard, Wolfhart   deutsch. Bedeutung: von althochdeutsch *wolf* »Wolf« und *harti* »hart, stark«.

Wolfhelm   deutsch. Bedeutung: von althochdeutsch *wolf* »Wolf« und *helm* »Helm«.

Wolfrad   deutsch. Bedeutung: von althochdeutsch *wolf* »Wolf« und *rat* »Ratgeber«.

Wolfram   deutsch. Bedeutung: von althochdeutsch *wolf* »Wolf« und *hraban* »Rabe«. Berühmter Namensträger: Wolfram von Eschenbach (deutscher Dichter).

Wolfried, Wolfrid   deutsch. Bedeutung: von althochdeutsch *wolf* »Wolf« und *fridu* »Friede«.

Wolter   niederdeutsche Form von ➙ Walter.

Wout   niederländische Kurzform zu ➙ Walter.

Wulf   Nebenform zu ➙ Wolf.

Wunibald, Wunnibald   deutsch. Bedeutung: von althochdeutsch *wunna* »Wonne, hohe Freude« und *bald* »kühn«.

Wunibert, Wunnebrecht   deutsch. Bedeutung: von althochdeutsch *wunna* »Wonne, hohe Freude« und *beraht* »glänzend«.

Wunnebrecht   Nebenform zu ➙ Wunibert.

Wunnibald   Nebenform zu ➙ Wunibald.

Wynn   altwalisisch. Bedeutung: der Helle, Blonde.

Xander rätoromanische Kurzform zu → Alexander.

Xaver, Xaverius verselbstständigter Beiname des heiligen Franz Xaver, nach seinem spanischen Geburtsort Schloss Xavier (heute Javier) in Navarra. In der Regel als Zweitname verwendet. Berühmte Namensträger: Franz Xaver von Baader (deutscher Philosoph), Franz Xaver Kroetz (deutscher Schriftsteller und Schauspieler).

Xavier englische und französische Form von → Xaver. Berühmter Namensträger: Xavier Naidoo (deutscher Popsänger).

Xenophon, Xenofon griechisch. Bedeutung: von griechisch *xenos* »Gast, Fremder« und *phainomai* »leuchten, glänzen«.

Xenos englisch, griechischer Herkunft. Bedeutung: Gast, Fremder.

Xerxes griechische Form eines persischen Königsnamens.

Xylon englisch, griechischer Herkunft. Bedeutung: Holz.

Yadid hebräisch. Bedeutung: Freund, Geliebter.

Yakez indianisch. Bedeutung: Himmel.

Yana indianisch. Bedeutung: Bär.

Yan, Yann in der Schweiz gebräuchliche Kurzformen zu → Yanneck.

Yanneck, Yannick   schweizerische Form des bretonischen Yannic (Nebenform zu → Jean). Berühmter Namensträger: Yannick Noah (französischer Tennisspieler).

Yannis   griechische Form von → Johannes.

Yassir   arabisch. Bedeutung: ins Lot bringen.

Yemon   japanisch. Bedeutung: Torwächter.

York, Yorck   dänische Formen von → Georg.

Yukiko   japanisch. Bedeutung: Schnee.

Yul, Yule   schottischer und nordenglischer Vorname zu englisch *yule*, schwedisch *jul* »Weihnachten«. Berühmter Namensträger: Yul Brynner (amerikanischer Schauspieler).

Yuma   indianisch. Bedeutung: Häuptlingssohn.

Yvan   Nebenform zu → Ivan.

Yves   französische Form von → Ivo. Berühmte Namensträger: Yves Montand (französischer Schauspieler), Yves Saint Laurent (französischer Modeschöpfer).

Yvo, Yvon   Nebenform zu → Ivo.

Zacharias, Zachäus   hebräisch. Bedeutung: der Herr hat sich meiner erinnert. Berühmter Namensträger: Zacharias Werner (deutscher Schriftsteller).

Zacharie   französische Form von → Zacharias.

Zachary   englische Form von → Zacharias.

Zachäus   Nebenform zu → Zacharias.

Zadok   hebräisch. Bedeutung: der Gerechte.

Zahur   afrikanisch/Suaheli. Bedeutung: Blume.

Zamir   hebräisch. Bedeutung: Vogel, Lied.

Zander   rätoromanische Kurzform zu → Alexander.

Zarin, Zarjo   bulgarisch. Bedeutung: Herrscher.

Zdenko   tschechische Form von ➙ Sidonius.

Zeheb   türkisch. Bedeutung: Gold.

Zeno, Zenon   griechisch. Bedeutung: Geschenk des Zeus.

Zenobio, Zenobius   Nebenformen zu ➙ Zeno.

Zerres   niederrheinische Kurzform zu ➙ Severin.

Zlatko   slawisch. Bedeutung: Goldjunge.

Zölestin   Nebenform zu ➙ Cölestin.

Zoltán   ungarisch, abgeleitet vom türkischen Titel
    Sultan. Berühmte Namensträger: Zoltán Kodály
    (ungarischer Komponist), Zoltán Fábri (ungarischer
    Regisseur).

Zyriakus   griechisch. Bedeutung: zu dem Herrn gehörend.

Vornamen für Mädchen

Sie erwarten ein Mädchen? Auf den folgenden Seiten finden Sie Mädchennamen aus aller Welt – von Aaltje bis Zwaantje.

Aaltje   friesische, niederdeutsche und niederländische
  Kurzform zu ➞ Adelheid.

Abby   englische Kurzform zu ➞ Abigail.

Abebi   afrikanisch. Bedeutung: die Ersehnte.

Abelena, Abelene, Abelina   erweiterte Formen von Abela,
  einer älteren niederdeutschen Kurzform zu
  ➞ Apollonia oder ➞ Adalberta.

Abelone   dänische und norwegische Form von
  ➞ Apollonia.

Abigail   hebräisch. Bedeutung: Vaterfreude, Quell der
  Freude.

Abiona   afrikanisch/nigerianisch. Bedeutung: die
  während einer Reise Geborene. Auch männlicher
  Vorname.

Abra   hebräisch, weibliche Form von ➞ Abraham.
  Bedeutung: Mutter der Menge.

Ada   1. Kurzform zu Vornamen mit Adel-. 2. hebräisch.
  Bedeutung: die Geschmückte.

Adalberta   deutsch. Bedeutung: von althochdeutsch *adal*
  »edel, vornehm« und *beraht* »glänzend«.

Adela, Adele   Kurzformen zu ➞ Adelheid. Berühmte
  Namensträgerin: Adele Schopenhauer (deutsche
  Schriftstellerin).

Adelgund, Adelgunde   deutsch. Bedeutung: von althochdeutsch *adal* »edel, vornehm« und *gund* »Kampf«.

Adelheid   deutsch. Bedeutung: von althochdeutsch *adal* »edel, vornehm« und *heit* »Art und Weise«.

Adelhild, Adelhilde   deutsch. Bedeutung: von althochdeutsch *adal* »edel, vornehm« und *hiltja* »Kampf«.

Adelina   Koseform zu ➞ Adela.

Adelind, Adelinde   deutsch. Bedeutung: von althochdeutsch *adal* »edel, vornehm« und *lind* »sanft, mild« oder *linta* »Lindenholzschild«.

Adeline   Koseform zu ➞ Adela.

Adelmut, Almud, Almut   deutsch. Bedeutung: von althochdeutsch *adal* »edel, vornehm« und *muot* »Mut, Eifer, Geist«.

Adelrun, Adelrune   deutsch. Bedeutung: von althochdeutsch *adal* »edel, vornehm« und *runa* »Geheimnis«.

Adeltraud, Adeltrud   deutsch. Bedeutung: von althochdeutsch *adal* »edel, vornehm« und *trud* »Kraft, Stärke«.

Adia   afrikanisch. Bedeutung: Gabe, Geschenk.

Adina   hebräisch. Bedeutung: die Weiche.

Aditi   indisch-pakistanisch. Bedeutung: die Freie, Ungebundene.

Adriana, Adriane   lateinisch. Bedeutung: die aus der Stadt Hadria (Adria) Stammende.

Adrienne   englische und französische Form von ➞ Adriana.

Afra   lateinisch. Bedeutung: die Afrikanerin.

Agatha, Agathe   griechisch. Bedeutung: die Gute. Berühmte Namensträgerin: Agatha Christie (englische Schriftstellerin).

Agda   schwedische Form von ➞ Agathe.

Agia   griechisch. Bedeutung: die Heilige.

Aglaia   griechisch. Bedeutung: Pracht, Glanz.

Agnes   griechisch. Bedeutung: die Keusche, Reine.
Berühmte Namensträgerinnen: Agnes Günther
(deutsche Schriftstellerin), Agnès Varda (französische
Regisseurin).

Agnese   italienische Form von ➜ Agnes.

Agneta, Agnete   erweiterte Formen von ➜ Agnes.
Berühmte Namensträgerin: Agneta Fältskog
(schwedische Popängerin).

Aheit   niederdeutsche Kurzform zu ➜ Adelheid.

Ahulani   hawaiisch. Bedeutung: himmlischer Schrein.

Aida   altgriechisch. Bedeutung: geht auf die gleichnamige äthiopische Sklavin in Giuseppe Verdis Oper
»Aida« zurück.

Ailis   irische Form von ➜ Alice.

Aimée   französisch. Bedeutung: die Geliebte.

Aino   finnisch. Bedeutung: die Einzige.

Aischa   arabisch. Bedeutung: die Lebende.

Aislinn   irisch-gälisch. Bedeutung: Traum, Vision.

Aiyana   indianisch. Bedeutung: ewige Blume.

Akako   japanisch. Bedeutung: die Rote.

Aki   japanisch. Bedeutung: Herbst.

Alamea   hawaiisch. Bedeutung: die Reife, Wertvolle.

Alana, Alanis   keltisch. Bedeutung: zum Volksstamm der
Alanen gehörend. Berühmte Namensträgerin: Alanis
Morissette (kanadische Rocksängerin).

Alaula   hawaiisch. Bedeutung: Abendrot. Auch männlicher Vorname.

Alba   lateinisch. Bedeutung: die Weiße, Helle.

Alberta, Albertina, Albertine   Kurzformen zu
➜ Adalberta. Bedeutung: von althochdeutsch *adal*
»edel, vornehm« und *beraht* »glänzend«.

Albrun, Albrune   deutsch. Bedeutung: von althochdeutsch *alb* »Elfe, Naturgeist« und *runa* »Geheimnis«.

Alda   Kurzform zu Vornamen mit Adel-.

Aldina, Aldine   erweiterte Formen von ➻ Alda.

Alea   friesische Kurzform zu ➻ Adelheid.

Aleit   niederdeutsche Kurzform zu ➻ Adelheid.

Alena, Alene   slawische und ungarische Kurzformen zu ➻ Magdalena.

Alessandra   italienische Form von ➻ Alexandra.

Aletta, Alette   friesische Kurzformen zu ➻ Adelheid.

Alev   türkisch. Bedeutung: Flamme. Auch männlicher Vorname.

Alexa   Kurzform zu ➻ Alexandra.

Alexandra   griechisch. Bedeutung: Beschützerin, Verteidigerin.

Alexia   griechisch. Bedeutung: Hilfe, Abwehr. Kurzform von ➻ Alexandra.

Algoma   indianisch. Bedeutung: Tal der Blumen.

Alice   englische und französische Kurzform zu ➻ Adelheid. Wurde bekannt durch Lewis Carrolls »Alice im Wunderland«. Berühmte Namensträgerin: Alice Schwarzer (deutsche Journalistin).

Alicia   spanische Form von ➻ Alice.

Alida   niederdeutsche Kurzform zu ➻ Adelheid.

Alika   afrikanisch. Bedeutung: Mädchen, das alle an Schönheit übertrifft.

Alina   russische Form von ➻ Helena.

Alisa   Nebenform zu ➻ Alice.

Alison   englische und französische Kurzform zu ➻ Alice.

Alissa   russische Form von ➻ Alice.

Alix   französische Kurzform zu ➻ Alice.

Aliya, Aliyah   hebräisch. Bedeutung: die Emporsteigende.

Alke, Alkje   niederdeutsche Kurzformen zu Vornamen mit Adel-.

Allegra   italienisch. Bedeutung: die Fröhliche, Heitere.

Ally   englische Kurzform zu ➝ Alice, ➝ Alison.

Alma   1. spanisch, lateinischer Herkunft. Bedeutung: die Nährende, Fruchtbare. 2. Kurzform zu Vornamen mit Amal-. Berühmte Namensträgerin: Alma Sedina Henrietta Cornelia Goethe (Enkelin des Dichters).

Almud, Almut   Nebenformen zu ➝ Adelmut.

Aloisia   romanisierte Form des althochdeutschen Namens *Alawis* »die vollkommen Weise«.

Alrun   Nebenform zu ➝ Adelrune.

Altje   friesische, niederdeutsche und niederländische Kurzform zu ➝ Adelheid.

Alva   1. lateinisch. Bedeutung: die Weiße. 2. nordisch. Bedeutung: Fee, Elfe.

Am   vietnamesisch. Bedeutung: Mond.

Amalia, Amalie   Kurzformen zu Vornamen mit Amal-, z. B. Amalberga, Amalgunde.

Amanda   lateinisch. Bedeutung: die Liebenswürdige.

Amaris   hebräisch. Bedeutung: Gott hat versprochen.

Amata   lateinisch. Bedeutung: die Geliebte.

Amber   englisch. Bedeutung: Bernstein.

Ambra   italienisch. Bedeutung: Bernstein.

Amelia, Amelie   lateinisch. Bedeutung: geht zurück auf den altrömischen Geschlechternamen Amelius.

Amélie   französische Form von ➝ Amalia.

Amina   arabisch. Bedeutung: die Treue, Zuverlässige.

Amira   arabisch. Bedeutung: Prinzessin.

Amöna, Amöne   lateinisch. Bedeutung: die Anmutige.

Amrei   süddeutsche und schweizerische Kurzform zu ➝ Annemarie.

Amy   englische Form von → Amata.

An, Anh   vietnamesisch. Bedeutung: Friede, Sicherheit. Auch männlicher Vorname.

Ana   spanische Form von → Anna.

Anabel   Kurzform zu → Annabella.

Anahita   altpersisch. Bedeutung: die Makellose.

Anaïs   französische erweiterte Form von → Anna. Berühmte Namensträgerin: Anaïs Nin (französische Schriftstellerin).

Anastasia   griechisch. Bedeutung: Auferstehung.

Andra   1. Kurzform zu → Alexandra. 2. katalanische Form von → Andrea.

Andrea   griechisch. Bedeutung: die Tapfere. In der Schweiz nur in Verbindung mit einem eindeutig weiblichen Zweitnamen zulässig.

Anemone   nach der gleichnamigen Blume.

Angela   griechisch-lateinisch. Bedeutung: Engel. Berühmte Namensträgerinnen: Angela Carter (englische Schriftstellerin), Angela Merkel (deutsche Politikerin).

Angelia   erweiterte Form von → Angela.

Angelika, Angelica   erweiterte Form von → Angela. Berühmte Namensträgerin: Angelika Mechtel (deutsche Schriftstellerin).

Angelina, Angeline   Koseform zu → Angela. Berühmte Namensträgerin: Angelina Jolie (amerikanische Schauspielerin).

Angélique   französische Form von → Angelika.

Angie   englische Koseform zu → Angela, → Angelika.

Ania   spanische Form von → Anna.

Anica   südslawische Form von → Anna.

Anik, Anika   slawische Kurzformen zu → Anna.

Anita   spanische Koseform zu ➙ Anna.

Aniweta   afrikanisch/nigerianisch. Bedeutung: die von Ani (Geist der nigerianischen Ibo-Kultur) Gebrachte. Auch männlicher Vorname.

Anja   russische Form von ➙ Anna.

Anka   niederdeutsche und slawische Kurzform zu ➙ Anna.

Anke   friesische und niederdeutsche Kurzform zu ➙ Anna.

Ann   englische Form von ➙ Anna.

Anna   griechische Form von ➙ Hannah. Berühmte Namensträgerin: Anna Seghers (deutsche Schriftstellerin).

Annabell, Annabella   Zusammensetzung aus ➙ Anna und ➙ Bella.

Annabeth   Zusammensetzung aus ➙ Anna und ➙ (Elisa)beth.

Annalena, Annalene   Zusammensetzung aus ➙ Anna und ➙ Lena.

Annamaria, Annamarie   Zusammensetzung aus ➙ Anna und ➙ Maria.

Annbritt   schwedische Zusammensetzung aus ➙ Anna und ➙ Brigitte.

Annchristin   Zusammensetzung aus ➙ Anna und ➙ Christine.

Anne   deutsche, englische und französische Nebenform zu ➙ Anna.

Annedore   Zusammensetzung aus ➙ Anne und ➙ Dorothea.

Annegret   Zusammensetzung aus ➙ Anne und ➙ (Mar)gret.

Annekathrin, Annekatrin   Zusammensetzung aus ➙ Anne und ➙ Kathrin.

Anneke   niederdeutsch-niederländische Koseform zu
   ➜ Anna.

Anneli, Annelie   süddeutsche Koseform zu ➜ Anna.

Annelies, Anneliese, Annelis, Annelise   Zusammen-
setzungen aus ➜ Anne und ➜ Elisabeth. Berühmte
Namensträgerin: Anneliese Rothenberger (deutsche
Opernsängerin).

Annelore   Zusammensetzung aus ➜ Anne und
   ➜ Lore.

Annemarie   Zusammensetzung aus ➜ Anne und
   ➜ Marie. Berühmte Namensträgerin: Annemarie
Renger (deutsche Politikerin).

Annemie   Koseform zu ➜ Annemarie.

Annemieke   niederdeutsche Koseform zu ➜ Annemarie.

Annerose   Zusammensetzung aus ➜ Anne und ➜ Rose.

Annett, Annette   französische Koseformen zu
   ➜ Anna, ➜ Anne. Berühmte Namensträgerinnen:
Annette von Droste-Hülshoff (deutsche Dichterin),
Annette Kolb (deutsche Schriftstellerin).

Anni, Annie   Kurzformen zu ➜ Anna.

Annik   Nebenform zu ➜ Annika.

Annika   schwedische Koseform zu ➜ Anna.

Ann-Kathrin, Annkathrin   Zusammensetzung aus
   ➜ Anna und ➜ Kathrin.

Annunziata   italienisch. Bedeutung: die Angekündigte,
Verkündigte.

Anny   Kurzform zu ➜ Anna.

Anouk   französische Koseform zu ➜ Anna. Berühmte
Namensträgerin: Anouk Aimée (französische Schauspielerin).

Anselma   deutsch. Bedeutung: von althochdeutsch *ans*
»Gott« und *helm* »Helm«.

Antje friesische und niederländische Koseform zu ➜ Anna. Berühmte Namensträgerin: Antje Vollmer (deutsche Theologin und Politikerin).

Antoinette französische Koseform zu ➜ Antonia.

Antonella italienische Koseform zu ➜ Antonia.

Antonia, Antonie lateinisch. Bedeutung: geht zurück auf den altrömischen Geschlechternamen Antonius.

Antonietta italienische Koseform zu ➜ Antonia.

Anuscha, Anuschka slawische Koseformen zu ➜ Anna.

Anzu japanisch. Bedeutung: Aprikose.

Aolani hawaiisch. Bedeutung: Wolke.

Apollonia griechisch. Bedeutung: die dem Gott Apollo Geweihte.

Aponi indianisch. Bedeutung: Schmetterling.

April englisch. Bedeutung: nach dem gleichnamigen Monat.

Arabella Herkunft und Bedeutung unklar, eventuell zu lateinisch/spanisch »kleine Araberin«.

Aranka ungarisch. Bedeutung: Gold.

Areta, Aretha amerikanisch, griechischer Herkunft. Bedeutung: die Vortreffliche. Berühmte Namensträgerin: Aretha Franklin (amerikanische Soulsängerin).

Aria niederländische Kurzform zu ➜ Adriane.

Ariadne griechisch. Bedeutung: die Liebende.

Ariane 1. französische Form von ➜ Ariadne. 2. niederländische Form von ➜ Adriana.

Ariella italienisch. Bedeutung: Heldin Gottes.

Arielle französische Form von ➜ Ariella.

Arlene englisch-irisch. Bedeutung: Liebespfand, Kind.

Artemis griechische Göttin der Jagd.

Artemisia italienische Form von ➡ Artemis. Berühmte Namensträgerin: Artemisia Gentileschi (italienische Malerin).

Artha indisch-pakistanisch. Bedeutung: Gesundheit, Reichtum.

Aruna indisch-pakistanisch. Bedeutung: Morgendämmerung.

Arya niederländische Kurzform zu ➡ Adriane.

Asa deutsch. Bedeutung: von germanisch *ans* »Gott«.

Ashley englisch. Bedeutung: Bewohnerin der Eschenweide. Auch männlicher Vorname.

Aslaug nordisch. Bedeutung: von altnordisch *as* »Gott« und *lag* »rechtes Maß, Ordnung«.

Asma arabisch. Bedeutung: die Anmutige, Hübsche.

Aspasia griechisch. Bedeutung: die Willkommene.

Asta Kurzform zu ➡ Anastasia, ➡ Astrid, ➡ Augusta.

Astrid schwedisch. Bedeutung: von germanisch *ans* »Gott« und *fridr* »schön«. Berühmte Namensträgerin: Astrid Lindgren (schwedische Schriftstellerin).

Athena griechische Göttin der Weisheit.

Audrey englische Form von Adeltrude. Bedeutung: von althochdeutsch *adal* »edel, vornehm« und *trud* »beliebt, treu«. Berühmte Namensträgerinnen: Audrey Hepburn (amerikanische Schauspielerin), Audrey Tautou (französische Schauspielerin).

Augusta, Auguste lateinisch. Bedeutung: die Erhabene.

Augustina, Augustine erweiterte Formen von ➡ Augusta.

Aurelia, Aurelie lateinisch. Bedeutung: die Goldene, Schöne. Geht zurück auf den altrömischen Geschlechternamen Aurelius.

Aurora lateinisch. Bedeutung: Morgenröte.

Ava   deutsch. Bedeutung: vermutlich von altsächsisch *aval* »Kraft«.

Avery   altenglisch. Bedeutung: Elfenführerin. Auch männlicher Vorname.

Awanata   indianisch. Bedeutung: Schildkröte.

Ayame   japanisch. Bedeutung: Iris.

Babette   französische Koseform zu ➙ Barbara.

Babs   Koseform zu ➙ Barbara.

Bala   indisch-pakistanisch. Bedeutung: kleines Kind. Auch männlicher Vorname.

Balbina, Balbine   lateinisch. Bedeutung: die Stammelnde.

Bambalina   italienisch. Bedeutung: kleines Kind.

Bao   chinesisch. Bedeutung: Schatz. Auch männlicher Vorname.

Barbara   griechisch. Bedeutung: die Fremde. Berühmte Namensträgerin: Barbara Sukowa (deutsche Schauspielerin).

Barbe   französische Kurzform zu ➙ Barbara.

Bärbel   Koseform zu ➙ Barbara.

Barberina, Barberine   Nebenformen zu ➙ Barbara.

Barbi, Barbie   Kurzformen zu ➙ Barbara.

Barbro   schwedische Kurzform zu ➙ Barbara.

Bathsheba   hebräisch. Bedeutung: Tochter der Fülle.

Bea   Kurzform zu ➙ Beate.

Beata, Beate   lateinisch. Bedeutung: die Glückliche.

Beatrice   italienische Form von ➙ Beatrix.

Beatrix   lateinisch. Bedeutung: die Glückliche. Berühmte Namensträgerin: Beatrix, Königin der Niederlande.

Becki, Becky Kurzformen zu → Rebekka.

Bel indisch-pakistanisch. Bedeutung: Apfelbaum.

Belinda, Belinde englisch. Bedeutung: unklar, der zweite Bestandteil stammt von althochdeutsch *lind* »sanft, mild«.

Bella 1. Kurzform zu → Isabella, → Arabella.
2. italienisch. Bedeutung: die Schöne.

Benedetta italienische Form von → Benedikta.

Benedikta lateinisch. Bedeutung: die Gesegnete.

Benigna lateinisch. Bedeutung: die Gütige.

Benita spanische Form von → Benedikta.

Berenike griechisch. Bedeutung: die Siegbringende.

Bergit, Bergita Nebenformen zu → Birgit.

Berit dänisch-schwedische Nebenform zu → Birgit, → Brigitte.

Bernadette französische Koseform zu → Bernharde.

Bernarda englische, französische und niederländische Form von → Bernharde.

Bernharde, Bernharda, Bernhardine deutsch. Bedeutung: von althochdeutsch *bero* »Bär« und *harti* »hart, stark«.

Berta, Berte, Bertha Kurzformen zu Vornamen mit Bert-, z.B. Berthild, Bertfriede. Berühmte Namensträgerin: Bertha von Suttner (österreichische Schriftstellerin).

Beryl englisch. Bedeutung: geht zurück auf den Edelstein Beryll.

Bess, Bessie, Bessy englische Kurzformen zu → Elisabeth.

Bethany aramäisch. Bedeutung: Haus der Armut.

Bethli, Bethly schweizerische Kurzformen zu → Elisabeth.

Betsy englische Kurzform zu → Elisabeth.

Betta, Bette, Betti Kurzformen zu → Elisabeth. Berühmte Namensträgerinnen: Bette Davis (amerikanische

Schauspielerin), Bette Midler (amerikanische Schauspielerin).

Bettina   Nebenform zu ➙ Elisabeth. Berühmte Namens-
trägerinnen: Bettina von Arnim (deutsche Dichterin),
Bettina Wegner (deutsche Liedermacherin), Bettina
Zimmermann (deutsche Schauspielerin).

Betty   Kurzform zu ➙ Elisabeth.

Bianca, Bianka   italienisch. Bedeutung: die Weiße.

Bibiana, Bibiane   Nebenformen zu ➙ Viviane.

Billa, Bille   Kurzformen zu ➙ Sibylle.

Bina, Bine   Kurzformen zu ➙ Sabina, ➙ Sabine.

Binti   afrikanisch. Bedeutung: Tochter.

Bionda   italienisch. Bedeutung: die Blonde.

Birgit, Birgitta   schwedisch. Bedeutung: Helferin,
Schützerin. Berühmte Namensträgerinnen: Birgit
Nilsson (schwedische Opernsängerin), Birgit Prinz
(deutsche Fußballspielerin), Birgit Schrowange
(deutsche TV-Moderatorin).

Birka, Birke   deutsch. Bedeutung: von althochdeutsch
bircha »die Glänzende«.

Birla   nordisch. Bedeutung: kleiner Bär.

Birte, Birthe   dänische Kurzformen zu Birgitta (➙ Birgit).

Bitki   türkisch. Bedeutung: Pflanze.

Blanche   französisch. Bedeutung: die Weiße.

Blanchette   Koseform zu ➙ Blanche.

Blanda   lateinisch. Bedeutung: die Freundliche, Reizende.

Blandina, Blandine   erweiterte Formen von ➙ Blanda.
Berühmte Namensträgerin: Blandine Ebinger (deutsche
Schauspielerin).

Blanka   spanisch. Bedeutung: die Weiße.

Blia   schwedisch. Bedeutung: die Sanfte.

Blomma   schwedisch. Bedeutung: Blume.

Bluette   französisch. Bedeutung: Kornblume, auch Funken, im übertragenen Sinn: Geistesblitz.

Bona   lateinisch. Bedeutung: die Gute.

Bridget   englische Form von → Brigitte.

Briga, Brigga   Kurzformen zu → Brigitte.

Brigida, Brigide   latinisierte Formen von → Brigitte.

Brigit   englische Form von → Brigitte.

Brigitta   Nebenform zu → Brigitte.

Brigitte, Brigitta   keltisch. Bedeutung: die Erhabene. Berühmte Namensträgerinnen: Brigitte Horney (deutsche Schauspielerin), Brigitte Bardot (französische Schauspielerin), Brigitte Kronauer (deutsche Schriftstellerin).

Brit, Britt, Britta   Kurzformen zu → Birgit, Birgitta.

Bronja   slawische Kurzform von Bronislawa.

Brooke   englisch. Bedeutung: die vom Bach. Auch männlicher Vorname. Berühmte Namensträgerin: Brooke Shields (amerikanische Schauspielerin).

Bruna   deutsch. Bedeutung: die Braune.

Brunhild, Brunhilde   deutsch. Bedeutung: von althochdeutsch *brunni* »Brustpanzer« und *hiltja* »Kampf«.

Bruni   Kurzform zu → Brunhilde. Berühmte Namensträgerin: Bruni Löbel (deutsche Schauspielerin).

Bruntje   ostfriesische Kurzform zu → Brunhilde.

Burga, Burgel   Kurzformen zu Vornamen mit Burg- oder -burg.

Burghild, Burghilde   deutsch. Bedeutung: von althochdeutsch *burg* »Schutz, Zuflucht« und *hiltja* »Kampf«.

Burgl   Kurzform zu Vornamen mit Burg- oder -burg.

Cäcilia, Cäcilie, Zäzilie   lateinisch. Bedeutung: geht auf den altrömischen Geschlechternamen der Caecilier zurück.

Caitlin   irische Form von ➝ Katharina.

Calida   spanisch. Bedeutung: Begeisterung.

Calla   schwedische Kurzform zu ➝ Karoline.

Cameron   schottisch-gälisch. Bedeutung: schiefe Nase, Name eines schottischen Clans. Auch männlicher Vorname. Berühmte Namensträgerin: Cameron Diaz (amerikanische Schauspielerin):

Camilla   italienisch. Geht zurück auf lateinisch *camilla*. Bedeutung: Altardienerin. Auch Beiname des altrömischen Geschlechts der Furier. Berühmte Namensträgerin: Camilla Parker-Bowles (englische Prinzgemahlin).

Camille   französische Form von ➝ Camilla. Berühmte Namensträgerin: Camille Claudel (französische Bildhauerin). Auch männlicher Vorname.

Candice   englische Form von ➝ Candida. Berühmte Namensträgerin: Candice Bergen (amerikanische Schauspielerin).

Candida, Kandida   lateinisch. Bedeutung: die Helle, Glänzende, Reine.

Candra   indisch-pakistanisch. Bedeutung: die Mondgleiche.

Candy   englische Kurzform zu ➝ Candida.

Caprice   französisch. Bedeutung: Laune, Einfall.

Cara   lateinisch. Bedeutung: die Liebe, Teure.

Carianne   Nebenform zu ➝ Karianne.

Carin   Nebenform zu ➝ Karin.

Carina   erweiterte Form von ➝ Cara.

Caritas   lateinisch. Bedeutung: Nächstenliebe.

Carla   Nebenform zu ➝ Karla.

Carlota   spanische und portugiesische Form von
➝ Charlotte.

Carlotta   italienische Form von ➝ Charlotte.

Carmela, Carmelia, Carmelina   spanische Nebenformen
zu ➝ Carmen.

Carmen   spanisch. Bedeutung: abgeleitet von der Virgen
del Carmen (der Jungfrau Maria vom Berg Karmel).

Carmina, Carmine   erweiterte Formen von ➝ Carmen.

Carol   englische Form von ➝ Caroline.

Carola   latinisierte Form von ➝ Karla.

Carolin, Carolina, Caroline   erweiterte Formen von
➝ Carola. Berühmte Namensträgerin: Caroline von
Monaco (monegassische Prinzessin).

Carrie, Carry   englische Formen von ➝ Carola.

Carsta   Nebenform zu ➝ Karsta.

Caryl   walisisch. Bedeutung: Geliebte.

Casey   irisch-gälisch. Bedeutung: die Tapfere, Wachsame.
Auch männlicher Vorname.

Cassandra   Nebenform zu ➝ Kassandra.

Catarina   Nebenform zu ➝ Katharina.

Caterina   italienische Form von ➝ Katharina. Berühmte
Namensträgerin: Caterina Valente (italienische Schauspielerin und Sängerin).

Catherine   Nebenform zu ➝ Katherine.

Cathérine   französische Form von ➝ Katharina.
Berühmte Namensträgerin: Cathérine Deneuve
(französische Schauspielerin).

Cathleen   Nebenform zu ➝ Kathleen.

Catriona   schottische Form von ➔ Katharina.

Cécile   französische Form von ➔ Cäcilie.

Cecilia   italienische Form von ➔ Cäcilie. Berühmte Namensträgerin: Cecilia Bartoli (italienische Sängerin).

Cecily   englische Form von ➔ Cäcilie.

Célestine   französische Form von ➔ Cölestine.

Celestina   italienische Form von ➔ Cölestine.

Celia   lateinisch. Bedeutung: geht zurück auf einen altrömischen Geschlechternamen.

Celina, Celine   erweiterte Formen von ➔ Celia. Berühmte Namensträgerin: Celine Dion (kanadische Popsängerin).

Cella, Cellina   Kurzformen zu ➔ Marcella.

Chanda, Chandra   indisch-pakistanisch. Bedeutung: Mond.

Chantal   französisch. Bedeutung: geht zurück auf Jeanne-Françoise Frémiot de Chantal, die Ordensgründerin der Salesianerinnen.

Charis   griechisch. Bedeutung: Anmut, Liebreiz.

Charlotte   französische Form von ➔ Karla. Berühmte Namensträgerinnen: Charlotte von Stein (Freundin von Goethe), Charlotte Brontë (englische Schriftstellerin).

Charmaine   französisch. Bedeutung: die Charmante.

Chelsea   englisch. Bedeutung: geht zurück auf den gleichnamigen Londoner Stadtteil. Berühmte Namensträgerin: Chelsea Clinton (Tochter des Ex-US-Präsidenten).

Chenoa   indianisch. Bedeutung: weiße Taube.

Cheyenne   amerikanisch. Bedeutung: geht auf den gleichnamigen Indianerstamm zurück.

Chiara   italienische Form von ➔ Klara.

Chilali   indianisch. Bedeutung: Schneevogel.

Chloe   griechisch. Bedeutung: erster Pflanzentrieb, junger Keim.

Chlothilde   Nebenform zu ➙ Klothilde.

Chris   Kurzform zu ➙ Christa, ➙ Christine, ➙ Christiane. Auch männlicher Vorname.

Christa   Kurzform zu ➙ Christiane. Berühmte Namensträgerin: Christa Wolf (deutsche Schriftstellerin).

Christabel   Zusammensetzung aus ➙ Christa und ➙ Bella.

Christel   Kurzform zu ➙ Christa, ➙ Christine, ➙ Christiane. Auch männlicher Vorname.

Christiane, Christiana   lateinisch, griechischer Herkunft. Bedeutung: die Christin, die Gesalbte. Berühmte Namensträgerinnen: Christiane Vulpius (Goethes Ehefrau), Christiane Hörbiger (österreichische Schauspielerin).

Christin   Nebenform zu ➙ Christine.

Christina, Christine   Nebenformen zu ➙ Christiane. Berühmte Namensträgerinnen: Christina Aguilera (amerikanische Popsängerin), Christine Brückner (deutsche Schriftstellerin), Christine Kaufmann (deutsche Schauspielerin).

Cia   Kurzform zu ➙ Lucia.

Cinderella   englischer Name für »Aschenputtel«.

Cindy   Kurzform zu ➙ Cinderella, ➙ Cynthia. Berühmte Namensträgerin: Cindy Crawford (amerikanisches Fotomodell).

Cinzia   italienische Form von ➙ Cynthia.

Cissy   englische Kurzform zu Cäcilie (➙ Cäcilia).

Claire   französische Form von ➙ Klara. Berühmte Namensträgerin: Claire Danes (amerikanische Schauspielerin).

Clara Nebenform zu ➙ Klara.

Clarina Nebenform von ➙ Klarina.

Clarissa, Clarisse Nebenformen von ➙ Klarissa.

Clarita spanische Kurzform zu ➙ Klara.

Claude französische Form von ➙ Claudia. Auch männlicher Vorname.

Claudette französische Koseform zu ➙ Claudia.

Claudia, Klaudia lateinisch. Bedeutung: geht zurück auf das altrömische Geschlecht der Claudier. Berühmte Namensträgerinnen: Claudia Schiffer (deutsches Fotomodell), Claudia Cardinale (italienische Schauspielerin).

Claudine französische erweiterte Form von ➙ Claudia.

Clematis, Klematis nach der gleichnamigen Blume.

Clementia, Klementia lateinisch. Bedeutung: die Milde, Gnädige.

Clementina, Clementine, Klementina, Klementine erweiterte Formen von ➙ Clementia.

Cleo Kurzform zu ➙ Kleopatra.

Clio griechisch. Bedeutung: Ich rühme.

Clivia, Klivia nach der gleichnamigen Blume.

Cölestine lateinisch. Bedeutung: die Himmlische.

Coletta italienische Koseform zu ➙ Nicoletta.

Colette französische Koseform zu ➙ Nicolette.

Colleen irisch. Bedeutung: Mädchen.

Columba, Columbina lateinisch. Bedeutung: Taube.

Connie, Conny Kurzformen zu ➙ Cornelia, ➙ Konstanze.

Constanze Nebenform zu ➙ Konstanze.

Consuela spanisch. Bedeutung: Trost.

Cora, Kora 1. griechisch. Bedeutung: Mädchen, Tochter. 2. Kurzformen zu ➙ Cordula, ➙ Cordelia, ➙ Cornelia.

Cordelia, Kordelia Nebenformen zu ➙ Cordula.

Cordula, Kordula lateinisch. Bedeutung: Herzchen.

Coretta erweiterte Form von ➻ Cora.

Corina, Corinna, Korinna, Korinne erweiterte Formen von ➻ Cora.

Cornelia, Kornelia lateinisch. Bedeutung: geht zurück auf das altrömische Geschlecht der Cornelier. Berühmte Namensträgerin: Cornelia Froboess (deutsche Schauspielerin).

Corona, Korona lateinisch. Bedeutung: Kranz, Krone.

Corvina lateinisch. Bedeutung: kleiner Rabe.

Cosetta, Cosette französische Koseformen zu ➻ Nicole.

Cosima, Kosima lateinisch. Bedeutung: die Wohlgeordnete, Sittliche. Berühmte Namensträgerin: Cosima Wagner (Ehefrau von Richard Wagner).

Crescentia Nebenform zu ➻ Kreszentia.

Cynthia englisch, griechischer Herkunft. Bedeutung: die vom Berge Cythos Stammende, Beiname der Jagdgöttin Artemis.

Cyprienne französisch. Bedeutung: die aus Zypern Stammende.

Dafne italienische Form von ➻ Daphne.

Dagmar dänisch. Bedeutung: geht ursprünglich auf den slawischen Vornamen Dragomira zurück, wurde später jedoch als abgeleitet von altsächsisch *dag* »Tag« und althochdeutsch *mari* »berühmt« aufgefasst. Berühmte Namensträgerinnen: Dagmar Berghoff (deutsche Nachrichtensprecherin), Dagmar Hase (deutsche Schwimmerin).

Dagny schwedisch. Bedeutung: neuer Tag.

Dai japanisch. Bedeutung: die Große.

Daisy englisch. Bedeutung: Gänseblümchen.

Dalila, Dalilah, Delila, Delilah hebräisch. Bedeutung: die Sehnende.

Damaris griechisch. Bedeutung: Gattin, Geliebte.

Damiana griechisch. Bedeutung: die aus dem Volk.

Dana 1. Kurzform zu ➜ Daniela. 2. Kurzform zu slawischen Vornamen, die auf -dana enden. 3. keltisch. Bedeutung: die Dänin. Auch männlicher Vorname.

Daniela hebräisch. Bedeutung: Mein Richter ist Gott.

Daniella italienische Form von ➜ Daniela.

Danielle französische Form von ➜ Daniela. Berühmte Namensträgerin: Danielle Darrieux (französische Schauspielerin).

Danila slawische Form von ➜ Daniela.

Danja slawische Koseform zu ➜ Daniela.

Danuta polnisch. Bedeutung unklar.

Dany englische und französische Koseform zu ➜ Daniela.

Daphne griechisch. Bedeutung: Lorbeer, Lorbeerbaum. Berühmte Namensträgerin: Daphne du Maurier (englische Schriftstellerin).

Daria lateinisch, persischer Herkunft. Bedeutung: die das Gute bewahrt.

Darja slawische Form von ➜ Daria.

Davida, Davina hebräisch. Bedeutung: die Geliebte, Liebende.

Dawn englisch. Bedeutung: Tagesanbruch, Morgendämmerung.

Daya hebräisch. Bedeutung: Vogel.

Debbie englische Kurzform zu Deborah (➜ Debora).

Debora, Deborah hebräisch. Bedeutung: Biene. Berühmte Namensträgerin: Deborah Kerr (amerikanische Schauspielerin).

Debra englische Kurzform zu → Deborah. Berühmte Namensträgerin: Debra Winger (amerikanische Schauspielerin).

Deike niederdeutsche Kurzform zu Vornamen mit Diet-.

Dela, Dele Kurzformen zu → Adele.

Delia griechisch. Bedeutung: die auf der Insel Delos Geborene. Beiname der Jagdgöttin Artemis.

Delila, Delilah Nebenformen zu → Dalila.

Delphine französisch, griechischer Herkunft. Bedeutung: Delphin.

Denise französisch, griechischer Herkunft. Bedeutung: die dem Gott Dionysos Geweihte. Berühmte Namensträgerin: Denise Bielmann (schweizerische Eiskunstläuferin).

Deniz türkisch. Bedeutung: die zum Meer Gehörige. Auch männlicher Vorname.

Désirée französisch. Bedeutung: die Erwünschte, Ersehnte. Berühmte Namensträgerin: Désirée Nosbusch (luxemburgische TV-Moderatorin und Schauspielerin).

Despina griechisch. Bedeutung: Herrin, Gebieterin.

Deta, Detje, Dette niederdeutsche Kurzformen zu Vornamen mit Diet-.

Deva indisch-pakistanisch. Bedeutung: die Göttliche. Name der Mondgöttin.

Diana, Diane lateinisch. Bedeutung: geht zurück auf die römische Göttin der Jagd. Berühmte Namensträgerin: Diana, Prinzessin von Wales.

Dianne französische Nebenform zu Diane (→ Diana).

Dido   griechisch, phönizischer Herkunft. Bedeutung: Mondgöttin. Berühmte Namensträgerin: Dido (englische Popsängerin).

Dietburg   deutsch. Bedeutung: von althochdeutsch *thiot* »Volk« und *burg* »Schutz, Zuflucht«.

Dietgard   deutsch. Bedeutung: von althochdeutsch *thiot* »Volk« und *gard* »Hort, Schutz«.

Diethild, Diethilde   deutsch. Bedeutung: von althochdeutsch *thiot* »Volk« und *hiltja* »Kampf«.

Dietlind, Dietlinde   deutsch. Bedeutung: von althochdeutsch *thiot* »Volk« und *linta* »Lindenholzschild«.

Dietmut   deutsch. Bedeutung: von althochdeutsch *thiot* »Volk« und *muot* »Mut, Eifer, Geist«.

Dietrun   deutsch. Bedeutung: von althochdeutsch *thiot* »Volk« und *runa* »Geheimnis«.

Dina   1. Kurzform zu Vornamen, die auf -dina, -dine enden. 2. hebräisch. Bedeutung: eine, der zum Recht verholfen worden ist.

Diotima   griechisch. Bedeutung: Gott (Zeus) zur Ehre.

Djamila, Jamila   arabisch. Bedeutung: die Schöne.

Dodo   Koseform zu ➝ Dorothea.

Dolly   englische Koseform zu ➝ Dorothea. Berühmte Namensträgerin: Dolly Parton (amerikanische Sängerin und Schauspielerin).

Dolores   spanisch. Bedeutung: von Maria de los Dolores, »Maria der Schmerzen«.

Domenica   italienische Form von ➝ Dominika.

Dominika   lateinisch. Bedeutung: die dem Herrn (Jesus Christus) Gehörende.

Dominique   französische Form von ➝ Dominika. Auch männlicher Vorname.

Domka   russische Kurzform zu ➝ Dominika.

Donata, Donate   lateinisch. Bedeutung: Geschenk Gottes.

Donatella   italienische Koseform zu ➙ Donata. Berühmte Namensträgerin: Donatella Versace (italienische Modeschöpferin).

Donatienne   französische Form von ➙ Donata.

Donka   russische Kurzform zu ➙ Dominika.

Donna   italienisch. Bedeutung: Frau. Berühmte Namensträgerin: Donna Leon (amerikanische Schriftstellerin).

Dora, Dore   Kurzformen zu ➙ Dorothea, ➙ Theodora.

Dorée   französisch. Bedeutung: die Goldene.

Doreen   englische Kurzform zu ➙ Dorothea.

Dorette   französische Koseform zu ➙ Dorothea.

Dorina   ungarische Form von ➙ Dorothea.

Doris   1. griechisch. Bedeutung: Gabe des Meeres. 2. Kurzform zu ➙ Dorothea. Berühmte Namensträgerinnen: Doris Day (amerikanische Schauspielerin), Doris Lessing (englische Schriftstellerin), Doris Dörrie (deutsche Regisseurin).

Dorkas   griechisch. Bedeutung: Gazelle.

Dorota   polnische und tschechische Form von ➙ Dorothea.

Dorotea   italienische und spanische Form von ➙ Dorothea.

Dorothea   griechisch. Bedeutung: Gottesgeschenk.

Dorothée   französische Form von ➙ Dorothea.

Dorothy   englische Form von ➙ Dorothea.

Dorrit   englische Kurzform zu ➙ Dorothea.

Dorte, Dörte   niederdeutsche Kurzformen zu ➙ Dorothea.

Dortje, Doortje   friesische und niederländische Kurzformen zu ➙ Dorothea.

Dunja slawisch, griechischer Herkunft. Bedeutung: Wohlgefallen, Wunsch. Berühmte Namensträgerin: Dunja Raiter (kroatische Sängerin).

Dyani indianisch. Bedeutung: Reh.

Ebba, Ebbe Kurzform zu Vornamen mit Eber-.

Ebergard deutsch. Bedeutung: von althochdeutsch *ebur* »Eber« und *gard* »Hort, Schutz«.

Ebergund, Ebergunde deutsch. Bedeutung: von althochdeutsch *ebur* »Eber« und *gund* »Kampf«.

Eberharde, Eberhardine deutsch. Bedeutung: von althochdeutsch *ebur* »Eber« und *harti* »hart, stark«.

Eberhild, Eberhilde deutsch. Bedeutung: von althochdeutsch *ebur* »Eber« und *hiltja* »Kampf«.

Ebony englisch. Bedeutung: Ebenholz.

Ebru türkisch. Bedeutung: Augenbraue.

Edana irisch-gälisch. Bedeutung: die kleine Feurige.

Edda Kurzform zu Vornamen mit Ed-.

Edelgard, Edelgart Nebenformen zu Adalgard. Bedeutung: von althochdeutsch *adal* »edel, vornehm« und *gard* »Hort, Schutz«.

Edeltraud, Edeltrud Nebenformen zu ➜ Adeltraud.

Eden hebräisch. Bedeutung: Schönheit. Auch männlicher Vorname.

Edina erweiterte Form von ➜ Edna.

Edith englisch. Bedeutung: von altenglisch *ead* »Besitz« und *gyth* »Kampf«. Berühmte Namensträgerin: Edith Piaf (französische Chansonsängerin).

Editha latinisierte Form von ➜ Edith.

Edmunda, Edmunde   englisch. Bedeutung: von altenglisch *ead* »Erbgut, Besitz« und *munt* »Schutz der
Unmündigen«.

Edna   englisch, hebräischer Herkunft. Bedeutung:
Wonne, Entzücken.

Eduarde, Eduardine, Edwardina   englisch. Bedeutung:
von altenglisch *ead* »Erbgut, Besitz« und *weard* »Hüter,
Schützer«.

Edwina, Edwine   deutsch. Bedeutung: von althochdeutsch *ot* »Besitz« und *wini* »Freund«.

Effi   Kurzform zu ➜ Elfriede.

Eike   niederdeutsche Kurzform zu Vornamen mit Eg-,
Agi-. Auch männlicher Vorname.

Eila   alte hessische Kurzform zu ➜ Elisabeth.

Eileen, Eilene   englische Formen (irischer Herkunft) von
➜ Helena.

Eilis, Eilise   irische Nebenformen zu ➜ Elisabeth.

Ekaterina   russische Form von ➜ Katharina.

Ela   Kurzform zu ➜ Elisabeth.

Elaine   altfranzösische und englische Form von
➜ Helena.

Eleanor   englische Form von ➜ Eleonore. Berühmte
Namensträgerin: Eleanor Roosevelt (Frau des
US-Präsidenten Franklin D. Roosevelt).

Elena   griechische, italienische, spanische, norwegische,
rumänische, bulgarische und russische Form von
➜ Helena.

Eleonora, Eleonore   altprovenzalisch. Bedeutung unklar.
Berühmte Namensträgerinnen: Eleonore von Aquita-
nien (französische Fürstin), Eleonora Duse (italienische
Schauspielerin).

Elfe   Kurzform zu Vornamen mit Elf-.

Elfgard deutsche Neubildung aus dem 20. Jahrhundert.
Bedeutung: von althochdeutsch *alb* »Elfe, Naturgeist«
und *gard* »Hort, Schutz«.

Elfi, Elfie Kurzformen zu ➞ Elfriede.

Elfriede deutsch, angelsächsischer Herkunft. Bedeutung:
von althochdeutsch *adal* »edel, vornehm« und *fridu*
»Friede«. Berühmte Namensträgerin: Elfriede Jelinek
(österreichische Schriftstellerin).

Elftraud, Elftrud deutsch. Bedeutung: Bedeutung: von
althochdeutsch *alb* »Elfe, Naturgeist« und *trud* »Kraft,
Stärke«.

Elga nordische Kurzform zu ➞ Helga.

Eliana, Eliane hebräisch. Bedeutung: Mein Gott ist
Jahwe.

Elida nordisch. Bedeutung: das schnell segelnde Schiff.

Elin, Elina schwedische, finnische, rumänische Kurzformen zu ➞ Helena.

Elinor, Elinore englische Formen von ➞ Eleonore.

Elisa, Elise Kurzformen zu ➞ Eilsabeth.

Elisabeth, Elisabetha hebräisch. Bedeutung: die
Gott verehrt, die Gottgeweihte. Berühmte Namens-
trägerinnen: Elisabeth Langgässer (deutsche
Schriftstellerin), Elisabeth Schwarzkopf (deutsche
Sopranistin).

Elizabeth englische Form von ➞ Elisabeth. Berühmte
Namensträgerinnen: Elizabeth II., Königin von
Großbritannien, Elizabeth Taylor (englische Schau-
spielerin).

Elke friesische Kurzform zu ➞ Adelheid. Berühmte
Namensträgerinnen: Elke Sommer (deutsche Schau-
spielerin), Elke Heidenreich (deutsche Journalistin und
TV-Moderatorin).

Ella   Kurzform zu → Elisabeth, → Eleonore, → Elfriede.
Berühmte Namensträgerin: Ella Fitzgerald
(amerikanische Jazzsängerin).

Ellen   englische Nebenform zu → Helena. Berühmte
Namensträgerin: Ellen Barkin (amerikanische Schauspielerin).

Elli   Kurzform zu → Elisabeth, → Eleonore.

Ellinor   englische Form von → Eleonore.

Elly   Kurzform zu → Elisabeth, → Eleonore.

Elma   1. Kurzform zu Vornamen, die auf -elma enden,
z. B. → Wilhelma. 2. Kurzform zu → Elmira.

Elmira   spanisch, arabischer Herkunft. Bedeutung:
die Erhabene, Edelmütige.

Elsa   Kurzform zu → Elisabeth.

Elsabe, Elsbe   niederdeutsche Kurzformen zu
→ Elisabeth.

Elsbeth   Kurzform zu → Elisabeth.

Elscha, Elsche   niederdeutsch-ostfriesische Kurzformen
zu → Elisabeth.

Else   Kurzform zu → Elisabeth. Berühmte Namensträgerin: Else Lasker-Schüler (deutsche Schriftstellerin).

Elsebe   niederdeutsche Kurzform zu → Elisabeth.

Elsie, Elsy   englische Koseformen zu → Elizabeth.

Elvira   spanisch, westgotischer Herkunft. Bedeutung:
von gotisch *gails* »Speer« und *-uara* »Abwehrende,
Verteidigerin«.

Emanuela   hebräisch. Bedeutung: Gott ist mit uns.

Emerentia, Emerenz   lateinisch. Bedeutung: die Würdige.

Emerita   lateinisch. Bedeutung: die Verdienstvolle.

Emi   Kurzform zu → Emilia.

Emilia, Emilie   lateinisch. Bedeutung: geht zurück auf
den altrömischen Geschlechternamen der Ämilier.

Emiliana erweiterte Form von → Emilia.

Emily englische Form von → Emilia. Berühmte Namensträgerin: Emily Brontë (englische Schriftstellerin).

Emlyn walisisch. Bedeutung: Wasserfall. Auch männlicher Vorname.

Emma selbstständige Kurzform zu Vornamen mit Erm- oder Irm-. Berühmte Namensträgerin: Emma Thompson (englische Schauspielerin).

Emmeline, Emmelina erweiterte Formen von → Emma.

Emmi Kurzform zu → Emma, → Emilia.

Emmilotte Zusammensetzung aus → Emma und → Lotte.

Emmy Kurzform zu → Emma, → Emilia.

Emmylou englische Zusammensetzung aus → Emmy und → Lou. Berühmte Namensträgerin: Emmylou Harris (amerikanische Countrysängerin).

Emy Kurzform zu → Emilia.

Ena Herkunft und Bedeutung unklar.

Engelberga deutsch. Bedeutung: Zusammensetzung aus dem Stammesnamen der Angeln und althochdeutsch *bergan* »bergen, schützen«.

Engelberta deutsch. Bedeutung: Zusammensetzung aus dem Stammesnamen der Angeln und althochdeutsch *beraht* »glänzend«.

Engelburg, Engelburga Zusammensetzung aus dem Stammesnamen der Angeln und althochdeutsch *burg* »Schutz, Zuflucht«.

Engelgard Zusammensetzung aus dem Stammesnamen der Angeln und althochdeutsch *gard* »Hort, Schutz«.

Engeltraud, Engeltrud Zusammensetzung aus dem Stammesnamen der Angeln und althochdeutsch *trud* »Kraft, Stärke«.

Enid englisch. Bedeutung: Reinheit. Berühmte Namensträgerin: Enid Blyton (englische Kinderbuchautorin).

Enrica italienische Form von → Henriette.

Enya keltisch. Bedeutung: Wasser des Lebens. Berühmte Namensträgerin: Enya (irische Popsängerin).

Eos griechisch. Bedeutung: Morgenröte.

Erika, Erica deutsch. Bedeutung: von althochdeutsch *era* »Ehre, Ansehen« und *rihhi* »reich, mächtig«. Berühmte Namensträgerinnen: Erika Pluhar (österreichische Schauspielerin), Erica Jong (amerikanische Schriftstellerin).

Erin irisch-gälisch. Bedeutung: die aus Irland Stammende. Auch männlicher Vorname.

Erkengard deutsch. Bedeutung: von althochdeutsch *erkan* »ausgezeichnet, echt« und *gard* »Hort, Schutz«.

Erkenhild, Erkenhilde deutsch. Bedeutung: von althochdeutsch *erkan* »ausgezeichnet, echt« und *hiltja* »Kampf«.

Erkentraud, Erkentrud deutsch. Bedeutung: von althochdeutsch *erkan* »ausgezeichnet, echt« und *trud* »Kraft, Stärke«.

Erla Kurzform zu Vornamen mit Erl-.

Erlanda nordisch. Bedeutung: die Fremde.

Erltraud, Erltrud deutsch. Bedeutung: von althochdeutsch *erl* »Freie, Vornehme« und *trud* »Kraft, Stärke«.

Erlwine deutsch. Bedeutung: von althochdeutsch *erl* »Freie, Vornehme« und *wini* »Freund«.

Erma Nebenform zu → Irma.

Ermelina erweiterte Form von → Erma, Nebenform zu → Irmela.

Ermelinda Nebenform zu → Irmlinde.

Ermengard Nebenform zu → Irmgard.

Ermenhild, Ermenhilde   Nebenformen zu → Irmhild.

Ermentraud, Ermentrud   Nebenformen zu → Irmtraud, Irmtrud.

Ermlinde   Nebenform zu → Irmlinde.

Ermtraud, Ermtrud   Nebenformen zu → Irmtraud, Irmtrud.

Erna   Kurzform zu → Ernesta oder zu Vornamen mit Arn-, Ern-.

Ernesta   deutsch. Bedeutung: die Ernste, Gestrenge, Besonnene.

Ernestina, Ernestine   erweiterte Formen von → Ernesta.

Erwine   deutsch. Bedeutung: von althochdeutsch *heri* »Kriegsschar, Heer« und *wini* »Freund«.

Esma   georgisch. Bedeutung: Gott hat es erhört.

Esmeralda   spanisch. Bedeutung: Smaragd, Edelstein.

Esta   Kurzform zu → Estella.

Estella   italienische Form von → Stella.

Estelle   französische Form von → Stella.

Ester, Esther   hebräisch, persischer Herkunft. Bedeutung: Stern. Berühmte Namensträgerinnen: Esther Williams (amerikanische Schauspielerin), Esther Ofarim (israelische Sängerin).

Estrella   spanische Form von → Stella.

Ethel   englische Kurzform zu Vornamen mit Edel-, Ethel-.

Etta   1. Kurzform zu → Henrietta, → Marietta.
2. Nebenform zu → Edda.

Eufemia   deutsche Form von → Euphemia.

Eugenia, Eugenie   griechisch. Bedeutung: die Wohlgeborene.

Eulalia, Eulalie   griechisch. Bedeutung: die Wohlredende, Beredte.

Eunice englische Form von ➤ Eunike.

Eunike griechisch. Bedeutung: guter Sieg.

Euphemia, Eufemia griechisch. Bedeutung: die Glückverheißende.

Eusebia griechisch. Bedeutung: die Fromme, Gottesfürchtige.

Eva hebräisch. Bedeutung: die Lebenspenderin. Berühmte Namensträgerin: Eva Mattes (deutsche Schauspielerin).

Evalina, Evaline Nebenformen zu ➤ Eveline.

Evamaria Zusammensetzung aus ➤ Eva und ➤ Maria.

Evan irisch-gälisch. Bedeutung: junge Frau, junge Kriegerin. Auch männlicher Vorname.

Eve 1. Nebenform zu ➤ Eva. 2. englische und französische Form von ➤ Eva.

Evelina, Eveline latinisierte Formen von ➤ Evelyn.

Evelyn englisch, vermutlich erweiterte Form von ➤ Eva.

Everose Zusammensetzung aus ➤ Eva und ➤ Rose.

Evi Kurzform zu ➤ Eva.

Evita spanische Koseform zu ➤ Eva.

Eyota indianisch. Bedeutung: die Größte. Auch männlicher Vornamc.

Fabia lateinisch. Bedeutung: geht zurück auf den altrömischen Geschlechternamen Fabius.

Fabiana, Fabiane erweiterte Formen von ➤ Fabia.

Fabienne französische Form von ➤ Fabiana.

Fabiola erweiterte Form von ➤ Fabia.

Fabrizia   italienisch. Bedeutung: geht zurück auf den altrömischen Familiennamen Fabricius.

Faith   englisch. Bedeutung: Glaube.

Fanni, Fanny   Kurzformen zu ➜ Franziska, ➜ Stephanie. Berühmte Namensträgerin: Fanny Ardant (französische Schauspielerin).

Farah   arabisch. Bedeutung: Freude.

Faralda   deutsch. Bedeutung: von althochdeutsch *faran* »fahren, reisen« und *waltan* »walten, herrschen«.

Farhild, Farhilde   deutsch. Bedeutung: von althochdeutsch *faran* »fahren, reisen« und *hiltja* »Kampf«.

Fatima   arabisch. Bedeutung: geht auf die jüngste Tochter des Propheten Mohammed zurück.

Fatma   türkische Form von ➜ Fatima.

Fausta   lateinisch. Bedeutung: die Glückbringende.

Faustina, Faustine   erweiterte Formen von ➜ Fausta.

Faye   englisch. Bedeutung: Fee. Berühmte Namensträgerinnen: Faye Dunaway (amerikanische Schauspielerin), Faye Weldon (englische Schriftstellerin).

Fayola   afrikanisch/nigerianisch. Bedeutung: gutes Schicksal.

Federica   italienische Form von ➜ Friederike.

Fee   Kurzform zu ➜ Felicitas.

Felicia   italienische Form von ➜ Felicitas.

Felicitas, Felizitas   lateinisch. Bedeutung: Glück, Glückseligkeit. Berühmte Namensträgerin: Felicitas Woll (deutsche Schauspielerin).

Felicity   englische Form von ➜ Felicitas.

Felizia   italienische Form von ➜ Felicitas.

Felizitas   Nebenform von ➜ Felicitas.

Femi   afrikanisch/nigerianisch. Bedeutung: Liebe mich!

Feodora   russische Form von ➜ Theodora.

Ferdinanda, Ferdinande, Fernanda, Fernande deutsch.
Bedeutung: von gotisch *frith* »Friede, Schutz« und
nanth »Kühnheit«.

Ferike ungarische Form von → Franziska.

Fernanda, Fernande Nebenformen zu → Ferdinanda.

Fidelia spanisch. Bedeutung: die Treue.

Fieke niederdeutsche Kurzform zu → Sophie.

Fiene niederdeutsche Kurzform zu → Josefine.

Fila Kurzform zu Vornamen mit Fil-.

Filiberta deutsch. Bedeutung: von althochdeutsch *filu*
»viel« und *beraht* »glänzend«.

Filippa italienische Form von → Philippa.

Filomena italienische Form von → Philomena.

Fina, Fine Kurzformen zu → Josefine.

Finetta, Finette Koseformen zu → Josefine.

Finja nordisch. Bedeutung: vermutlich »Finnin«.

Fiona englisch. Bedeutung: die Helle, Blonde.

Fiorella italienisch. Bedeutung: Blümchen.

Fioretta italienisch. Bedeutung: Blümchen.

Fiorina italienisch. Bedeutung: Blümchen.

Firmina lateinisch. Bedeutung: die Starke.

Fita Kurzform zu → Friederike.

Flanna irisch-gälisch. Bedeutung: die Rothaarige.

Flavia lateinisch. Bedeutung: die Blonde.

Fleur französische Form von → Flora.

Fleurette Koseform zu → Fleur.

Flora lateinisch. Bedeutung: Blume, Blüte.

Florence englische und französische Form von
→ Florentia. Berühmte Namensträgerin: Florence
Nightingale (englische Krankenschwester).

Florentia, Florenzia lateinisch. Bedeutung: die Blühende,
die in hohem Ansehen Stehende.

Florentina, Florentine   erweiterte Formen von
→ Florentia.

Florenzia   Nebenform von → Florentia.

Floretta   Koseform zu → Flora.

Floria   Nebenform zu → Flora.

Floriana, Floriane   lateinisch, weibliche Formen von
→ Florian. Bedeutung: die Blühende, Glänzende, in
hohem Ansehen Stehende.

Florinda   spanisch. Bedeutung: die Blühende, Blumen-
reiche.

Folke   Kurzform zu Vornamen mit Volk-. Nur in Verbindung mit einem eindeutig weiblichen Zweitnamen
zulässig.

Fortuna   lateinisch. Bedeutung: Glück, Schicksal. Name
der römischen Schicksalsgöttin.

Franca   Nebenform zu → Franka.

France   französische Form von → Franka.

Frances   englische Form von → Franziska.

Francesca   italienische Form von → Franziska.

Francisca   spanische Form von → Franziska.

Franciska   slawische Form von → Franziska.

Françoise   französische Form von → Franziska.
Berühmte Namensträgerin: Françoise Sagan
(französische Schriftstellerin).

Franeka, Franica   slawische Nebenformen zu
→ Franziska.

Franja   slawische Kurzform zu → Franziska.

Franka, Franca   deutsch. Bedeutung: ursprünglich
Beiname »die Fränkin«, aber auch »die Freie«.
Berühmte Namensträgerin: Franka Potente (deutsche
Schauspielerin).

Frantiska   slawische Form von → Franziska.

Franzi Kurzform zu ➙ Franziska.

Franziska lateinisch. Bedeutung: die kleine Französin. Berühmte Namensträgerin: Franziska van Almsick (deutsche Schwimmerin), Franziska Becker (deutsche Karikaturistin).

Frauke friesisch. Bedeutung: 1. Verkleinerung von althochdeutsch *frouwa* »Frau«. 2. von althochdeutsch *frawa* »fröhlich, heiter«. Berühmte Namensträgerin: Frauke Ludowig (deutsche TV-Moderatorin).

Freda 1. niederdeutsche und schwedische Kurzform zu ➙ Frederika. 2. englische Kurzform zu ➙ Winifred.

Fredegund Nebenform zu ➙ Friedegund.

Frederika niederdeutsch-friesische Form von ➙ Friederike.

Frédérique französische Form von ➙ Friederike.

Freia, Freya nordisch. Name der altnordischen Göttin Freyja.

Frida ältere Form von ➙ Frieda. Berühmte Namensträgerin: Frida Kahlo (mexikanische Malerin).

Frieda Kurzform zu Vornamen mit Fried- oder -friede.

Friedegund deutsch. Bedeutung: von althochdeutsch *fridu* »Friede« und *gund* »Kampf«.

Friedel Nebenform zu ➙ Frieda. Nur in Verbindung mit einem eindeutig weiblichen Zweitnamen zulässig.

Friederike deutsch. Bedeutung: von althochdeutsch *fridu* »Friede« und *rihhi* »reich, mächtig«. Berühmte Namensträgerinnen: Friederike Brion (Goethes Jugendliebe), Friederike Mayröcker (österreichische Schriftstellerin).

Friedgard, Friedegard deutsch. Bedeutung: von althochdeutsch *fridu* »Friede« und *gard* »Hort, Schutz«.

Friedhild, Friedhilde deutsch. Bedeutung: von althochdeutsch *fridu* »Friede« und *hiltja* »Kampf«.

Friedlind, Friedlinde   deutsch. Bedeutung: von althochdeutsch *fridu* »Friede« und *linta* »Lindenholzschild«.

Friedrun   deutsch. Bedeutung: von althochdeutsch *fridu*
»Friede« und *runa* »Geheimnis«.

Frigga, Frigge   niederdeutsche Kurzformen zu
➙ Friederike.

Frini   neugriechisch. Bedeutung: die Charmante, Lieb-
reizende.

Fritzi   Kurzform zu ➙ Friederike.

Frodegard   deutsch. Bedeutung: von althochdeutsch
fruot »klug, weise« und *gard* »Hort, Schutz«.

Fulberta   Nebenform zu ➙ Volkberta.

Fulvia   italienisch. Bedeutung: die Rotblonde.

Gabi   Kurzform zu ➙ Gabriele.

Gabriela   Nebenform zu ➙ Gabriele. Berühmte
Namensträgerin: Gabriela Sabatini (argentinische
Tennisspielerin).

Gabriele   hebräisch. Bedeutung: Frau Gottes. Berühmte
Namensträgerinnen: Gabriele Münter (deutsche
Malerin), Gabriele Wohmann (deutsche Schriftstellerin).
In der Schweiz nur in Verbindung mit einem eindeutig
weiblichen Zweitnamen zulässig.

Gabriella   italienische Form von ➙ Gabriele.

Gabrielle   französische Form von ➙ Gabriele.

Gaby   Kurzform zu ➙ Gabriele.

Gail   englische Kurzform zu ➙ Abigail.

Galatea   griechisch. Bedeutung: Milch.

Galina   russisch. Bedeutung: Ruhe, Stille, Frieden.

Galla   lateinisch. Bedeutung: die Gallierin.

Ganja   russische Kurzform zu ➙ Galina.

Garda, Gardina   friesische Nebenformen zu ➙ Gerda.

Garifallia   neugriechisch. Bedeutung: Nelke.

Gauri   indisch-pakistanisch. Bedeutung: die Gelbe, Blonde. Anderer Name für die Hindugöttin Shakti.

Gea   griechisch. Bedeutung: Erde.

Gebharde   deutsch. Bedeutung: von althochdeutsch *geba* »Gabe« und *harti* »hart, stark«.

Gebke   ostfriesische Kurzform zu Vornamen mit Geb-.

Geerta, Geertje   westfriesische Kurzformen zu ➙ Gerharde.

Geeske   friesische Koseform zu ➙ Gesa.

Gefion   nordisch. Bedeutung: Name einer nordischen Meergöttin.

Gela, Gele, Geli   Kurzformen zu ➙ Angela, ➙ Angelika.

Gemma   lateinisch. Bedeutung: Edelstein.

Geneviève   französische Form von ➙ Genoveva.

Genia   Kurzform zu ➙ Eugenia.

Genoveva, Genovefa   deutsch. Bedeutung: vermutlich von germanisch *ginu* »weit, ausgedehnt« und *waifo* »die sich Bewegende«.

Gcorgette   französische Koseform zu ➙ Georgia.

Georgia   griechisch. Bedeutung: Bäuerin.

Georgina, Georgine   erweiterte Formen von ➙ Georgia.

Gera   Kurzform zu Vornamen mit Ger-.

Geralde   deutsch. Bedeutung: von althochdeutsch *ger* »Speer« und *waltan* »walten, herrschen«.

Geraldine   erweiterte Form von ➙ Geralde, im französischen und englischen Sprachraum beliebt.

Gerburg   deutsch. Bedeutung: von althochdeutsch *ger* »Speer« und *bergan* »bergen, schützen«.

Gerda 1. nordisch. Bedeutung: von altisländisch *gerdhr* »Umfriedung, Einhegung«. 2. Kurzform zu ➔ Gertrud.

Gerde, Gerdi Nebenformen zu ➔ Gerda.

Gerdis schwedische Bildung zu Vornamen mit *ger* »Speer«.

Gerharda, Gerharde deutsch. Bedeutung: von althochdeutsch *ger* »Speer« und *harti* »hart, stark«.

Gerhardine erweiterte Form von Gerharde (➔ Gerharda).

Gerhild, Gerhilde deutsch. Bedeutung: von althochdeutsch *ger* »Speer« und *hiltja* »Kampf«.

Geriet, Gerit friesische Kurzformen zu ➔ Geralde. Nur in Verbindung mit einem eindeutig weiblichen Zweitnamen zulässig.

Gerlind, Gerlinde deutsch. Bedeutung: von althochdeutsch *ger* »Speer« und *linta* »Lindenholzschild«.

Gerrit friesische Kurzform zu ➔ Geralde. Nur in Verbindung mit einem eindeutig weiblichen Zweitnamen zulässig.

Gerti Kurzform zu ➔ Gertraud, ➔ Gertrud.

Gertraud, Gertraude Nebenformen zu ➔ Gertrud.

Gertrud, Gertrude, Gertrudis deutsch. Bedeutung: von althochdeutsch *ger* »Speer« und *trud* »Kraft, Stärke«. Berühmte Namensträgerinnen: Gertrud von Le Fort (deutsche Schriftstellerin), Gertrude Stein (amerikanische Schriftstellerin).

Gerty englische Kurzform zu ➔ Gertrud.

Gesa, Gescha, Gesche, Gese niederdeutsche und friesische Kurzformen zu ➔ Gertrud.

Gesine erweiterte Form von ➔ Gesa.

Ghada arabisch. Bedeutung: junges Mädchen.

Gianna   italienische Form von → Johanna. Berühmte
   Namensträgerin: Gianna Nannini (italienische Popsängerin).

Gila   Kurzform zu → Gisela. Berühmte Namensträgerin:
   Gila von Weitershausen (deutsche Schauspielerin).

Gilda   italienische und spanische Kurzform zu
   → Gertrud.

Gilla   schwedische Kurzform zu → Gisela.

Gillian   englische Form von → Juliana. Berühmte
   Namensträgerin: Gillian Anderson (amerikanische
   Schauspielerin).

Gina   1. Kurzform zu → Regina, → Regine. 2. weibliche
   Form von → Gino. Berühmte Namensträgerin: Gina
   Lollobrigida (italienische Schauspielerin).

Ginette   französische Koseform zu → Genoveva.

Ginger   1. englisch. Bedeutung: Ingwer. 2. englische
   Koseform zu → Virginia. Berühmte Namensträgerin:
   Ginger Rogers (amerikanische Schauspielerin).

Giovanna   italienische Form von → Johanna.

Gisa   Kurzform zu Vornamen mit Gis-.

Gisberga, Giselberga   deutsch. Bedeutung: von
   germanisch *gisa(l)* »Spross« oder althochdeutsch *gisal*
   »Geisel« und *bergan* »bergen, schützen«.

Gisberta, Giselberta   deutsch. Bedeutung: von
   germanisch *gisa(l)* »Spross« oder althochdeutsch *gisal*
   »Geisel« und *beraht* »glänzend«.

Gisela   selbstständige Kurzform zu Vornamen mit Gis-.
   Berühmte Namensträgerin: Gisela Schlüter (deutsche
   Kabarettistin).

Giselberga   Nebenform zu → Gisberga.

Giselberta   Nebenform zu → Gisberta.

Giselle, Gisèle   französische Formen von → Gisela.

Giseltraud, Giseltrud deutsch. Bedeutung: von germanisch *gisa(l)* »Spross« oder althochdeutsch *gisal* »Geisel« und *trud* »Kraft, Stärke«.

Gislind, Gislinde deutsch. Bedeutung: von germanisch *gisa(l)* »Spross« oder althochdeutsch *gisal* »Geisel« und *linta* »Lindenholzschild«.

Gitta, Gitte, Gitti Kurzformen zu ➞ Brigitte. Berühmte Namensträgerin: Gitte Haenning (dänische Schlagersängerin).

Giulia italienische Form von ➞ Julia.

Giuliana italienische Form von ➞ Juliana.

Giulietta erweiterte Form von ➞ Giulia.

Giuseppa, Giuseppina italienische Formen von ➞ Josefine.

Gladys englisch, walisischer Herkunft. Bedeutung unklar.

Gloria lateinisch. Bedeutung: Ruhm, Ehre. Berühmte Namensträgerin: Gloria von Thurn und Taxis (deutsche Fürstin).

Goda, Godela Kurzformen zu Vornamen mit God-.

Godelinde, Gotlinde deutsch. Bedeutung: von althochdeutsch *got* »Gott« und *linta* »Lindenholzschild«.

Godola Kurzform zu Vornamen mit God-.

Gönül türkisch. Bedeutung: Herz, Seele.

Gonda Nebenform zu ➞ Gunda.

Göntje nordfriesische Kurzform zu Vornamen, die auf -gonde, -gunde enden.

Gosta Kurzform zu ➞ Augusta.

Gotje niederdeutsche Kurzform zu Vornamen mit Got-.

Gotlinde Nebenform zu ➞ Godelinde.

Gotthild, Gotthilde deutsch. Bedeutung: von althochdeutsch *got* »Gott« und *hiltja* »Kampf«.

Grace englische Form von → Gratia. Berühmte Namensträgerin: Grace Kelly (amerikanische Schauspielerin, später Fürstin Gracia Patricia von Monaco).

Gracia spanische und niederländische Form von → Gratia.

Gratia lateinisch. Bedeutung: die Anmutige.

Grazia deutsche und italienische Form von → Gratia.

Graziana erweiterte Form von → Gratia.

Graziella erweiterte Form von → Gratia.

Greet, Greetje niederdeutsche Kurzformen zu → Margarete.

Greta, Grete Kurzformen zu → Margarete. Berühmte Namensträgerin: Greta Garbo (schwedische Schauspielerin).

Gretchen Koseform zu → Margarete.

Gretel Koseform zu → Margarete.

Grethe Kurzform zu → Margarete. Berühmte Namensträgerin: Grethe Weiser (deutsche Schauspielerin).

Grietje niederdeutsche Kurzform zu → Margarete.

Griselda, Griseldis deutsch. Bedeutung: von altfranzösisch *gris* »grau« und althochdeutsch *hiltja* »Kampf«.

Grit, Grita, Gritli, Gritta Kurzformen zu → Margrit.

Guda Kurzform zu Vornamen mit Gud-, Gund-.

Güde, Gyde nordfriesisch. Bedeutung: von altnordisch *gudh* »Gott«.

Gül türkisch. Bedeutung: Rose.

Gudrun deutsch. Bedeutung: von altnordisch *gudr* »Kampf« und althochdeutsch *runa* »Geheimnis«. Berühmte Namensträgerinnen: Gudrun Pausewang (deutsche Schriftstellerin), Gudrun Landgrebe (deutsche Schauspielerin).

Gudula   1. Nebenform zu ➡ Gudrun. 2. erweiterte Form von ➡ Guda.

Guglielmina   italienische Form von ➡ Wilhelmina.

Gulja   russische Kurzform zu ➡ Galina.

Gun   nordische Kurzform zu Vornamen mit Gunt-, Gund-.

Gunbritt   schwedische Zusammensetzung aus ➡ Gun und ➡ Brit.

Gunda, Gunde   Kurzform zu Vornamen mit Gund-. Berühmte Namensträgerin: Gunda Niemann-Stirnemann (deutsche Eisschnellläuferin).

Gundalena   Zusammensetzung aus ➡ Gunda und ➡ Lena.

Gunde   Kurzform zu Vornamen mit Gund-.

Gundel   Kurzform zu Vornamen mit Gund- oder -gunde.

Gundela   Nebenform zu ➡ Gundula.

Gundelinde, Guntlinde   deutsch. Bedeutung: von althochdeutsch *gund* »Kampf« und *linta* »Lindenholzschild«.

Gundula, Gundela   erweiterte Formen von ➡ Gunda oder von Vornamen, die auf -gund enden.

Gunhild   Nebenform zu ➡ Gunthild.

Gunilla   nordische Form von ➡ Gunthild.

Gunn   nordische Kurzform zu Vornamen mit Gunt-, Gund-.

Gunthild   deutsch. Bedeutung: von althochdeutsch *gund* »Kampf« und *hiltja* »Kampf«.

Guntlinde   Nebenform zu ➡ Gundelinde.

Guntrada   deutsch. Bedeutung: von althochdeutsch *gund* »Kampf« und *rat* »Ratgeber«.

Guntrun   deutsch. Bedeutung: von althochdeutsch *gund* »Kampf« und *runa* »Geheimnis«.

Gusta, Guste   Nebenformen zu ➡ Auguste.

Gustel   Koseform zu ➙ Auguste. Nur in Verbindung mit einem eindeutig weiblichen Zweitnamen zulässig.

Gwen, Gwenda   englische Kurzformen zu ➙ Gwendolin. Berühmte Namensträgerin: Gwen Stefani (amerikanische Popsängerin).

Gwendolin, Gwendolyn   englisch, walisischer Herkunft. Bedeutung: von gälisch *gwen* »weiß« und *dolen* »Ring, Bogen«.

Gwyneth   englisch, walisischer Herkunft. Bedeutung: die Weiße, Gesegnete. Berühmte Namensträgerin: Gwyneth Paltrow (amerikanische Schauspielerin).

Ha   vietnamesisch. Bedeutung: Fluss.

Habiba   arabisch. Bedeutung: Geliebte, Liebevolle.

Hadburg, Hadburga   deutsch. Bedeutung: von althochdeutsch *hadu* »Kampf« und *burg* »Schutz, Zuflucht«.

Hadelind, Hadelinde   deutsch. Bedeutung: von althochdeutsch *hadu* »Kampf« und *linta* »Lindenholzschild«.

Hadiya   afrikanisch/Suaheli. Bedeutung: Geschenk, Gabe.

Hadmut, Hadmute   deutsch. Bedeutung: von althochdeutsch *hadu* »Kampf« und *muot* »Mut, Eifer, Geist«.

Hakima   arabisch. Bedeutung: die Weise.

Haldis   schwedisch. Bedeutung: Fels, Göttin.

Halima   arabisch. Bedeutung: die Milde, Geduldige.

Halina   polnische Form von ➙ Helena.

Halka   polnische Koseform zu ➙ Halina.

Halona   indianisch. Bedeutung: gutes Schicksal.

Hana   1. tschechische und polnische Form von ➙ Hannah. 2. japanisch. Bedeutung: Blume.

Hanka   slawische Form von ➝ Hanna.

Hanna   Kurzform zu ➝ Johanna.

Hannah   hebräisch. Bedeutung: Gott war gnädig.

Hanne   Nebenform zu ➝ Hanna.

Hannedore   Zusammensetzung aus ➝ Hanna und ➝ Dora.

Hannele   Koseform zu ➝ Hanna.

Hannelore   Zusammensetzung aus ➝ Hanna und ➝ Lore. Berühmte Namensträgerinnen: Hannelore Elsner (deutsche Schauspielerin), Hannelore Hoger (deutsche Schauspielerin).

Hannerose   Zusammensetzung aus ➝ Hanna und ➝ Rosa.

Hanni   Kurzform zu ➝ Johanna.

Hansi   Koseform zu ➝ Hanna. Nur in Verbindung mit einem eindeutig weiblichen Zweitnamen zulässig.

Harriet   englische Form von ➝ Henrietta.

Haru   japanisch. Bedeutung: Frühling.

Hasina   afrikanisch/Suaheli. Bedeutung: die Gute.

Hauke   Kurzform zu Vornamen mit Hug-. Nur in Verbindung mit einem eindeutig weiblichen Zweitnamen zulässig.

Hazel   englisch. Bedeutung: Haselnuss.

Heather   englisch. Bedeutung: Heidekraut.

Heda, Hedda   nordische Kurzformen zu ➝ Hedwig.

Hede, Hedi, Hedy   Kurzformen zu ➝ Hedwig.

Hedvig   skandinavische Form von ➝ Hedwig.

Hedwig   deutsch. Bedeutung: von althochdeutsch *hadu* »Kampf, Streit« und *wig* »Kampf«. Berühmte Namensträgerin: Hedwig Courths-Mahler (deutsche Schriftstellerin).

Heida, Heide   Kurzformen zu ➝ Adelheid.

Heidelinde Neubildung aus ➜ Heide und ➜ Linda.
Berühmte Namensträgerin: Heidelinde Weis (österreichische Schauspielerin).

Heidelore Zusammensetzung aus ➜ Heide und ➜ Lore.

Heidemarie, Heidemaria Zusammensetzungen aus
➜ Heide und ➜ Maria.

Heiderose Zusammensetzung aus ➜ Heide und ➜ Rose.

Heidi Koseform zu ➜ Adelheid, ➜ Heidrun. Berühmte
Namensträgerin: Heidi Klum (deutsches Fotomodell).

Heidina ostfriesische Kurzform zu Vornamen mit Heid-,
-heid.

Heidrun deutsch. Bedeutung: von althochdeutsch *heit*
»Art und Weise« und *runa* »Geheimnis«.

Heike niederdeutsche Koseform zu ➜ Heinrike.
Berühmte Namensträgerinnen: Heike Drechsler
(deutsche Leichtathletin), Heike Makatsch (deutsche
Schauspielerin).

Heila Kurzform zu Vornamen mit Heil-.

Heilburg deutsch. Bedeutung: von althochdeutsch *heil*
»gesund« und *burg* »Schutz, Zuflucht«.

Heile Kurzform zu Vornamen mit Heil-.

Heilgard deutsch. Bedeutung: von althochdeutsch *heil*
»gesund« und *gard* »Hort, Schutz«.

Heilka, Heilke ostfriesische Kurzformen zu Vornamen
mit Heil-.

Heiltraud, Heiltrud deutsch. Bedeutung: von althochdeutsch *heil* »gesund« und *trud* »Kraft, Stärke«.

Heilwig deutsch. Bedeutung: von althochdeutsch *heil*
»gesund« und *wig* »Kampf«.

Heinke ostfriesisch-niederdeutsche Kurzform zu
➜ Heinrike. Nur in Verbindung mit einem eindeutig
weiblichen Zweitnamen zulässig.

Heinrike deutsch. Bedeutung: von *hag* »Einfriedung, Hof« und *rihhi* »reich, mächtig«.

Helen englische Form von ➞ Helena. Berühmte Namensträgerinnen: Helen Keller (amerikanische Schriftstellerin), Helen Donath (amerikanische Opernsängerin).

Helena, Helene griechisch. Bedeutung: die Glänzende, Wärmende. Berühmte Namensträgerinnen: Helene Lange (deutsche Frauenrechtlerin), Helene Weigel (deutsche Schauspielerin und Regisseurin), Helena Christensen (dänisches Fotomodell).

Hélène französische Form von ➞ Helena.

Helga nordisch. Bedeutung: von schwedisch *hel* »gesund, heil«. Berühmte Namensträgerin: Helga Anders (deutsche Schauspielerin).

Hella Kurzform zu ➞ Helena oder ➞ Helga. Berühmte Namensträgerin: Hella von Sinnen (deutsche TV-Komikerin).

Helma Kurzform zu Vornamen mit Helm-, -helma.

Helmburg deutsch. Bedeutung: von althochdeutsch *helm* »Helm« und *burg* »Schutz, Zuflucht«.

Helmgard deutsch. Bedeutung: von althochdeutsch *helm* »Helm« und *gard* »Hort, Schutz«.

Helmina, Helmine Kurzformen zu ➞ Wilhelmina.

Helmtraud, Helmtrud deutsch. Bedeutung: von althochdeutsch *helm* »Helm« und *trud* »Kraft, Stärke«.

Hemma Nebenform zu ➞ Emma.

Hendrika, Hendrike, Hendrikje niederdeutsch-niederländische Nebenformen zu ➞ Henrike.

Henni, Henny Kurzformen zu ➞ Henriette, ➞ Henrike.

Henrietta, Henriette französisch, weibliche Formen von ➞ Henri.

Henrika, Henrike niederdeutsch. Bedeutung: von althochdeutsch *hag* »Einfriedung, Hof« und *rihhi* »reich, mächtig«.

Hera griechisch. Bedeutung: nach der gleichnamigen Göttin. Berühmte Namensträgerin: Hera Lind (deutsche Schriftstellerin).

Herdina Koseform zu Vornamen mit Her-, Hard-.

Herdis nordisch, isländischer Herkunft. Bedeutung: von altnordisch *herr* »Heer« und *dis* »heidnische Schutzgöttin«.

Herlind, Herlinde, Herlindis deutsch. Bedeutung: von althochdeutsch *heri* »Heer« und *linta* »Lindenholzschild«.

Herma Kurzform zu ➟ Hermine, ➟ Hermanna.

Hermanna, Hermanne deutsch. Bedeutung: von althochdeutsch *heri* »Kriegsschar, Heer« und *man* »Mann«.

Hermine, Hermina deutsch. Bedeutung: von althochdeutsch *heri* »Kriegsschar, Heer« und *man* »Mann«. Berühmte Namensträgerin: Hermine Körner (deutsche Schauspielerin).

Hermione griechisch. Bedeutung: geht auf den Götternamen Hermes zurück.

Herta, Hertha Beruht auf einer falschen Lesart des Namens der bei Tacitus erwähnten germanischen Fruchtbarkeitsgöttin Nerthus. Berühmte Namensträgerin: Herta Müller (rumäniendeutsche Schriftstellerin).

Hertrud deutsch. Bedeutung: von althochdeutsch *heri* »Kriegsschar, Heer« und *trud* »Kraft, Stärke«.

Hese, Heseke Kurzformen zu ➟ Hedwig.

Hester englische Form von ➟ Esther.

Hilaria lateinisch. Bedeutung: die Heitere, Fröhliche.

Hilda, Hilde   Kurzformen zu Vornamen mit Hild-, -hild. Berühmte Namensträgerin: Hilde Domin (deutsche Lyrikerin).

Hildegard   deutsch. Bedeutung: von althochdeutsch *hiltja* »Kampf« und *gard* »Hort, Schutz«. Berühmte Namensträgerinnen: Hildegard von Bingen (deutsche Äbtissin und Mystikerin), Hildegard Knef (deutsche Schauspielerin).

Hildegund, Hildegunde   deutsch. Bedeutung: von althochdeutsch *hiltja* »Kampf« und *gund* »Kampf«.

Hildemut   deutsch. Bedeutung: von althochdeutsch *hiltja* »Kampf« und *muot* »Mut, Eifer, Geist«.

Hildrun   deutsch. Bedeutung: von althochdeutsch *hiltja* »Kampf« und *runa* »Geheimnis«.

Hilka, Hilke   friesische Kurzformen zu Vornamen mit Hilde-.

Hilma   Kurzform zu Vornamen mit Helm-, -helma.

Hilla   niederdeutsch-friesische Kurzform zu Vornamen mit Hilde-.

Hillary, Hilary   englische Form von ➜ Hilaria. Berühmte Namensträgerinnen: Hillary Clinton (amerikanische Politikerin), Hilary Swank (amerikanische Schauspielerin).

Hiltraud, Hiltrud, Hiltrude   deutsch. Bedeutung: von althochdeutsch *hiltja* »Kampf« und *trud* »Kraft, Stärke«.

Hiska, Hissa   friesische Kurzformen zu Vornamen mit Hild-.

Hjördis   altnordisch. Bedeutung: Schwert und Göttin.

Hoa   vietnamesisch. Bedeutung: Blume oder Friede.

Hoku   hawaiisch. Bedeutung: Stern. Auch männlicher Vorname.

Hokulani   hawaiisch. Bedeutung: Stern am Himmel.

Holda   Nebenform zu ➙ Hulda.

Holle   Nebenform zu ➙ Hulda.

Holly   englisch. Bedeutung: von der gleichnamigen Pflanze (Stechpalme).

Hope   englisch. Bedeutung: Hoffnung.

Hortense, Hortensia   lateinisch. Bedeutung: geht zurück auf den altrömischen Geschlechternamen der Hortensier.

Hoshi   japanisch. Bedeutung: Stern.

Hua   chinesisch. Bedeutung: Blume.

Huberta, Hubertina, Hubertine   deutsch. Bedeutung: von althochdeutsch *hugu* »Gedanke, Verstand« und *beraht* »glänzend«.

Hulda   deutsch. Bedeutung: von althochdeutsch *holda* »weiblicher Geist«.

Ida   Kurzform zu Vornamen mit Ida- und Idu-. Berühmte Namensträgerin: Ida Ehre (österreichische Schauspielerin und Regisseurin).

Idis   Nebenform zu ➙ Ida.

Idita   Nebenform zu ➙ Jutta.

Iduna   nordisch. Bedeutung: nach der altnordischen Göttin der Jugend und Unsterblichkeit.

Ignatia   lateinisch. Bedeutung: von lateinisch *igneus* »feurig, glühend«.

Ildikó   ungarische Koseform zu Vornamen mit Hild-, -hild. Berühmte Namensträgerin: Ildikó von Kürthy (deutsche Schriftstellerin).

Ileana   rumänische Form von ➙ Helena.

Ilga   Nebenform zu ➝ Helga.

Ilka   ungarische Kurzform zu ➝ Ilona.

Ilona   ungarische Form von ➝ Helena.

Ilonka   ungarische Koseform zu ➝ Ilona.

Ilsa   Nebenform zu ➝ Ilse und ➝ Elisabeth.

Ilse   selbstständige Kurzform zu ➝ Elisabeth. Berühmte
Namensträgerin: Ilse Aichinger (österreichische
Schriftstellerin).

Ilsebill   Zusammensetzung aus ➝ Ilse und ➝ Sibylle.

Ilske   niederdeutsche Koseform zu ➝ Ilse.

Ilva   italienisch. Bedeutung: geht zurück auf *Ilva*, den
lateinischen Namen der Insel Elba.

Iman   arabisch. Bedeutung: Glaube.

Imelda   italienische Form von ➝ Irmhild.

Imke   friesische Kurzform zu Vornamen mit Irm-.

Imma   1. Kurzform zu Vornamen mit Irm-. 2. Nebenform
zu ➝ Emma.

Imogen   englisch. Bedeutung: geht zurück auf die
gleichnamige Figur in Shakespeares Drama
»Cymbeline«.

Ina   Kurzform zu Vornamen, die auf -ina enden.
Berühmte Namensträgerin: Ina Seidel (deutsche
Schriftstellerin).

India   englisch. Bedeutung: Indien.

Indira   indisch-pakistanisch. Bedeutung: Schönheit,
Glanz. Berühmte Namensträgerin: Indira Gandhi
(indische Politikerin).

Indra   italienisch. Bedeutung: Neubildung aus altindisch
indh »flammen, funkeln«. Nur in Verbindung mit einem
eindeutig weiblichen Zweitnamen zulässig.

Ineke   friesische Koseform zu ➝ Ina.

Ines, Inés   spanische Formen von ➝ Agnes.

Inessa erweiterte Form von → Ines.

Inga schwedische Kurzform zu Vornamen mit Ing-.

Ingalisa Zusammensetzung aus → Inga und → Lisa.

Inge Kurzform zu → Ingeborg.

Ingeborg nordische Form von → Ingeburg. Berühmte Namensträgerinnen: Ingeborg Bachmann (österreichische Schriftstellerin), Ingeborg Hallstein (deutsche Sopranistin).

Ingeburg deutsch. Bedeutung: von althochdeutsch *Ingwio* (germanischer Stammesgott) und *burg* »Schutz, Zuflucht«.

Ingegund deutsch. Bedeutung: von althochdeutsch *Ingwio* (germanischer Stammesgott) und *gund* »Kampf«.

Ingehild deutsch. Bedeutung: von althochdeutsch *Ingwio* (germanischer Stammesgott) und *hiltja* »Kampf«.

Ingela Koseform zu → Inge.

Ingelies Zusammensetzung aus → Inge und → Liese.

Ingelore Zusammensetzung aus → Inge und → Lore.

Ingelotte Zusammensetzung aus → Inge und → Lotte.

Ingemaren Zusammensetzung aus → Inge und → Maren.

Ingemarie Zusammensetzung aus → Inge und → Marie.

Inger schwedische Kurzform zu Ingermund und Ingerid (→ Ingrid).

Ingerose Zusammensetzung aus → Inge und → Rose.

Ingrid nordisch. Bedeutung: von altisländisch *Yngvi* (Name eines Gottes) und *fridhr* »schön«. Berühmte Namensträgerinnen: Ingrid Bergman (schwedische Schauspielerin), Ingrid Noll (deutsche Schriftstellerin).

Ingrun Neubildung aus → Inge und Vornamen, die auf -run enden, z. B. → Gudrun.

Inka, Inke, Inken   friesische Kurzformen zu Vornamen mit Ing-.

Innocentia, Innozentia   lateinisch. Bedeutung: die Unschuldige.

Insa, Inse, Inska, Inske   friesische Kurzformen zu Vornamen mit Ing-.

Iphigenie   griechisch. Bedeutung: die aus mächtigem Geschlecht, Name einer Göttin.

Ira   1. Kurzform zu → Irene. 2. hebräisch. Bedeutung: die Wachsame. Auch männlicher Vorname.

Ireen   Nebenform zu → Irene.

Irena   slawische Form von → Irene.

Irene   griechisch. Bedeutung: die Friedliche. Berühmte Namensträgerinnen: Irene Epple (deutsche Skifahrerin), Irene Dische (amerikanische Schriftstellerin).

Irina   slawische Form von → Irene.

Iris   griechisch. Bedeutung: Name der griechischen Götterbotin. Berühmte Namensträgerin: Iris Berben (deutsche Schauspielerin).

Irka   polnische Koseform zu → Irene.

Irma   Kurzform zu Vornamen mit Irm-.

Irmberga, Irmburg, Irmenburg   deutsch. Bedeutung: von althochdeutsch *irmin* »allumfassend, groß« und *burg* »Schutz, Zuflucht«.

Irmela   Koseform zu → Irma.

Irmelies   Zusammensetzung aus → Irma und → Liese.

Irmelin   Koseform zu → Irma.

Irmenburg   → Nebenform zu Irmburg (→ Irmberga).

Irmgard, Irmengard, Irmingard   deutsch. Bedeutung: von althochdeutsch *irmin* »allumfassend, groß« und *gard* »Hort, Schutz«. Berühmte Namensträgerin: Irmgard Seefried (österreichische Sängerin).

Irmhild, Irminhild   deutsch. Bedeutung: von althochdeutsch *irmin* »allumfassend, groß« und *hiltja* »Kampf«.

Irmlind, Irmlinde   von althochdeutsch *irmin* »allumfassend, groß« und *linta* »Lindenholzschild«.

Irmtraud, Irmentraud, Irmtrud, Irmentrud   deutsch. Bedeutung: von althochdeutsch *irmin* »allumfassend, groß« und *trud* »Kraft, Stärke«.

Isa   Kurzform zu → Isabel, → Isabella, → Isolde.

Isabel   spanische Form von → Elisabeth. Berühmte Namensträgerin: Isabel Allende (chilenische Schriftstellerin).

Isabella   italienische Form von → Isabel. Berühmte Namensträgerin: Isabella Rosselini (italienische Schauspielerin).

Isabelle   französische Form von → Isabel. Berühmte Namensträgerinnen: Isabelle Adjani (französische Schauspielerin), Isabelle Huppert (französische Schauspielerin).

Isadora   Nebenform zu → Isidora. Berühmte Namensträgerin: Isadora Duncan (amerikanische Tänzerin).

Isentraud, Isentrud   Nebenformen zu → Istraud.

Isberga, Isburga   deutsch. Bedeutung: von althochdeutsch *isan* »Eisen« und *burg* »Schutz, Zuflucht«.

Ishi   japanisch. Bedeutung: Stein.

Ishilde   deutsch. Bedeutung: von althochdeutsch *isan* »Eisen« und *hiltja* »Kampf«.

Isidora   griechisch. Bedeutung: Geschenk der Göttin Isis.

Isis   nach der gleichnamigen ägyptischen Göttin.

Ismet   türkisch. Bedeutung: Ehre, Anstand. Auch männlicher Vorname.

Isobel   englische Form von → Isabel.

Isolde Herkunft und Bedeutung unklar, vielleicht von althochdeutsch *isan* »Eisen« oder *is* »Eis« und *hiltja* »Kampf«. Berühmte Namensträgerin: Isolde Kurz (deutsche Schriftstellerin).

Istas indianisch. Bedeutung: Schnee.

Istraud, Isentraud, Isentrud deutsch. Bedeutung: von althochdeutsch *isan* »Eisen« und *trud* »Kraft, Stärke«.

Ita, Ite schweizerische Kurzformen zu ➙ Jutta.

Itta, Itte Nebenformen zu ➙ Ida.

Ivanka slawische Koseform zu ➙ Iwana.

Ivette französische Nebenform zu ➙ Yvette.

Ivonne Nebenform zu ➙ Yvonne.

Ivy englisch. Bedeutung: Efeu.

Iwanka slawische Koseform zu ➙ Iwana.

Iwana russische Form von ➙ Johanna.

Izusa indianisch. Bedeutung: weißer Stein.

Jacinta, Jacintha griechisch, weibliche Form von ➙ Hyazinth. Bedeutung: geht auf eine Sage zurück, in der ein Jüngling in eine Hyazinthe verwandelt wurde.

Jackie, Jacky englische Koseformen zu ➙ Jacqueline.

Jacqueline, Jacquelin französisch. Bedeutung: sie möge schützen, aber auch: sie betrügt. Berühmte Namensträgerin: Jacqueline Kennedy-Onassis (Gattin des ehemaligen US-Präsidenten John F. Kennedy).

Jade englisch. Bedeutung: nach dem Edelstein Jade.

Jadwiga polnische Form von ➙ Hedwig.

Jakoba, Jakobine, Jakobina hebräisch. Bedeutung: sie möge schützen, aber auch: sie betrügt.

Jamie englische Form von ➞ Jakoba. Nur in Verbindung mit einem eindeutig weiblichen Zweitnamen zulässig. Berühmte Namensträgerin: Jamie Lee Curtis (amerikanische Schauspielerin).

Jamila, Djamila arabisch. Bedeutung: die Schöne.

Jana slawische Form von ➞ Johanna.

Jane englische Form von ➞ Johanna. Berühmte Namensträgerinnen: Jane Austen (englische Schriftstellerin), Jane Fonda (amerikanische Schauspielerin).

Janet englische Koseform zu ➞ Jane. Berühmte Namensträgerin: Janet Jackson (amerikanische Popsängerin).

Janett, Janette eingedeutschte Formen von ➞ Jeannette.

Janice englische Koseform zu ➞ Jane.

Janika bulgarische Koseform zu ➞ Jana.

Janina polnische erweiterte Form von ➞ Jana.

Janine französisch, vereinfachte Schreibung von ➞ Jeannine.

Janis Nebenform zu ➞ Janice. Berühmte Namensträgerin: Janis Joplin (amerikanische Rocksängerin).

Janita slawische Koseform zu ➞ Jana.

Janka bulgarische und ungarische Form von ➞ Johanna.

Janna, Janne niederdeutsche Kurzformen zu ➞ Johanna.

Jantina, Jantine slawische Koseformen zu ➞ Jana.

Jarita indisch-pakistanisch. Bedeutung: Vogel.

Jascha Kurzform zu ➞ Jadwiga.

Jasmin, Jasmina, Jasmine persisch. Bedeutung: vom gleichnamigen Blütenstrauch abgeleitet.

Jean englische Form von ➞ Johanna. Nur in Verbindung mit einem eindeutig weiblichen Zweitnamen zulässig. Berühmte Namensträgerin: Jean Seberg (amerikanische Schauspielerin).

Jeanne, Jeannine französische Formen von ➨ Johanna. Berühmte Namensträgerin: Jeanne Moreau (französische Schauspielerin).

Jeannette französische Koseform zu ➨ Jeanne. Berühmte Namensträgerin: Jeanette Biedermann (deutsche Popsängerin).

Jekaterina russische Form von ➨ Katharina.

Jelena russische Form von ➨ Helena.

Jelenka russische Koseform zu ➨ Jelena.

Jelisaweta russische Form von ➨ Elisabeth.

Jella Kurzform zu ➨ Gabriele, ➨ Gabriella.

Jemima hebräisch. Bedeutung: Turteltaube.

Jenni, Jenny 1. Kurzformen zu ➨ Johanna. 2. Kurzformen zu ➨ Jennifer. Berühmte Namensträgerin: Jenny Lind (schwedische Sopranistin).

Jennifer englisch, keltischer Herkunft. Bedeutung: von walisisch *gwen* »weiß, blond, gesegnet« und *hwyfar* »glatt, weich«. Berühmte Namensträgerinnen: Jennifer Aniston (amerikanische Schauspielerin), Jennifer Lopez (amerikanische Sängerin und Schauspielerin).

Jerra nordfriesische Kurzform zu ➨ Gertrud.

Jessica, Jessika englisch, hebräischer Herkunft. Bedeutung: Gott schaut. Berühmte Namensträgerin: Jessica Lange (amerikanische Schauspielerin).

Jessie, Jessy 1. Kurzformen zu ➨ Janet. 2. Kurzformen zu ➨ Jessica.

Jetta, Jette Kurzformen zu ➨ Henriette. Berühmte Namensträgerin: Jette Joop (deutsche Modeschöpferin).

Jill englische Kurzform zu ➨ Gillian.

Jillian englische Nebenform zu ➨ Gillian.

Jindra tschechische Form von → Heinrike.

Jitka tschechische Kurzform zu Judita (→ Judith).

Jo Kurzform zu → Johanna. Nur in Verbindung mit einem eindeutig weiblichen Zweitnamen zulässig.

Joan englische Form von → Johanna. Berühmte Namensträgerinnen: Joan Baez (amerikanische Folksängerin), Joan Collins (englische Schauspielerin).

Joanna polnische Form von → Johanna.

Jocelyn, Joceline englisch, normannischer Herkunft. Bedeutung: geht zurück auf den Stammesnamen der Goten.

Joceline Nebenform zu → Jocelyn.

Jodie, Jody englische Nebenformen zu → Judy. Berühmte Namensträgerinnen: Jodie Foster (amerikanische Schauspielerin), Jodie Kidd (englisches Fotomodell).

Joëlle französisch, hebräischer Herkunft. Bedeutung: Jahwe ist Gott.

Johanna, Johanne hebräisch. Bedeutung: der Herr ist gnädig, gütig. Berühmte Namensträgerinnen: Johanna Schopenhauer (deutsche Schriftstellerin), Johanna Spyri (schweizerische Schriftstellerin), Johanna von Koczian (deutsche Schauspielerin).

Jola Kurzform zu → Jolanda.

Jolanda, Jolande, Jolantha, Jolanthe griechisch. Bedeutung: Veilchenblüte.

Jolie französisch. Bedeutung: die Hübsche.

Jolina erweiterte Form von → Jo.

Jonna dänische Form von → Johanna.

Jordis, Jördis Nebenformen zu → Hjördis.

Jorid nordisch. Bedeutung: von altisländisch *ior* »Ross« und *fridhr* »schön«.

Josefa, Josepha hebräisch. Bedeutung: Gott möge vermehren, Gott fügt hinzu.

Josefine, Josephine erweiterte Formen von ➙ Josefa. Berühmte Namensträgerinnen: Joséphine de Beauharnais (Gemahlin Napoleons), Josephine Baker (amerikanische Sängerin und Tänzerin).

Josette französische Koseform zu ➙ Josefine.

Josi Kurzform zu ➙ Josefine, ➙ Josiane.

Josiane, Josianne französische Kurzformen zu ➙ Josefine.

Josina niederländische Form von ➙ Josefine.

Josita Koseform zu ➙ Josefa.

Jovanka serbokroatische und slowenische Form von ➙ Johanna.

Jowita slawische Kurzform zu ➙ Johanna.

Joy englisch. Bedeutung: Freude. Berühmte Namensträgerin: Joy Fleming (deutsche Sängerin).

Juana spanische Form von ➙ Johanna.

Juanita spanische Koseform zu ➙ Johanna.

Judica, Judika lateinisch. Bedeutung: Richte!.

Judith, Juditha hebräisch. Bedeutung: die Gepriesene, Bekennerin, Jüdin.

Judy englische Form von ➙ Judith.

Jula, Jule Kurzformen zu ➙ Julia.

Julia lateinisch. Bedeutung: geht zurück auf den altrömischen Geschlechternamen der Julier. Berühmte Namensträgerin: Julia Roberts (amerikanische Schauspielerin).

Julie französische Form von ➙ Julia.

Juliana, Juliane erweiterte Formen von ➙ Julia.

Julianka polnische Koseform zu ➙ Juliana.

Julienne französische Form von ➙ Juliana.

Juliet englische Form von ➡ Julia.

Juliette französische Koseform zu ➡ Julia. Berühmte Namensträgerin: Juliette Gréco (französische Chansonsängerin), Juliette Binoche (französische Schauspielerin).

Julika, Julischka ungarische Koseformen zu ➡ Julia.

Julka ungarische Form von ➡ Julia.

June englische Form von ➡ Junia.

Junia lateinisch. Bedeutung: die im Juni Geborene.

Justina, Justine lateinisch. Bedeutung: die Gerechte.

Jutta, Juta altnordisch. Bedeutung: von althochdeutsch *Jiute, Jut* »aus dem Volk der Jüten«, wurde im Mittelalter zur Koseform zu ➡ Judith. Berühmte Namensträgerinnen: Jutta Ditfurth (deutsche Politikerin), Jutta Speidel (deutsche Schauspielerin).

Jytte dänische Form von ➡ Jutta.

Kachina indianisch. Bedeutung: heilige Tänzerin.

Kagami japanisch. Bedeutung: Spiegel.

Kai, Kay Herkunft und Bedeutung nicht eindeutig geklärt. Eventuell von althochdeutsch *kamph* »Kampf, Streit«. Nur in Verbindung mit einem eindeutig weiblichen Zweitnamen zulässig.

Kaja schwedische Kurzform zu ➡ Kajsa.

Kajetane lateinisch. Bedeutung: die aus der Stadt Gaëta Stammende.

Kajsa schwedische und dänische Kurzform zu ➡ Karin.

Kala indisch-pakistanisch. Bedeutung: die Schwarze.

Kali indisch-pakistanisch. Bedeutung: schwarze Göttin.

Kalila   arabisch. Bedeutung: Geliebte.

Kalinda   indisch-pakistanisch. Bedeutung: Sonne.

Kama   indisch-pakistanisch. Bedeutung: Liebe.

Kamaria   afrikanisch/Suaheli. Bedeutung: die dem Mond Gleiche.

Kami   japanisch. Bedeutung: göttliche Kraft.

Kanani   hawaiisch. Bedeutung: Schönheit.

Kandida   Nebenform zu ➙ Candida.

Kanya   indisch-pakistanisch. Bedeutung: Jungfrau.

Kaori   japanisch. Bedeutung: Duft.

Kapua   hawaiisch. Bedeutung: Blume, Blüte.

Kara   englische Form von ➙ Cara.

Kareen   irische Form von ➙ Karin.

Karen   dänische und schwedische Nebenform zu ➙ Karin.

Kari   norwegische Form von ➙ Karin.

Karianne, Carianne   niederländische Zusammensetzung aus ➙ Katharina und ➙ Johanna.

Karima   arabisch. Bedeutung: die Wohltätige, Großmütige.

Karin, Carin   nordische Kurzform zu ➙ Katharina. Berühmte Namensträgerinnen: Karin Dor (deutsche Schauspielerin), Karin Baal (deutsche Schauspielerin).

Karina, Karine   Nebenformen zu ➙ Karin, ➙ Carina.

Karla, Carla   deutsch. Bedeutung: von althochdeutsch *kar(a)l* »Mann, Ehemann«.

Karlina, Karline   Nebenformen zu Karoline (➙ Karolin).

Karma   indisch-pakistanisch. Bedeutung: Schicksal.

Karola   deutsche Schreibweise von ➙ Carola, latinisierte Form von ➙ Karla.

Karolin, Karolina, Karoline   deutsche Weiterbildungen von ➙ Carola.

Karsta, Carsta niederdeutsche Formen von ➙ Christa.

Karuna indisch-pakistanisch. Bedeutung: Mitgefühl.

Kasota indianisch. Bedeutung: klarer Himmel.

Kassandra, Cassandra griechisch. In der griechischen Mythologie war Kassandra die Tochter des trojanischen Königs Priamos und eine Prophetin, deren Warnungen nicht erhört wurden. Bedeutung unklar.

Kata, Katalin, Katalina ungarische Formen von ➙ Katharina.

Katarzyna polnische Form von ➙ Katharina.

Kate englische Nebenform zu ➙ Katharina. Berühmte Namensträgerinnen: Kate Winslet (englische Schauspielerin), Kate Moss (englisches Fotomodell).

Katharina, Katharine, Katarina, Catarina, Katherina, Katerina griechisch. Bedeutung: die Reine. Berühmte Namensträgerinnen: Katharina die Große (russische Zarin), Katarina Witt (deutsche Eiskunstläuferin).

Käthe Kurzform zu ➙ Katharina. Berühmte Namensträgerinnen: Käthe Kollwitz (deutsche Grafikerin und Malerin), Käthe Kruse (deutsche Kunsthandwerkerin).

Katherine, Catherine englische Form von ➙ Katharina. Berühmte Namensträgerin: Katherine Mansfield (neuseeländische Schriftstellerin).

Kathi Koseform zu ➙ Katharina.

Kathleen, Cathleen irische Formen von ➙ Katharina. Berühmte Namensträgerin: Kathleen Turner (amerikanische Schauspielerin).

Kathrein oberdeutsche Form von ➙ Katharina.

Kathrin Kurzform zu ➙ Katharina.

Kati Koseform zu ➙ Katharina.

Katinka russische Koseform zu ➙ Katharina.

Katja russische Kurzform zu ➙ Katharina. Berühmte Namensträgerinnen: Katja Riemann (deutsche Schauspielerin), Katja Seizinger (deutsche Skirennfahrerin).

Katjuscha russische Koseform zu ➙ Katharina.

Katka slowenische und ungarische Koseform zu ➙ Katharina.

Katrin Kurzform zu ➙ Katharina.

Katrijn niederländische Kurzform zu ➙ Katharina.

Katrina Nebenform zu ➙ Katharina.

Kay Nebenform zu ➙ Kai.

Kaya 1. französische Kurzform zu ➙ Katharina. 2. indianisch. Bedeutung: meine große Schwester.

Kayla amerikanische Nebenform zu ➙ Katharina.

Kea ostfriesische Kurzform zu Vornamen, die auf -ke oder -kea enden.

Keiki hawaiisch. Bedeutung: Tochter.

Keiko japanisch. Bedeutung: Kind.

Kelda altnordisch. Bedeutung: Quelle.

Kelila hebräisch. Bedeutung: Lorbeerkranz.

Kelly irisch-gälisch. Bedeutung: Kriegerin. Auch männlicher Vorname.

Kenya amerikanisch. Bedeutung: nach dem Land Kenia.

Kerani indisch-pakistanisch. Bedeutung: heilige Glocke.

Kerry englisch-irisch, keltischer Herkunft. Bedeutung: die Finstere. Auch männlicher Vorname.

Kersta, Kersti schwedische Nebenformen zu ➙ Kerstin.

Kerstin, Kerstina, Kerstine schwedische Nebenformen zu ➙ Kristina.

Keshia afrikanisch. Bedeutung: die Bevorzugte.

Khadidja arabisch. Bedeutung: die früh Geborene.

Kichi japanisch. Bedeutung: die Glückliche.

Kiku japanisch. Bedeutung: Chrysantheme.

Kim   englische Kurzform zu ➔ Kimberley. Nur in
Verbindung mit einem eindeutig weiblichen Zweitnamen zulässig. Berühmte Namensträgerinnen: Kim
Basinger (amerikanische Schauspielerin), Kim Wilde
(englische Popsängerin).

Kimama   indianisch. Bedeutung: Schmetterling.

Kimberley   englisch. Bedeutung: geht auf einen englischen Familiennamen und den südafrikanischen
Ortsnamen Kimberley zurück. Nur in Verbindung mit
einem eindeutig weiblichen Zweitnamen zulässig.

Kira   russische Form von ➔ Kyra.

Kirsten   dänische Form von ➔ Christine.

Kirsti   schwedische Nebenform von ➔ Kirstin.

Kirstin   schwedische Form von ➔ Christine.

Kirsty   schottische Form von ➔ Kirstin.

Kitty   englische Koseform zu ➔ Katharina.

Klara, Clara   lateinisch. Bedeutung: die Helle, Leuchtende,
Berühmte.

Kläre   Nebenform zu ➔ Klara.

Klarina, Clarina   erweiterte Formen von ➔ Klara.

Klarissa, Clarissa   erweiterte Formen von ➔ Klara.

Klaudia   Nebenform zu ➔ Claudia.

Klea   griechische Kurzform zu Vornamen mit Klea-,
Kleo-.

Klementia   Nebenform zu ➔ Clementia.

Klementina, Klementine   Nebenformen zu ➔ Clementina.

Klenja   russische Kurzform zu ➔ Kleopatra.

Kleopatra   griechisch. Bedeutung: die vom Vater her
Berühmte.

Kleopha, Kleophea   griechisch. Bedeutung: die durch
Ruhm Glänzende.

Klivia   Nebenform zu ➔ Clivia.

Klothilde, Klotilde, Chlothilde deutsch. Bedeutung: von althochdeutsch *hlut* »laut, berühmt« und *hiltja* »Kampf«.

Kohinor persisch. Bedeutung: Berg des Lichts.

Koko japanisch. Bedeutung: Storch (Symbol für ein langes Leben).

Konny Kurzform zu ➡ Konstanze, ➡ Kornelia. Nur in Verbindung mit einem eindeutig weiblichen Zweitnamen zulässig.

Konstantine lateinisch. Bedeutung: die Standhafte, Beständige.

Konstanze, Constanze lateinisch. Bedeutung: die Standhafte, Beständige. Berühmte Namensträgerin: Konstanze Mozart (Gattin des Komponisten).

Kora Nebenform zu ➡ Cora.

Kordelia Nebenform zu ➡ Cordelia.

Kordula Nebenform zu ➡ Cordula.

Korinna, Korinne Nebenformen zu ➡ Corinna.

Kornelia Nebenform zu ➡ Cornelia.

Korona Nebenform zu ➡ Corona.

Kosima Nebenform zu ➡ Cosima.

Kreszentia, Kreszenz lateinisch. Bedeutung: die Wachsende.

Kriemhild, Kriemhilde deutsch. Bedeutung: von althochdeutsch *grima* »Maske, Gespenst« und *hiltja* »Kampf«. Bekannt durch die Nibelungensage.

Krischna, Krishna indisch. Bedeutung: die Schwarze, die Entzückende. Auch männlicher Vorname.

Krista Nebenform zu ➡ Christa.

Kristiane nordische Form von ➡ Christiane.

Kristin, Kristine nordische Formen von ➡ Christine.

Kristina nordische Form von ➡ Christina.

Kumi afrikanisch/ghanaisch. Bedeutung: die Starke. Auch männlicher Vorname.

Kumuda indisch-pakistanisch. Bedeutung: Lotos.

Kunigunde deutsch. Bedeutung: von althochdeutsch *kunni* »Sippe, Geschlecht« und *gund* »Kampf«.

Kyle irisch-gälisch. Bedeutung: die von der Meerenge, die Schöne. Auch männlicher Vorname.

Kylie australisch. Bedeutung: Bumerang. Berühmte Namensträgerin: Kylie Minogue (australische Pop-sängerin).

Kyra griechisch. Bedeutung: Frau aus Kyrenaika.

Lada süd- und westslawische Kurzform zu → Ladislava.

Ladina, Ladinka südslawische Koseformen zu → Ladislava.

Ladislava slawisch. Bedeutung: von slawisch *vladi* »Herrschaft, Macht« und *slava* »Ruhm«.

Laila, Leila arabisch. Bedeutung: Dunkelheit, Nacht.

Lala slawische Kurzform zu → Ladislava.

Lale skandinavische Kurzform zu → Laura oder → Eulalie.

Lâle türkisch. Bedeutung: Tulpe.

Lalita indisch-pakistanisch. Bedeutung: die Bezaubernde.

Lamberta deutsch. Bedeutung: von althochdeutsch *lant* »Land« und *beraht* »glänzend«.

Lana Kurzform zu slawischen Vornamen, die auf -lana enden.

Lani hawaiisch. Bedeutung: Himmel. Auch männlicher Vorname.

Lara russische Kurzform zu → Laura.

Larissa griechisch. Bedeutung: Frau aus Larissa.

Latifa arabisch. Bedeutung: die Schöne, Anmutige.

Lätizia lateinisch. Bedeutung: Freude, Fröhlichkeit.

Laura italienische Form von → Laurentia.

Laure französische Form von → Laurentia.

Laurentia, Laurenzia lateinisch. Bedeutung: geht zurück auf den römischen Beinamen Laurentia (die aus der Stadt Laurentum Stammende).

Lauretta, Laurette italienische und französische Koseformen zu → Laura.

Laurina erweiterte Form von → Laura.

Lavina, Lavinia griechisch. Bedeutung: Frau aus der Stadt Lavinium.

Lea, Leah hebräisch. Bedeutung: die sich vergeblich abmüht. Berühmte Namensträgerin: Lea Grundig (deutsche Grafikerin).

Leandra griechisch. Bedeutung: von griechisch *laós* »Volk« und *andrós* »Mann«.

Leda griechisch. In der griechischen Mythologie war Leda die Geliebte des Zeus.

Lee englisch. Bedeutung: unsicher, eventuell die Anmutige oder die von Weideland Stammende. Auch männlicher Vorname.

Leeba hebräisch. Bedeutung: Herz.

Leila Nebenform zu → Laila.

Leilani hawaiisch. Bedeutung: Kind des Himmels oder Blume des Himmels.

Lelia 1. niederländisch. Bedeutung: Lilie. 2. griechisch. Bedeutung: die Gesprächige.

Lena   Kurzform zu ➡ Helena und ➡ Magdalena.
Berühmte Namensträgerinnen: Lena Christ (deutsche
Schriftstellerin), Lena Stolze (deutsche Schauspielerin).

Lene   Kurzform zu ➡ Helena und ➡ Magdalena.

Leni   Kurzform zu ➡ Helena und ➡ Magdalena.
Berühmte Namensträgerin: Leni Riefenstahl (deutsche
Filmschauspielerin und Regisseurin).

Lenka   slowakische Koseform zu ➡ Magdalena.

Lenza   Kurzform zu ➡ Laurentia.

Leoba   Nebenform zu ➡ Lioba.

Leokadia, Leokadie   griechisch. Bedeutung: vermutlich
von griechisch *leukos* »weiß«.

Leona   lateinisch. Bedeutung: Löwin.

Leonharda   lateinisch-deutsch. Bedeutung: von lateinisch
leo »Löwe« und althochdeutsch *harti* »hart, stark«.

Leoni, Leonie   lateinisch. Bedeutung: Löwin. Berühmte
Namensträgerin: Leonie Ossowski (deutsche Schriftstellerin).

Leonilda   lateinisch-deutsch. Bedeutung: von lateinisch
leo »Löwe« und althochdeutsch *hiltja* »Kampf«.

Leonina   erweiterte Form von ➡ Leonie.

Leonore   Kurzform zu ➡ Eleonore.

Leontina, Leontine   lateinisch. Bedeutung: die Löwen-
hafte.

Leopolda, Leopolde   deutsch. Bedeutung: von althochdeutsch *liut* »Volk« und *bald* »kühn«.

Leotie   indianisch. Bedeutung: Prärieblume.

Lesley   Nebenform zu ➡ Leslie.

Leslie   englisch. Bedeutung: geht auf einen schottischen Orts- und Clannamen zurück. Nur in Verbindung mit einem eindeutig weiblichen Zweitnamen
zulässig.

Letizia Nebenform zu ➙ Lätizia. Berühmte Namensträgerin: Letizia Casta (französisches Fotomodell).

Letje dänische Kurzform zu ➙ Adelheid.

Letta Kurzform zu ➙ Adelheid, ➙ Violetta.

Lettie, Letty Kurzformen zu ➙ Adelheid.

Lexa Kurzform zu ➙ Alexandra.

Li 1. Kurzform zu ➙ Elisabeth oder Vornamen mit
Li- oder Lie-. 2. chinesisch. Bedeutung: die Schöne.
In China auch männlicher Vorname.

Lia 1. Kurzform zu ➙ Julia oder anderen Vornamen,
die auf -lia enden. 2. Nebenform zu ➙ Lea.

Liana, Liane Kurzformen zu ➙ Juliane.

Liberty englisch. Bedeutung: Freiheit. Auch männlicher
Vorname.

Libeth Kurzform zu ➙ Elisabeth.

Libusa, Libussa slawisch. Bedeutung: Liebling, Liebchen.

Lida Kurzform zu ➙ Adelheid, ➙ Ludmilla.

Liddi, Liddy Kurzformen zu ➙ Lydia.

Lidia italienische Form von ➙ Lydia.

Lidwina deutsch. Bedeutung: von althochdeutsch *liut*
»Volk« und *wini* »Freund«.

Liebgard deutsch. Bedeutung: von althochdeutsch *liob*
»lieb« und *gard* »Hort, Schutz«.

Liebhild deutsch. Bedeutung: von althochdeutsch *liob*
»lieb« und *hiltja* »Kampf«.

Liebtraud, Liebtrud deutsch. Bedeutung: von althochdeutsch *liob* »lieb« und *trud* »Kraft, Stärke«.

Lien chinesisch. Bedeutung: Lotos.

Lies, Liese Kurzformen zu ➙ Elisabeth.

Liesbeth Kurzform zu ➙ Elisabeth.

Liesel Kurzform zu ➙ Elisabeth.

Lieselotte Nebenform zu ➙ Liselotte.

Lil, Lili   Nebenformen zu → Lill, Lilli.

Lilia   1. erweiterte Form von → Lili. 2. latinisierte Form des Blumennamens Lilie.

Lilian   englische erweiterte Form von Lilly (→ Lill).

Liliana, Liliane   italienische und deutsche Formen von → Lilian.

Lilith   hebräisch. Bedeutung: die Nächtliche.

Lill, Lilli, Lilly   Koseformen zu → Elisabeth. Berühmte Namensträgerin: Lilli Palmer (deutsche Schauspielerin).

Lillemor   nordisch. Bedeutung: kleine Mutter.

Lilo   Kurzform zu → Liselotte.

Lin   chinesisch. Bedeutung: Wald.

Lina, Line   Kurzformen zu Vornamen, die auf -lina oder -line enden.

Linda   Kurzform zu Vornamen, die auf -lind oder -linde enden. Berühmte Namensträgerinnen: Linda Evans (amerikanische Schauspielerin), Linda Evangelista (amerikanisches Fotomodell).

Linde   1. Kurzform zu Vornamen, die auf -lind oder -linde enden. 2. vom gleichnamigen Baum abgeleitet.

Lindgard   Nebenform zu → Lingard.

Lindsay   altenglisch. Bedeutung: die von der Insel der Lindenbäume. Auch männlicher Vorname. Berühmte Namensträgerin: Lindsay Lohan (amerikanische Schauspielerin).

Linette   französische Koseform zu → Lina.

Lingard, Lindgard   deutsch. Bedeutung: von althochdeutsch *lind* »sanft, mild« und *gard* »Hort, Schutz«.

Linnea, Linnéa   schwedisch. Nach dem schwedischen Botaniker Carl von Linné.

Lioba, Leoba   latinisierte Form des angelsächsischen Leobgid. Bedeutung: von althochdeutsch *liob* »lieb« und altenglisch *gyth* »Kampf«.

Lionne   französisch. Bedeutung: Löwin.

Lis   Kurzform zu → Elisabeth.

Lisa   Kurzform zu → Elisabeth.

Lisabeth   Kurzform zu → Elisabeth.

Lisamaria   Zusammensetzung aus → Lisa und → Maria.

Lisanne   Zusammensetzung aus → Lisa und → Anne.

Lisbeth   Kurzform zu → Elisabeth.

Lise   Kurzform zu → Elisabeth. Berühmte Namensträgerin: Lise Meitner (österreichische Physikerin).

Lisel   Kurzform zu → Elisabeth.

Liselotte, Lieselotte   Zusammensetzung aus → Lise und → Lotte. Berühmte Namensträgerin: Liselotte Pulver (schweizerische Schauspielerin).

Lisenka   slawische Kurzform zu → Elisabeth.

Lisetta   italienische Koseform zu → Lisa.

Lisette   französische Koseform zu → Lise.

Lisia   italienische erweiterte Form von → Lisa.

Lisiane   französische erweiterte Form von → Lise.

Lissy   englische Koseform zu → Elisabeth.

Liv   nordisch. Bedeutung: von altisländisch *hlif* »Wehr, Schutz«. Berühmte Namensträgerinnen: Liv Ullmann (norwegische Schauspielerin), Liv Tyler (amerikanische Schauspielerin).

Livia   lateinisch. Bedeutung: geht zurück auf den altrömischen Geschlechternamen Livius.

Liz   englische Kurzform zu → Elisabeth. Berühmte Namensträgerinnen: Liz Taylor (englische Schauspielerin), Liz Hurley (englische Schauspielerin und Fotomodell).

Liza englische Kurzform zu ➙ Elisabeth. Berühmte Namensträgerin: Liza Minelli (amerikanische Schauspielerin und Sängerin).

Lizzy englische Koseform zu ➙ Elisabeth.

Ljuba russisch. Bedeutung: die Liebende.

Loana erweiterte Form von ➙ Lona.

Loisa Kurzform zu ➙ Aloisia.

Lokelani hawaiisch. Bedeutung: himmlische Rose.

Loki niederdeutsche Koseform zu ➙ Hannelore.

Lola spanische Koseform zu ➙ Dolores und ➙ Carlota. Berühmte Namensträgerin: Lola Montez (schottische Tänzerin am Hofe Ludwigs I. von Bayern).

Lolita erweiterte Form von ➙ Lola.

Lomasi indianisch. Bedeutung: schöne Blume.

Lona, Lone, Loni Kurzformen zu ➙ Leona und ➙ Apollonia. Berühmte Namensträgerin: Loni von Friedl (deutsche Schauspielerin).

Lora 1. südslawische Nebenform zu ➙ Laura. 2. Kurzform zu ➙ Eleonora.

Lore Kurzform zu ➙ Eleonore.

Loremarie Zusammensetzung aus ➙ Lore und ➙ Marie.

Lorena, Lorene englische Formen von ➙ Laurentia.

Lorenza italienische Form von ➙ Laurentia.

Loretta italienische Nebenform zu ➙ Lauretta.

Lorette französische Nebenform zu ➙ Laurette.

Lorina Nebenform zu ➙ Laurentia.

Loris italienisch-schweizerische Kurzform zu ➙ Lorenza. Nur in Verbindung mit einem eindeutig weiblichen Zweitnamen zulässig.

Lorraine englische und französische Nebenform zu ➙ Laura.

Lotte   Kurzform zu ➙ Charlotte. Berühmte Namensträgerin: Lotte Lehmann (deutsche Sängerin).

Lotti   Koseform zu ➙ Lotte.

Lou   Kurzform zu ➙ Louise.

Louise   französisch. Bedeutung: von althochdeutsch *hlut*
»laut, berühmt« und *wig* »Kampf«.

Lowisa   niederdeutsche Form von ➙ Louise.

Lu   Kurzform zu Vornamen mit Lu-, Lud-. Nur in
Verbindung mit einem eindeutig weiblichen Zweitnamen zulässig.

Luca   Nebenform zu ➙ Lucia.

Lucette   französische Koseform zu ➙ Lucia.

Lucia, Lucie, Luzia, Luzia   lateinisch. Bedeutung: die
Lichte, die Glänzende, auch: die bei Tagesanbruch
Geborene.

Luciana, Luciane   erweiterte Formen von ➙ Lucia.

Lucie   Nebenform zu ➙ Lucia.

Lucienne   französische Form von ➙ Luciana.

Lucilla, Lucille   Koseformen zu ➙ Lucia.

Lucretia   Nebenform zu ➙ Lukrezia.

Lucy   englische Form von ➙ Lucia.

Ludmilla   slawisch. Bedeutung: von russisch *ljud* »Volk«
und *milyj* »lieb, angenehm«.

Ludwiga   deutsch. Bedeutung: von althochdeutsch *hlut*
»laut, berühmt« und *wig* »Kampf«.

Ludowika   slawische Form von ➙ Ludwiga.

Luisa   spanische, italienische und rätoromanische Form
von ➙ Louise.

Luise   deutsche Form von ➙ Louise. Berühmte Namensträgerinnen: Luise Hensel (deutsche Dichterin), Luise
Rinser (deutsche Schriftstellerin).

Luisella, Luiselle   romanische Koseformen zu ➙ Louise.

Luitberga, Luitburga   deutsch. Bedeutung: von althochdeutsch *liut* »Volk« und *bergan* »bergen, schützen«.

Luitgard, Lutgard   deutsch. Bedeutung: von althochdeutsch *liut* »Volk« und *gard* »Hort, Schutz«.

Luithilde   deutsch. Bedeutung: von althochdeutsch *liut* »Volk« und *hiltja* »Kampf«.

Lukrezia, Lucretia   lateinisch. Bedeutung: geht zurück auf den altrömischen Geschlechternamen Lucretius. Berühmte Namensträgerin: Lucrezia Borgia (italienische Fürstin).

Lulani   hawaiisch. Bedeutung: höchster Punkt am Himmel. Auch männlicher Vorname.

Lulu   Koseform zu Vornamen mit Lu-.

Luna   lateinisch. Bedeutung: Mond.

Lutgard   Nebenform zu ➙ Luitgard.

Luzia, Luzie   Nebenformen zu ➙ Lucia, Lucie.

Lydia   griechisch. Bedeutung: die aus Lydien Stammende.

Lykke   nordisch. Bedeutung: Glück.

Lynn   Kurzform zu ➙ Linda.

Lysandra   griechisch. Bedeutung: die Freigelassene.

Lyse   griechisch. Bedeutung: Befreiung, Rettung.

Maarike   niederländische Koseform zu ➙ Maria.

Maartje   niederdeutsche Koseform zu ➙ Martha, ➙ Martina.

Mab   irisch-gälisch. Bedeutung: Heiterkeit, Glück.

Mabel, Mabella   englische Kurzformen zu Amabel. Bedeutung: von lateinisch *amabilis* »liebenswürdig«.

Mada   irische Form von → Maud.

Madalena, Maddalena   italienische Formen von
→ Magdalena.

Maddy   englische Kurzform zu → Magdalena.

Madeleine   französische Form von → Magdalena.

Madelin   schwedische Form von → Magdalena.

Madeline   französische Nebenform zu → Magdalena.

Madge   englische Kurzform zu → Margarete.

Madina   Kurzform zu → Magdalena.

Madita   schwedische Kurzform zu → Margarete. Bekannt
durch das gleichnamige Kinderbuch von Astrid
Lindgren.

Madlen, Madlene   1. Kurzformen zu → Magdalena.
2. eingedeutschte Form von → Madeleine.

Mady   englische Kurzform zu → Magdalena.

Mae   englische Kurzform zu → Mary.

Mafalda   italienische Nebenform zu → Mathilde.

Mag   englische Kurzform zu → Margarete.

Magali   französische Kurzform zu → Magelone.

Magda   Kurzform zu → Magdalena.

Magdalena, Magdalene   hebräisch. Bedeutung: 1. die aus
dem Ort Magdala Stammende. 2. die Erhöhte,
Erhabene.

Magelone   Nebenform zu → Magdalena.

Magena   indianisch. Bedeutung: aufgehender Mond.

Maggie, Maggy   englische Kurzformen zu → Margarete.

Magna   1. lateinisch. Bedeutung: die Große, Angesehene.
2. Nebenform zu → Magnhild.

Magnhild   nordische Form von → Mathilde.

Magnolia   nach der gleichnamigen Pflanze.

Mahala   hebräisch. Bedeutung: Zartheit.

Mahina   hawaiisch. Bedeutung: Mond.

Mai   ost- und nordfriesische Kurzform zu ➞ Maria.

Maia   Kurzform zu ➞ Maria.

Maidie   englische Kurzform zu ➞ Margarete.

Maika   russische Koseform zu ➞ Maria.

Maike   friesische Form von ➞ Maria.

Mailin   irische Form von ➞ Magdalena.

Máire   irische Form von ➞ Maria.

Mairi   schottische Form von ➞ Maria.

Maite   1. baskische Nebenform zu Amada. Bedeutung: die Liebenswürdige. 2. spanische Kurzform zu Maria Teresa.

Maj   schwedische Kurzform zu ➞ Maria.

Maja, Maya   1. Kurzform zu ➞ Maria. 2. lateinisch. Name der römischen Wachstumsgöttin. 3. Name einer altindischen Göttin.

Majbritt   schwedische Zusammensetzung aus ➞ Maria und ➞ Britta.

Makana   hawaiisch. Bedeutung: Geschenk.

Makani   hawaiisch. Bedeutung: Wind. Auch männlicher Vorname.

Malaika, Maleika   arabisch. Bedeutung: Engel.

Malanka   slawische Kurzform zu ➞ Melanie.

Male   Kurzform zu ➞ Amalie, ➞ Malwine.

Maleika   Nebenform zu ➞ Malaika.

Malen, Malena, Malene   baskische und nordische Kurzformen zu ➞ Magdalena.

Malenka   slawische Kurzform zu ➞ Melanie.

Malin   schwedische Kurzform zu ➞ Madelin.

Malina, Maline   englische Kurzformen zu ➞ Magdalena.

Malinda   altenglisch. Bedeutung: die Vornehme, Edle.

Malka   hebräisch. Bedeutung: Königin.

Malulani hawaiisch. Bedeutung: unter himmlischem Schutz.

Malve, Malwe 1. Kurzformen zu ➙ Malwine. 2. nach der gleichnamigen Pflanze.

Malvine, Malwine Herkunft und Bedeutung unklar. Aus der Ossian-Dichtung des Schotten James Macpherson übernommen.

Mana hawaiisch. Bedeutung: übernatürliche Macht.

Manda, Mandi Kurzformen zu ➙ Amanda.

Mandisa südafrikanisch. Bedeutung: die Süße.

Mandy englische Kurzform zu ➙ Amanda.

Manja slawische Koseform zu ➙ Maria.

Manju indisch-pakistanisch. Bedeutung: die Schöne.

Manon französische Koseform zu ➙ Maria.

Mansi indianisch. Bedeutung: gepflückte Blume.

Manuela, Manuella Kurzformen von ➙ Emanuela.

Mara 1. hebräisch. Bedeutung: die Bittere, Betrübte. 2. bulgarische, serbische und kroatische Nebenform zu ➙ Maria.

Maralda deutsch. Bedeutung: von althochdeutsch *marah* »Pferd« und *waltan* »walten, herrschen«.

Marcella, Marzella lateinisch. Bedeutung: abgeleitet vom römischen Kriegsgott Mars.

Marcia englisch, weibliche Form des altrömischen Geschlechternamens Marcius.

Mareen Nebenform zu ➙ Maren.

Marei Koseform zu ➙ Maria.

Mareike niederdeutsche Koseform zu ➙ Maria.

Mareile Koseform zu ➙ Maria.

Maren dänische und friesische Form von ➙ Marina.

Maresa Zusammensetzung aus ➙ Maria und ➙ Theresa.

Maret, Mareta, Marete   estnische und lettische Kurzformen zu → Margarete.

Marfa   russische Form von → Martha.

Marga   Kurzform zu → Margarete.

Margalita   russische Form von → Margarete.

Margaret   englische und niederländische Form von
   → Margarete. Berühmte Namensträgerinnen: Margaret
   Mitchell (amerikanische Schriftstellerin), Margaret
   Thatcher (englische Politikerin).

Margareta   Nebenform zu → Margarete.

Margarete, Margarethe   lateinisch. Bedeutung: Perle.
   Berühmte Namensträgerinnen: Margarete II., Königin
   von Dänemark, Margarethe von Trotta (deutsche
   Regisseurin).

Margarita   bulgarische, russische und spanische Form
   von → Margarete.

Margaritta   rätoromanische Form von → Margarete.

Margherita   italienische Form von → Margarete.

Margit, Margita   Kurzformen zu → Margarete.

Margone   Nebenform zu → Margot.

Margot   französische Kurzform zu → Margarete.
   Berühmte Namensträgerinnen: Margot Hielscher
   (deutsche Schauspielerin), Margot Werner (deutsche
   Balletttänzerin und Sängerin).

Margret   Kurzform zu → Margarete.

Margriet   niederländische Form von → Margarete.

Margrit   Kurzform zu → Margarete.

Marguérite   französische Form von → Margarete.

Maria   griechische und lateinische Form von
   → Mirjam. Berühmte Namensträgerinnen:
   Maria Stuart (schottische Königin), Maria Montessori
   (italienische Pädagogin), Maria Callas (griechische

Sopranistin), Maria Schell (schweizerische Schauspielerin).

Mariana, Mariane   1. erweiterte Formen von ➙ Maria.
2. weibliche Formen von Marianus, einem altrömischen Geschlechternamen.

Marianka   slawische Kurzform zu ➙ Maria.

Marianna   Nebenform zu ➙ Marianne.

Marianne, Marianna   Zusammensetzung aus ➙ Maria und ➙ Anne. Berühmte Namensträgerinnen: Marianne Sägebrecht (deutsche Schauspielerin), Marianne Rosenberg (deutsche Sängerin).

Marie   Nebenform zu ➙ Maria. Berühmte Namensträgerin: Marie Curie (französische Chemikerin und Physikerin).

Marie-Antoinette   französische Zusammensetzung aus ➙ Marie und ➙ Antoinette.

Mariechen   Koseform zu ➙ Marie.

Marieke   niederdeutsche Koseform zu ➙ Marie.

Mariele   Koseform zu ➙ Marie.

Marielene   Zusammensetzung aus ➙ Marie und ➙ Lene.

Mariella   italienische Koseform zu ➙ Maria.

Marielle   französische Koseform zu ➙ Marie.

Marieluise, Marie-Luise   Zusammensetzung aus ➙ Marie und ➙ Luise. Berühmte Namensträgerin: Marie-Luise Marjan (deutsche Schauspielerin).

Marierose   Zusammensetzung aus ➙ Marie und ➙ Rose.

Marietheres, Marie-Theres   Zusammensetzung aus ➙ Marie und ➙ Therese.

Marietta   italienische Koseform zu ➙ Maria.

Mariette   französische Koseform zu ➙ Maria.

Marija   russische Form von ➙ Maria.

Marika   ungarische Kurzform zu ➙ Maria.

Marilen, Marilena   Zusammensetzung aus ➙ Maria und
➙ Magdalena.

Marilis, Marilisa   Zusammensetzung aus ➙ Maria und
➙ Lisa.

Marilyn   englische Koseform zu ➙ Maria. Berühmte
Namensträgerin: Marilyn Monroe (amerikanische
Schauspielerin).

Marina, Marine   1. erweiterte Formen von ➙ Maria.
2. lateinisch. Bedeutung: die zum Meer Gehörende.

Marinella   italienische Koseform zu ➙ Marina.

Marinette   französische Koseform zu Marine (➙ Marina).

Marini   afrikanisch/Suaheli. Bedeutung: 1. die Frische,
Gesunde. 2. die Hübsche, Schöne.

Mariola, Mariolina   italienische Koseformen zu
➙ Maria.

Marion   französische Koseform zu ➙ Maria. Berühmte
Namensträgerin: Marion Gräfin Dönhoff (deutsche
Publizistin).

Maris, Marisa   italienische und schweizerische Koseformen zu ➙ Maria.

Marischka   ungarische Koseform zu ➙ Maria.

Marissa   erweiterte Form von ➙ Maria.

Marit   skandinavische Form von ➙ Margit.

Marita   spanische Koseform zu ➙ Maria.

Marja   slawische Form von ➙ Maria.

Marjorie, Marjory   englische Nebenformen zu
➙ Margaret.

Marketa   tschechische Form von ➙ Margarete.

Marleen, Marlen   Nebenformen zu ➙ Marlene.

Marlene   Zusammensetzung aus ➙ Maria und ➙ Lene.
Berühmte Namensträgerin: Marlene Dietrich (deutsche
Schauspielerin).

Marlies, Marliese   Zusammensetzungen aus ➜ Maria und ➜ Liese.

Marlis, Marlise   Zusammensetzungen aus ➜ Maria und ➜ Lise.

Marlit, Marlitt   Zusammensetzung aus ➜ Marlene und ➜ Melitta.

Marta   Nebenform zu ➜ Martha.

Marte   Nebenform zu ➜ Martha, ➜ Martina.

Martha, Marta   aramäisch. Bedeutung: Herrin.

Marthe   Nebenform zu ➜ Martha.

Martina   lateinisch. Bedeutung: geht auf den römischen Beinamen Martinus (von Mars, dem römischen Kriegsgott) zurück. Berühmte Namensträgerin: Martina Navratilova (amerikanische Tennisspielerin tschechischer Herkunft).

Martine   französische Form von ➜ Martina.

Martje   1. friesische Form von ➜ Martha. 2. niederländische Kurzform zu ➜ Martina.

Maruschka   russische Koseform zu ➜ Maria.

Marusja   russische Koseform zu ➜ Maria.

Mary   englische Form von ➜ Maria.

Marylou   englische Zusammensetzung aus ➜ Mary und ➜ Louise.

Maryvonne   schweizerische Zusammensetzung aus ➜ Marie und ➜ Yvonne.

Marzella   Nebenform zu ➜ Marcella.

Masago   japanisch. Bedeutung: Sand (Symbol für langes Leben).

Masako   japanisch. Bedeutung: Aufrichtigkeit, Kind.

Mascha   russische Koseform zu ➜ Maria.

Matana   hebräisch. Bedeutung: Gabe, Geschenk.

Mathilda   Nebenform zu ➜ Mathilde.

Mathilde, Matilde, Mathilda, Matilda deutsch. Bedeutung: von althochdeutsch *maht* »Macht, Kraft« und *hiltja* »Kampf«.

Matilda, Matilde Nebenformen zu → Mathilde.

Maud, Maude englische Kurzformen zu → Mathilde.

Maura 1. lateinisch. Bedeutung: die Mohrin, die Maurische. 2. irische Form von → Maria.

Maureen englische Koseform zu → Maria.

Mauricette französisch. Bedeutung: die Mohrin, die Maurische.

Maurilia, Maurina italienische erweiterte Formen von → Maura.

Maurizia italienische Form von → Maura. Bedeutung: die Mohrin, die Maurische.

Maxi Kurzform zu → Maximiliane.

Maxilie Kurzform zu → Maximiliane.

Maxima lateinisch. Bedeutung: die Größte, Älteste, Erhabenste.

Maximiliane lateinisch. Bedeutung: geht auf die römischen Beinamen Maximus bzw. Maximianus (der Größte, Älteste, Erhabenste) zurück.

May englische Kurzform zu → Mary.

Maya Nebenform zu → Maja.

Maylea hawaiisch. Bedeutung: Wildblume.

Meara irisch-gälisch. Bedeutung: Fröhlichkeit, Heiterkeit.

Mechthild, Mechthilde Nebenformen zu → Mathilde.

Medea griechisch. Bedeutung: die Nachdenkende, Geschickte.

Meg englische Kurzform zu → Margaret. Berühmte Namensträgerin: Meg Ryan (amerikanische Schauspielerin).

Megan walisische Form von → Margaret.

Meike friesische Form von → Maria.

Meinburg, Meinburga deutsch. Bedeutung: von althochdeutsch *magan, megin* »Kraft, Macht« und *burg* »Schutz, Zuflucht«.

Meinhild, Meinhilde deutsch. Bedeutung: von althochdeutsch *magan, megin* »Kraft, Macht« und *hiltja* »Kampf«.

Meinrade deutsch. Bedeutung: von althochdeutsch *magan, megin* »Kraft, Macht« und *rat* »Ratgeber«.

Mela, Melana südslawische Koseformen zu → Melanie.

Melania Nebenform zu → Melanie.

Melanie, Melania griechisch-lateinisch. Bedeutung: die Dunkle, Schwarze. Berühmte Namensträgerinnen: Melanie Griffith (amerikanische Schauspielerin), Melanie C. (englische Popsängerin).

Melanka südslawische Koseform zu → Melanie.

Melek türkisch. Bedeutung: Engel.

Melia spanische Kurzform zu → Amelia.

Melina griechisch. Bedeutung: Frau der Insel Melos. Berühmte Namensträgerin: Melina Mercouri (griechische Schauspielerin und Politikerin).

Melinda eventuell Kurzform zu → Ermelinda oder Ableitung von → Melanie oder → Melissa.

Melisande germanisch. Bedeutung: die Liebe, Milde oder die Starke, Ungestüme.

Melissa Nebenform zu → Melitta. Berühmte Namensträgerin: Melissa Etheridge (amerikanische Rocksängerin).

Melitta griechisch. Bedeutung: die Biene, die Bienenfleißige.

Melli Koseform zu Vornamen, die auf -mela enden.

Melody englisch. Bedeutung: Melodie.

Melusine   geht auf den Namen einer schönen Meerfee in einer altfranzösischen Sage zurück.

Mena, Menna   ostfriesische Kurzformen zu Vornamen mit Mein-.

Mercedes   spanisch, stellvertretender Name für ➙ Maria. Bezieht sich auf das Fest »Maria de mercede redemptionis captivorum« (Maria von der Gnade der Gefangenenerlösung).

Meredith   altwalisisch. Bedeutung: große Führerin, Wächterin. Auch männlicher Vorname.

Meret   schweizerische Kurzform zu ➙ Emerentia. Berühmte Namensträgerin: Meret Becker (deutsche Schauspielerin und Sängerin).

Merle   englisch. Bedeutung: von altfranzösisch *merle* »Amsel«.

Merlind, Merlinde   deutsch. Bedeutung: von althochdeutsch *mari* »berühmt« und *linta* »Lindenholzschild«.

Meryl   Nebenform zu ➙ Muriel. Berühmte Namensträgerin: Meryl Streep (amerikanische Schauspielerin).

Meta   Kurzform zu ➙ Margarete.

Metta, Mette   niederdeutsch-ostfriesische Kurzformen zu ➙ Mechthild.

Mia   Kurzform zu ➙ Maria. Berühmte Namensträgerin: Mia Farrow (amerikanische Schauspielerin).

Micaela   italienische und spanische Form von ➙ Michaela.

Michaela   hebräisch. Bedeutung: Wer ist wie Gott?.

Michalina   russische erweiterte Form von ➙ Michaela.

Michela   italienische Form von ➙ Michaela.

Michèle   französische Form von ➙ Michaela. Berühmte Namensträgerin: Michèle Morgan (französische Schauspielerin).

Micheline   englische und französische Nebenform zu
→ Michaela.

Michelle   englische und französische Form von
→ Michaela. Berühmte Namensträgerin: Michelle
Pfeiffer (amerikanische Schauspielerin).

Michiko   japanisch. Bedeutung: schönes Kind.

Mie   Kurzform zu → Marie.

Mieke   niederdeutsche Koseform zu → Marie.

Mieze   niederdeutsche Koseform zu → Marie.

Migina   indianisch. Bedeutung: zunehmender Mond.

Mignon   französisch. Bedeutung: die Niedliche, Zierliche.

Mika   Kurzform zu → Michaela. Auch männlicher
Vorname.

Mila   slawische Kurzform zu → Ludmilla.

Milda   Kurzform zu Vornamen mit Mil-, Mild-.

Mildred   englisch. Bedeutung: von altsächsisch *mildi*
»freundlich, freigebig« und althochdeutsch *trud* »Kraft,
Stärke«. Berühmte Namensträgerin: Mildred Scheel
(Gattin des ehemaligen Bundespräsidenten Walter
Scheel).

Milena   slawische erweiterte Form von → Mila.

Milka   slawische Koseform zu → Ludmilla.

Milla, Milli, Milly   Koseformen zu → Camilla,
→ Ludmilla, → Emilie.

Miltraud, Miltrud   deutsch. Bedeutung: von altsächsisch
mildi »freundlich, freigebig« und althochdeutsch *trud*
»Kraft, Stärke«.

Milva   italienische Zusammensetzung aus → Maria und
→ Ilva. Berühmte Namensträgerin: Milva (italienische
Sängerin).

Mimi   Koseform aus der Kindersprache zu → Emilie,
→ Maria, → Wilhelmine.

Mina   Kurzform zu ➤ Wilhelmine, ➤ Hermine.

Minda   indisch-pakistanisch. Bedeutung: Wissen, Weisheit.

Mine   Kurzform zu ➤ Wilhelmine, ➤ Hermine.

Minerva   griechisch-lateinisch. Bedeutung: die Kluge. Nach der römischen Göttin der Weisheit.

Minka   polnische Form von ➤ Minna.

Minna   selbstständige Kurzform zu ➤ Wilhelmine.

Minni, Minnie   englische Koseformen zu ➤ Minna. Berühmte Namensträgerin: Minnie Driver (englische Schauspielerin).

Minou   französisch, persischer Herkunft. Bedeutung: Paradies, Himmel.

Mira   Kurzform zu ➤ Mirabella, ➤ Miranda, ➤ Palmira.

Mirabell, Mirabella   italienisch. Bedeutung: die Wunderschöne.

Miranda   englisch. Bedeutung: die Wunderbare.

Mireille   französische Form von ➤ Mirella. Berühmte Namensträgerin: Mireille Mathieu (französische Sängerin).

Mirella   italienische Kurzform zu ➤ Mirabella.

Miriam   Nebenform zu ➤ Mirjam.

Mirja   finnische Form von ➤ Maria.

Mirjam, Miriam, Myriam   hebräisch-aramäisch. Bedeutung: die Widerspenstige, Ungezähmte.

Mirka   tschechisch, weibliche Form von ➤ Mirko.

Mitzi   oberdeutsche Koseform zu ➤ Maria.

Miya   japanisch. Bedeutung: Tempel.

Mizzi   oberdeutsche Koseform zu ➤ Maria.

Moana   hawaiisch. Bedeutung: Unendlichkeit der Meere, Ozean.

Moira 1. irisch-gälisch. Bedeutung: die Große.
2. griechisch. Bedeutung: Schicksal, Glück.

Molly englische Koseform zu ➜ Mary.

Momo nach der Titelfigur von Michael Endes gleich-
namigem Roman.

Mona 1. Kurzform zu ➜ Monika. 2. Kurzform zu
Madonna. 3. irisch. Bedeutung: die Edle.

Moni Kurzform zu ➜ Monika.

Monica Nebenform zu ➜ Monika.

Monika, Monica vermutlich phönizisch. Bedeutung
unklar. Berühmte Namensträgerinnen: Monika Peitsch
(deutsche Schauspielerin), Monica Seles (amerikanische
Tennisspielerin jugoslawischer Herkunft).

Monique französische Form von ➜ Monika.

Monja russische Kurzform zu Matronja oder
Salomonja.

Morena italienisch. Bedeutung: die Dunkle,
Schwarze.

Muriel englisch, keltischer Herkunft. Bedeutung: von
irisch *muir* »Meer« und *geal* »glänzend«. Berühmte
Namensträgerin: Muriel Spark (schottische Schriftstellerin).

Myrta griechisch. Bedeutung: nach der gleichnamigen
Pflanze.

Nabila arabisch. Bedeutung: die Edle.

Nada südslawische Kurzform zu ➜ Nadjeschda.

Nadia romanische und niederländische Nebenform zu
➜ Nadja.

Nadine   französische erweiterte Form von ➔ Nadja.
Berühmte Namensträgerin: Nadine Gordimer (süd-
afrikanische Schriftstellerin).

Nadinka   Koseform zu ➔ Nadja.

Nadja   russische Koseform zu ➔ Nadjeschda. Berühmte
Namensträgerinnen: Nadja Uhl (deutsche Schauspielerin), Nadja Auermann (deutsches Fotomodell).

Nadjeschda   russisch. Bedeutung: Hoffnung.

Nahtanha   indianisch. Bedeutung: Kornblume.

Naja   grönländisch. Bedeutung: kleine Schwester.

Nalani   hawaiisch. Bedeutung: die Ruhe der Himmel.

Nana   Koseform zu ➔ Anna. Berühmte Namensträgerin:
Nana Mouskouri (griechische Sängerin).

Nancy   englische Koseform zu ➔ Anne. Berühmte Namensträgerin: Nancy Sinatra (amerikanische Sängerin).

Nanda   Kurzform zu ➔ Ferdinanda.

Nane   Koseform zu ➔ Anna.

Nanette   französische Koseform zu ➔ Anna.

Nanja   russische Kurzform zu ➔ Anastasia.

Nanne   kindersprachliche Form von ➔ Anna,
➔ Marianne.

Nannette   französische Koseform zu ➔ Anna.

Nanni   oberdeutsche Koseform zu ➔ Nanne.

Nanon   französische Koseform zu ➔ Anna.

Naomi   Nebenform zu ➔ Noemi. Berühmte Namensträgerinnen: Naomi Campbell (englisches Fotomodell),
Naomi Watts (australische Schauspielerin).

Nara   englisch, keltischer Herkunft. Bedeutung: die
Glückliche.

Nastasja, Nastassja   russische Koseformen zu
➔ Anastasia. Berühmte Namensträgerin: Nastassja
Kinski (deutsche Schauspielerin).

Nasya hebräisch. Bedeutung: Wunder Gottes.

Nata Kurzform zu ➜ Renata.

Natalia, Natalie lateinisch. Bedeutung: die zu Weihnachten Geborene. Berühmte Namensträgerinnen: Natalia Ginzburg (italienische Schriftstellerin), Natalie Wood (amerikanische Schauspielerin).

Natalina erweiterte Form von ➜ Natalia.

Natalija russische Form von ➜ Natalia.

Natascha russische Koseform zu ➜ Natalia.

Nate Kurzform zu ➜ Renate.

Navina indisch-pakistanisch. Bedeutung: die Neue.

Nayana indianisch. Bedeutung: Mädchen mit schönen Augen.

Neela, Neele Kurzformen zu ➜ Cornelia.

Neka indianisch. Bedeutung: Wildgans.

Nelda Kurzform zu ➜ Thusnelda.

Nele Kurzform zu ➜ Cornelia.

Nelli Kurzform zu ➜ Elli, ➜ Helena, ➜ Eleonore, ➜ Cornelia.

Nelly englische Form von ➜ Nelli. Berühmte Namensträgerin: Nelly Furtado (kanadische Popsängerin).

Nena Koseform zu ➜ Magdalena oder anderen Vornamen, die auf -ena enden. Berühmte Namensträgerin: Nena (deutsche Popsängerin).

Nesrin türkisch. Bedeutung: Wildrose.

Neta, Nete schwedische und dänische Kurzformen zu ➜ Agneta.

Netis indianisch. Bedeutung: gute Freundin. Auch männlicher Vorname.

Netta, Nette, Netti, Netty Kurzformen zu ➜ Jeannette, ➜ Antoinette und ➜ Annette.

Niamh irisch. Bedeutung: Heiligkeit, Strahlen.

Nicki, Nicky   Koseformen zu ➜ Nicola, ➜ Nicole. Auch männlicher Vorname.

Nicola, Nikola   griechisch. Bedeutung: von griechisch *nike* »Sieg« und *laos* »Volk, Kriegsvolk«. Nur in Verbindung mit einem eindeutig weiblichen Zweitnamen zulässig.

Nicole   französische Form von ➜ Nicola. Berühmte Namensträgerin: Nicole Kidman (australische Schauspielerin).

Nicoletta   italienische erweiterte Form von ➜ Nicola.

Nicolette   französische Koseform zu ➜ Nicole.

Nike   griechisch. Bedeutung: Sieg. Name der griechischen Siegesgöttin.

Nikola   Nebenform zu ➜ Nicola.

Nina   Kurzform zu Vornamen, die auf -ina enden. Berühmte Namensträgerinnen: Nina Hagen (deutsche Popsängerin), Nina Ruge (deutsche TV-Moderatorin).

Ninetta   italienische Koseform zu ➜ Nina.

Ninette   französische Koseform zu ➜ Nina.

Ninja   Kurzform nach der portugiesischen und spanischen Form Niña (➜ Nina).

Ninon   französische Form von ➜ Nina.

Nirveli   indisch-pakistanisch. Bedeutung: Wasser, Kind des Wassers.

Nita   dänische und schwedische Kurzform zu ➜ Anita und anderen Vornamen, die auf -ita enden.

Nives   italienisch und schweizerisch. Bedeutung: die Schneeweiße.

Nizana   hebräisch. Bedeutung: Knospe.

Noelani   hawaiisch. Bedeutung: die Schöne vom Himmel.

Noëlle französisch. Bedeutung: von französisch *Noël* »Weihnachten«.

Noemi hebräisch. Bedeutung: die Liebliche, Holde.

Nolcha indianisch. Bedeutung: Sonne.

Nona schwedisch, lateinischer Herkunft. Bedeutung: Name einer römischen Geburtsgöttin.

Nonna, Nonny schwedische Kurzformen zu ➙ Eleonora, ➙ Yvonne.

Nora Kurzform zu ➙ Eleonora.

Norberta deutsch. Bedeutung: von althochdeutsch *nord* »Norden« und *beraht* »glänzend«.

Nordrun deutsch. Bedeutung: von althochdeutsch *nord* »Norden« und *runa* »Geheimnis«.

Noreen irische Koseform zu ➙ Nora.

Norgard deutsch. Bedeutung: von althochdeutsch *nord* »Norden« und *gard* »Hort, Schutz«.

Norhild, Norhilde deutsch. Bedeutung: von althochdeutsch *nord* »Norden« und *hiltja* »Kampf«.

Norina italienische erweiterte Form von ➙ Nora.

Norita spanische Koseform zu ➙ Nora.

Norma italienisch/englisch. Bedeutung: geht auf Bellinis Oper »Norma« zurück.

Notburg, Notburga deutsch. Bedeutung: von althochdeutsch *not* »Bedrängnis« und *burg* »Schutz, Zuflucht«.

Nuala irisch-gälisch. Bedeutung: die Weißschultrige.

Nunzia Kurzform zu ➙ Annunziata.

Nuria spanisch. Bedeutung: geht zurück auf das Muttergottesbild »Nuestra Señora de Nuria«.

Nutan indisch-pakistanisch. Bedeutung: die Neue.

Obba   friesische Kurzform zu Vornamen mit Od-.

Oceana   Nebenform zu ➙ Ozeana.

Octavia   lateinisch. Bedeutung: geht auf den altrömischen Geschlechternamen Octavius zurück.

Oda   selbstständige Kurzform zu Vornamen mit Ot-.

Odalinde   deutsch. Bedeutung: von althochdeutsch *ot* »Besitz« und *linta* »Lindenholzschild«.

Odette   französische Koseform zu ➙ Odile.

Odila   Koseform zu ➙ Oda.

Odile   französische Form von Odilie (➙ Odilia).

Odilgard   deutsch. Bedeutung: von althochdeutsch *ot* »Besitz« und *gard* »Hort, Schutz«.

Odilia, Odilie   1. erweiterte Formen von ➙ Oda.
2. Nebenformen zu ➙ Ottilia.

Odina, Odine   Nebenformen zu ➙ Oda.

Ogin   indianisch. Bedeutung: Wildrose.

Okelani   hawaiisch. Bedeutung: die aus dem Himmel.

Oktavia   Nebenform zu ➙ Octavia.

Olathe   indianisch. Bedeutung: die Schöne.

Olga   russische Form von ➙ Helga. Berühmte Namensträgerin: Olga Tschechowa (deutsche Schauspielerin).

Oliana   hawaiisch. Bedeutung: Oleander.

Oliva   italienische Form von ➙ Olivia.

Olive   englische und französische Form von ➙ Olivia.

Olivia   lateinisch. Bedeutung: von lateinisch *oliva* »Ölbaum, Olive«. Berühmte Namensträgerin: Olivia Newton-John (australische Schauspielerin und Sängerin).

Olla   Koseform zu ➙ Olga, ➙ Olivia.

Olli   Koseform zu ➙ Olivia. Nur in Verbindung mit einem eindeutig weiblichen Zweitnamen zulässig.

Olympia   griechisch. Bedeutung: die vom Berg Olymp Stammende.

Ona, Oneka   baskisch. Bedeutung: die Gute, mit Glück und Vermögen Gesegnete.

Onawa   indianisch. Bedeutung: die Hellwache.

Oneka   Nebenform zu ➙ Ona.

Onida   indianisch. Bedeutung: die Ersehnte.

Oona   englisch, keltischer Herkunft. Bedeutung unklar.

Ophelia   griechisch. Bedeutung: Hilfe, Beistand.

Ophira   hebräisch. Bedeutung: Gold.

Orane   französische Form von ➙ Orania.

Orania   griechisch. Bedeutung: die Himmlische.

Orella   baskische Form von ➙ Aurelia.

Orla   Kurzform zu ➙ Orsola.

Ornella   italienisch. Bedeutung: von italienisch *ornello* »Esche«. Berühmte Namensträgerin: Ornella Muti (italienische Schauspielerin).

Orsina, Orsine   Nebenformen zu ➙ Ursula.

Orsola   alte italienische Form von ➙ Ursula.

Ortensia   rätoromanische Form von ➙ Hortensia.

Orthea, Orthia   Kurzformen zu ➙ Dorothea.

Orthild, Orthilde   deutsch. Bedeutung: von althochdeutsch *ort* »Spitze (der Waffe)« und *hiltja* »Kampf«.

Ortlind, Ortlinde   deutsch. Bedeutung: von althochdeutsch *ort* »Spitze (der Waffe)« und *linta* »Lindenholzschild«.

Ortraud, Ortrud   deutsch. Bedeutung: von althochdeutsch *ort* »Spitze (der Waffe)« und *trud* »Kraft, Stärke«.

Ortrun   deutsch. Bedeutung: von althochdeutsch *ort* »Spitze (der Waffe)« und *runa* »Geheimnis«.

Osane   baskisch. Bedeutung: die Hilfebringende, Heilende.

Osmunde   deutsch. Bedeutung: von althochdeutsch *ans* »Gott« und *munt* »Schutz der Unmündigen«.

Ostara   alter Taufzeitname für Mädchen, die in der Osterzeit geboren wurden.

Ota   Nebenform zu ➞ Oda.

Otburg, Otburga   deutsch. Bedeutung: von althochdeutsch *ot* »Besitz« und *burg* »Schutz, Zuflucht«.

Othild, Othilde   deutsch. Bedeutung: von althochdeutsch *ot* »Besitz« und *hiltja* »Kampf«.

Otlinde, Ottlinde   deutsch. Bedeutung: von althochdeutsch *ot* »Besitz« und *linta* »Lindenholzschild«.

Otti   Kurzform zu ➞ Ottilie.

Ottilia, Ottilie, Odilia, Odilie   deutsch. Bedeutung: von althochdeutsch *ot* »Besitz«.

Oxana   russische Nebenform zu ➞ Xenia.

Ozeana   Neubildung zu »Ozean«.

Padma   indisch-pakistanisch. Bedeutung: Lotos.

Palila   hawaiisch. Bedeutung: Vogel.

Palmira   italienisch. Bedeutung: abgeleitet vom kirchlichen Festtag Palmarum, dem Palmsonntag.

Paloma   spanisch. Bedeutung: Taube. Berühmte Namensträgerin: Paloma Picasso (spanisch-französische Designerin).

Pamela   englisch. Bedeutung: vermutlich von griechisch *pam-mélas* »ganz dunkel, schwarz«. Berühmte Namensträgerin: Pamela Anderson (amerikanische Schauspielerin).

Pamina Herkunft und Bedeutung unklar. Aus Mozarts Oper »Die Zauberflöte« übernommen.

Pancha spanische Koseform zu ➛ Francisca.

Pandora griechisch. Bedeutung: von griechisch *pan* »ganz« und *doron* »Geschenk, Gabe«.

Panja russische Kurzform zu Vornamen, die auf -nja enden.

Pankratia, Pankrazia lateinisch, griechischer Herkunft. Bedeutung: von griechisch *pan* »ganz« und *krátos* »Kraft, Macht«.

Paola italienische Form von ➛ Paula.

Papatya türkisch. Bedeutung: Kamille.

Pascale französisch. Bedeutung: die zu Ostern Gehörende, die Österliche.

Pat Koseform zu ➛ Patricia. Nur in Verbindung mit einem eindeutig weiblichen Zweitnamen zulässig.

Patrice englische und französische Form von ➛ Patricia. Auch männlicher Vorname.

Patricia, Patrizia lateinisch. Bedeutung: zum altrömischen Adel gehörend. Berühmte Namensträgerinnen: Gracia Patricia (Fürstin von Monaco), Patricia Highsmith (amerikanische Schriftstellerin).

Patsy englische Koseform zu ➛ Patricia.

Patty englische Koseform zu ➛ Patricia. Nur in Verbindung mit einem eindeutig weiblichen Zweitnamen zulässig.

Paula lateinisch, weibliche Form von ➛ Paul. Bedeutung: die Kleine. Berühmte Namensträgerinnen: Paula Modersohn-Becker (deutsche Malerin), Paula Wessely (österreichische Schauspielerin).

Paule französische Form von ➛ Paula.

Paulette französische Koseform zu ➛ Paula.

Paulina, Pauline   erweiterte Formen von ➺ Paula.

Pavla   slawische Form von ➺ Paula.

Pazia   hebräisch. Bedeutung: die Goldene.

Pearl   englisch. Bedeutung: Perle. Berühmte Namensträgerin: Pearl S. Buck (amerikanische Schriftstellerin).

Peggy   englische Koseform zu ➺ Margaret.

Pelagia   griechisch. Bedeutung: die offene See.

Penda   afrikanisch/Suaheli. Bedeutung: die Geliebte.

Penelope   griechisch. Bedeutung unklar. Bekannt durch die griechische Mythologie, in der Penelope die Gattin des Odysseus war. Berühmte Namensträgerin: Penelope Cruz (spanische Schauspielerin).

Penny   englische Kurzform zu ➺ Penelope.

Pepita   spanische Koseform zu ➺ Josefa.

Peppina   rätoromanische Koseform zu ➺ Josefina.

Perdita   lateinisch. Bedeutung: die Verlorene.

Peregrina   lateinisch. Bedeutung: die Fremde, die Reisende.

Perette   französische Koseform zu ➺ Petra.

Pernilla, Pernille   dänische und schwedische Formen von ➺ Petronella.

Petra   griechisch-lateinisch. Bedeutung: Fels, Felssitz. Berühmte Namensträgerinnen: Petra Kelly (deutsche Politikerin), Petra Gerster (deutsche TV-Moderatorin).

Petrina   erweiterte Form von ➺ Petra.

Petronella, Petronilla   erweiterte Formen von ➺ Petronia.

Petronia   lateinisch. Bedeutung: geht zurück auf den altrömischen Geschlechternamen Petronius.

Petula   lateinisch. Bedeutung: die Ausgelassene, Mutwillige. Berühmte Namensträgerin: Petula Clark (englische Sängerin).

Phaedra, Phedre griechisch. Bedeutung: die Strahlende.

Phemia englisch, griechischer Herkunft. Bedeutung: Stimme.

Phenice englisch, griechischer Herkunft. Bedeutung: die Purpurne.

Phila Kurzform zu ➜ Philomela, ➜ Philomena.

Philine griechisch. Bedeutung: von griechisch *philai* »lieben, liebkosen«.

Philippa griechisch. Bedeutung: Pferdefreundin.

Philippine griechisch. Bedeutung: Pferdefreundin.

Philomela, Philomele griechisch. Bedeutung: Freundin des Gesangs.

Philomena, Philomene griechisch. Bedeutung: die der Liebe und Freundschaft treu bleibt.

Phöbe griechisch. Bedeutung: die Strahlende. Beiname der Mondgöttin Artemis.

Phyllis griechisch. Bedeutung: Blätter, Laub.

Pia lateinisch. Bedeutung: die Fromme, Gottesfürchtige.

Piata erweiterte Form von ➜ Pia.

Piera italienische Form von ➜ Petra.

Pierangela italienische Zusammensetzung aus ➜ Piera und ➜ Angela.

Pierina italienische Koseform zu ➜ Piera.

Pierrette französische Form von ➜ Petra.

Pierrine französische Form von ➜ Petra.

Pikka lappländische Kurzform zu ➜ Brigitta.

Pilar spanisch. Bedeutung: Pfeiler. Geht zurück auf das Marienbild »Maria del Pilar«.

Pililani hawaiisch. Bedeutung: die dem Himmel Nahe.

Pinar türkisch. Bedeutung: Quelle. Auch männlicher Vorname.

Pinga   indisch-pakistanisch. Bedeutung: die Schwarze. Anderer Name der Hindugöttin Shakti.

Pippa   italienische Kurzform zu ➙ Philippa.

Pippi   1. Kurzform zu ➙ Philippa. 2. Fantasiename, der auf Astrid Lindgrens Kinderbuchfigur »Pippi Langstrumpf« zurückgeht.

Pirkko   finnische Nebenform zu ➙ Brigitta.

Piroschka   ungarische Form von ➙ Prisca.

Placida   lateinisch. Bedeutung: die Sanfte, Ruhige.

Pola   slawische Form von ➙ Paula.

Poldi   oberdeutsche Kurzform zu ➙ Leopolda. Nur in Verbindung mit einem eindeutig weiblichen Zweitnamen zulässig.

Polly   englische Koseform zu ➙ Apollonia.

Polyxenia   griechisch. Bedeutung: die Gastfreie, Gastliche.

Pretiosa, Preziosa   lateinisch. Bedeutung: die Kostbare.

Prisca, Priska   lateinisch. Bedeutung: die Ernsthafte, Strenge.

Priscilla   erweiterte Form von ➙ Prisca. Berühmte Namensträgerin: Priscilla Presley (amerikanische Schauspielerin).

Priska   Nebenform zu ➙ Prisca.

Prudentia   lateinisch. Bedeutung: Klugheit, Vorsicht.

Prunella   lateinisch. Bedeutung: kleine Pflaume.

Pualani   hawaiisch. Bedeutung: himmlische Blume.

Pulcheria   lateinisch. Bedeutung: die Schöne.

Punam   indisch-pakistanisch. Bedeutung: Vollmond.

Punita   indisch-pakistanisch. Bedeutung: die Reine.

Q

Qamar arabisch. Bedeutung: Mond.

Qitura arabisch. Bedeutung: Duft.

Querida spanisch. Bedeutung: die Geliebte.

Quiana indianisch. Bedeutung: die Anmutige.

Quirina lateinisch. Bedeutung: die Kriegsmächtige, Kriegerische.

R

Rabea, Rabia arabisch. Bedeutung: Frühling.

Rachel Nebenform zu → Rahel.

Rachele, Rachelle italienische Formen von → Rahel.

Rada Kurzform zu Vornamen mit Rade- und -rade.

Radegund, Radegunde deutsch. Bedeutung: von althochdeutsch *rat* »Ratgeber« und *gund* »Kampf«.

Radka slawisch, weibliche Form von → Radek.

Radomila slawisch. Bedeutung: von slawisch *rad* »froh« und *milyi* »lieb, angenehm«.

Rafaela, Raffaela Nebenformen zu → Raphaela.

Ragna nordische Kurzform zu → Ragnhild.

Ragnhild nordische Form von → Reinhild.

Rahel, Rachel hebräisch. Bedeutung: Mutterschaf. Berühmte Namensträgerin: Rahel Varnhagen von Ense (deutsche Schriftstellerin).

Raika bulgarische Koseform zu → Raja.

Raimunde, Reimunde deutsch. Bedeutung: von germanisch *ragina* »Rat, Beschluss« und *munt* »Schutz der Unmündigen«.

Raina   französisch. Bedeutung: Königin.

Raja   russisch. Bedeutung: die aus dem Paradies.

Rajani   indisch-pakistanisch. Bedeutung:
die Dunkle.

Rajka   bulgarische Koseform zu → Raja.

Raku   japanisch. Bedeutung: Freude, Vergnügen.

Ramona   spanisch, weibliche Form des männlichen
Vornamens → Ramón.

Rana   türkisch, arabischer Herkunft. Bedeutung: die
Liebliche, Schöne.

Randi   nordische Kurzform zu → Ragnhild.

Rani   indisch-pakistanisch. Bedeutung: Königin.

Ranita   hebräisch. Bedeutung: Lied, Glück.

Raphaela, Rafaela, Raffaela   hebräisch. Bedeutung:
Gott heilt.

Ratburg, Ratburga   deutsch. Bedeutung: von althochdeutsch *rat* »Ratgeber« und *burg* »Schutz,
Zuflucht«.

Ratgard   deutsch. Bedeutung: von althochdeutsch *rat*
»Ratgeber« und *gard* »Hort, Schutz«.

Rathild, Rathilde   deutsch. Bedeutung: von althochdeutsch *rat* »Ratgeber« und *hiltja* »Kampf«.

Ratri   indisch-pakistanisch. Bedeutung: Nacht. Anderer
Name der Hindugöttin Shakti.

Raunhild   Nebenform zu → Runhild.

Rea   Nebenform zu → Rhea.

Rebecca   englische Form von → Rebekka.

Rebekka   hebräisch. Bedeutung: die Bestrickende,
Fesselnde.

Recha   hebräisch. Bedeutung: die Weiche, Zarte.

Reela   friesische Kurzform zu → Regelinde.

Reem   arabisch. Bedeutung: weiße Antilope.

Regelinde, Reglinde   deutsch. Bedeutung: von germanisch *ragina* »Rat, Beschluss« und *lindi* »nachgiebig, empfänglich«.

Regina, Regine   lateinisch. Bedeutung: Königin. Berühmte Namensträgerin: Regine Hildebrandt (deutsche Politikerin).

Reglinde   Nebenform zu ➙ Regelinde.

Regula   lateinisch. Bedeutung: Regel, Richtschnur.

Reimara   deutsch. Bedeutung: von germanisch *ragina* »Rat, Beschluss« und *mari* »berühmt«.

Reimunde   Nebenform zu ➙ Raimunde.

Reimute   deutsch. Bedeutung: von germanisch *ragina* »Rat, Beschluss« und *muot* »Mut, Eifer, Geist«.

Reina, Reine   1. Nebenform zu ➙ Regina. 2. ostfriesische Kurzform zu Vornamen mit Rein-.

Reinburg, Reinburga   deutsch. Bedeutung: von germanisch *ragina* »Rat, Beschluss« und *burg* »Schutz, Zuflucht«.

Reinfriede   deutsch. Bedeutung: von germanisch *ragina* »Rat, Beschluss« und *fridu* »Friede«.

Reingard   deutsch. Bedeutung: von germanisch *ragina* »Rat, Beschluss« und *gard* »Hort, Schutz«.

Reinharda, Reinharde, Reinhardine   deutsch. Bedeutung: von germanisch *ragina* »Rat, Beschluss« und *harti* »hart, stark«.

Reinhild, Reinhilde   deutsch. Bedeutung: von germanisch *ragina* »Rat, Beschluss« und *hiltja* »Kampf«.

Reinolde   deutsch. Bedeutung: von germanisch *ragina* »Rat, Beschluss« und *waltan* »walten, herrschen«.

Reintje   friesische Kurzform zu Vornamen mit Rein-.

Reintraud, Reintrud   deutsch. Bedeutung: von germanisch *ragina* »Rat, Beschluss« und *trud* »Kraft, Stärke«.

Reja russisch, lateinischer Herkunft. Bedeutung: von lateinisch *aurea* »golden«.

Reka hebräisch. Bedeutung: die Weiche, Zarte.

Rela, Rele friesische Kurzformen zu ➤ Regelinde.

Rella ungarische Kurzform zu ➤ Aurelia.

Ren japanisch. Bedeutung: Lotos.

Rena 1. friesische Kurzform zu Vornamen mit Rein-, 2. Kurzform zu ➤ Irene, ➤ Renate, ➤ Verena.

Renata italienische Form von ➤ Renate. Berühmte Namensträgerin: Renata Tebaldi (italienische Opernsängerin).

Renate lateinisch. Bedeutung: die Wiedergeborene. Berühmte Namensträgerin: Renate Holm (deutsche Schauspielerin).

Renée französische Form von ➤ Renate. Berühmte Namensträgerin: Renée Zellweger (amerikanische Schauspielerin).

Renette französische Koseform zu ➤ Renée.

Reni Kurzform zu ➤ Irene, ➤ Renate.

Renja russische Kurzform zu ➤ Regina. Nur in Verbindung mit einem eindeutig weiblichen Zweitnamen zulässig.

Rensje, Renske friesische Kurzformen zu Vornamen mit Rein-.

Renza Kurzform zu ➤ Lorenza.

Resi oberdeutsche Kurzform zu ➤ Therese.

Rhea, Rea griechisch. Bedeutung: In der griechischen Mythologie war Rhea die Gemahlin des Chronos und Mutter des Zeus.

Rhoda englisch, griechischer Herkunft. Bedeutung: Rose.

Ria Kurzform zu ➤ Maria.

Riana erweiterte Form von ➤ Ria.

Rica   spanische Kurzform zu ➡ Richarda.

Ricarda   spanische Form von ➡ Richarda. Berühmte Namensträgerin: Ricarda Huch (deutsche Schriftstellerin).

Ricca   italienische Kurzform zu ➡ Riccarda.

Riccarda   italienische Form von ➡ Richarda.

Richarda   deutsch. Bedeutung: von althochdeutsch *rihhi* »reich, mächtig« und *harti* »hart, stark«.

Richhild, Richhilde   deutsch. Bedeutung: von althochdeutsch *rihhi* »reich, mächtig« und *hiltja* »Kampf«.

Richlind, Richlinde   deutsch. Bedeutung: von althochdeutsch *rihhi* »reich, mächtig« und *linta* »Lindenholzschild«.

Ricka, Ricke   friesische Kurzformen zu Vornamen mit Rich-.

Rieka, Rieke, Riekje   niederdeutsch-niederländische Kurzformen zu ➡ Friederike, ➡ Henrike.

Rika, Rike   Kurzformen zu ➡ Friederike, ➡ Henrike, ➡ Richarda.

Rina   Kurzform zu ➡ Katharina und anderen Vornamen, die auf -ina enden.

Rita   Kurzform zu ➡ Margarete. Berühmte Namensträgerinnen: Rita Hayworth (amerikanische Schauspielerin), Rita Süssmuth (deutsche Politikerin).

Roberta   deutsch. Bedeutung: von germanisch *hroth* »Ruhm« und althochdeutsch *beraht* »glänzend«. Berühmte Namensträgerin: Roberta Flack (amerikanische Soulsängerin).

Robina, Robine   weibliche Formen des männlichen Vornamens ➡ Robin.

Rodegard   deutsch. Bedeutung: von germanisch *hroth* »Ruhm« und althochdeutsch *gard* »Hort, Schutz«.

Rodehild, Rodehilde   deutsch. Bedeutung: von germanisch *hroth* »Ruhm« und althochdeutsch *hiltja* »Kampf«.

Rodelind, Rodelinde   deutsch. Bedeutung: von germanisch *hroth* »Ruhm« und althochdeutsch *linta* »Lindenholzschild«.

Rohana   indisch-pakistanisch. Bedeutung: Sandelholz.

Rois, Roise   irische Formen von ➙ Rose.

Rolanda, Rolande   deutsch. Bedeutung: von germanisch *hroth* »Ruhm« und althochdeutsch *lant* »Land«.

Roma   Kurzform zu ➙ Romana.

Romaine   französische Form von ➙ Romana.

Romana   lateinisch. Bedeutung: die Römerin.

Romika   ungarische Koseform zu ➙ Romana.

Romilda, Romilde   deutsch. Bedeutung: von althochdeutsch *hruom* »Ruhm, Ehre« und *hiltja* »Kampf«.

Romina   Koseform zu ➙ Roma. Berühmte Namensträgerin: Romina Power (italienische Schlagersängerin).

Romy   Kurzform zu ➙ Rosemarie. Berühmte Namensträgerin: Romy Schneider (österreichische Schauspielerin).

Rona   Kurzform zu ➙ Corona, ➙ Rowena.

Ronja   1. russische Kurzform zu ➙ Veronika. 2. Fantasiename, der auf Astrid Lindgrens Kinderbuchfigur »Ronja Räubertochter« zurückgeht.

Ros   Kurzform zu ➙ Rosa.

Rosa   italienisch. Bedeutung: Rose. Berühmte Namensträgerin: Rosa Luxemburg (deutsche Sozialistin).

Rosabella   italienisch. Bedeutung: schöne Rose.

Rosalba   italienisch. Bedeutung: von italienisch *rosa alba* »weiße Rose«.

Rosalia, Rosalie   italienische erweiterte Formen von
   ➙ Rosa.
Rosalind, Rosalinde   Nebenformen zu ➙ Rodelind.
Rosalita   spanische erweiterte Form von ➙ Rosa.
Rosamaria   Zusammensetzung aus ➙ Rosa und
   ➙ Maria.
Rosamunde   deutsch. Bedeutung: von althochdeutsch
   hruom »Ruhm, Ehre« und *munt* »Schutz der Unmün-
   digen«. Berühmte Namensträgerin: Rosamunde Pilcher
   (englische Schriftstellerin).
Rosangela   italienische Zusammensetzung aus ➙ Rosa
   und ➙ Angela.
Rosanna   italienische Zusammensetzung aus ➙ Rosa und
   ➙ Anna.
Rosaria   Zusammensetzung aus ➙ Rosa und ➙ Maria.
Rose   Nebenform zu ➙ Rosa.
Rosel   Koseform zu ➙ Rosa, ➙ Rose.
Roselita   spanische Koseform zu ➙ Rosita.
Rosella   italienische erweiterte Form von ➙ Rosa.
Rosellina   italienische Koseform zu ➙ Rosella.
Rosemarie, Rosmarie   Zusammensetzung aus ➙ Rose und
   ➙ Maria.
Rosetta   italienische Koseform zu ➙ Rosa.
Rosette   französische Koseform zu ➙ Rose.
Rosi   Kurzform zu ➙ Rosa. Berühmte Namensträgerin:
   Rosi Mittermaier (deutsche Skiläuferin).
Rosika   ungarische Koseform zu ➙ Rosa.
Rosina, Rosine   Nebenformen zu ➙ Rosa.
Rosita   spanische Koseform zu ➙ Rosa.
Rosmargret   Zusammensetzung aus ➙ Rosa und
   ➙ Margarete.
Rossana   italienische Form von ➙ Roxana.

Roswitha, Roswita deutsch. Bedeutung: von germanisch *hroth* »Ruhm« und althochdeutsch *swinde* »stark, geschwind«.

Rotraud, Rotraut deutsch. Bedeutung: von althochdeutsch *hruom* »Ruhm, Ehre« und *trud* »Kraft, Stärke«.

Rowena englisch. Bedeutung: berühmte Freundin.

Roxana, Roxane, Roxanne persisch. Bedeutung: die Lichte, Helle.

Rudolfa deutsch. Bedeutung: von althochdeutsch *hruom* »Ruhm, Ehre« und *wolf* »Wolf«.

Rufina lateinisch. Bedeutung: die Rote, Rothaarige.

Runa Kurzform zu Vornamen mit Run-.

Rune schwedische Kurzform zu Vornamen mit Run-. Auch männlicher Vorname.

Runhild, Runhilde, Raunhild deutsch. Bedeutung: von althochdeutsch *runa* »Geheimnis« und *hiltja* »Kampf«.

Ruperta deutsch, weibliche Form von → Rupert. Bedeutung: von althochdeutsch *hruom* »Ruhm, Ehre« und *beraht* »glänzend«.

Ruri japanisch. Bedeutung: Smaragd.

Rutgard deutsch. Bedeutung: von althochdeutsch *hruom* »Ruhm, Ehre« und *gard* »Hort, Schutz«.

Ruth, Rut hebräisch. Bedeutung: Freundin, Freundschaft. Berühmte Namensträgerin: Ruth Leuwerik (deutsche Schauspielerin).

Ruthild, Ruthilde Nebenformen zu → Rodehild.

Ruthli schweizerische Koseform zu → Ruth.

Rut Nebenform von → Ruth.

Sabah   arabisch. Bedeutung: Morgendämmerung.

Sabina   Nebenform zu ➜ Sabine.

Sabine, Sabina   lateinisch. Bedeutung: die Sabinerin. Berühmte Namensträgerinnen: Sabine Sinjen (deutsche Schauspielerin), Sabine Christiansen (deutsche TV-Moderatorin).

Sabrina   englisch. Bedeutung: eigentlich der Name der Nymphe des englischen Flusses Severn.

Sadhana   indisch-pakistanisch. Bedeutung: Hingabe, Eifer.

Sadie   amerikanische Kurzform zu ➜ Sarah. Berühmte Namensträgerin: Sadie Frost (englische Schauspielerin).

Sadira   persisch. Bedeutung: Lotosbaum.

Safia, Safiyya   arabisch. Bedeutung: Vertraute, Freundin.

Sagara   indisch-pakistanisch. Bedeutung: Ozean.

Sahar   arabisch. Bedeutung: Morgendämmerung.

Saide   arabisch. Bedeutung: die Wachsende, Glückliche.

Sakari   indisch-pakistanisch. Bedeutung: die Süße.

Sakura   japanisch. Bedeutung: Kirschblüte.

Salka   slawische Kurzform zu ➜ Salwija.

Sally   englische Kurzform zu ➜ Sarah. Berühmte Namensträgerin: Sally Field (amerikanische Schauspielerin).

Salome   griechisch. Bedeutung: die Friedliche, Friedsame.

Salwija   slawisch, lateinischer Herkunft. Bedeutung: von *salvus* »wohlbehalten, unversehrt«.

Sam   Kurzform zu ➜ Samantha. Nur in Verbindung mit einem eindeutig weiblichen Zweitnamen zulässig.

Samantha amerikanisch, hebräischer Herkunft.
Bedeutung: die Zuhörerin.

Samira arabisch. Bedeutung: die Unterhalterin.

Sandra Kurzform zu ➙ Alexandra. Berühmte
Namensträgerin: Sandra Bullock (amerikanische
Schauspielerin).

Sandria Kurzform zu ➙ Alexandra.

Sandrina, Sandrine Koseformen zu ➙ Sandra.

Sandy englische Kurzform zu ➙ Sandra.

Sanja russische Kurzform zu ➙ Alexandra. Nur in
Verbindung mit einem eindeutig weiblichen Zweitnamen zulässig.

Sanna, Sanne Kurzformen zu ➙ Susanne.

Sanura afrikanisch/Suaheli. Bedeutung: die Katzen-
gleiche.

Sanuye indianisch. Bedeutung: Wolke im Abendrot.

Saphira aramäisch. Bedeutung: die Schöne.

Sapho, Sappho griechisch. Bedeutung: nach der gleichnamigen griechischen Dichterin.

Sara, Sarah hebräisch. Bedeutung: Fürstin, Herrin.
Berühmte Namensträgerinnen: Sarah Bernhardt
(französische Schauspielerin), Sarah Kirsch (deutsche
Lyrikerin), Sarah Ferguson, Herzogin von York,
Sarah Connor (deutsche Sängerin).

Sarauniya afrikanisch/nigerianisch. Bedeutung: Königin.

Sarina erweiterte Form von ➙ Sarah.

Sascha russische Kurzform zu ➙ Alexandra. Nur in
Verbindung mit einem eindeutig weiblichen Zweitnamen zulässig.

Saskia niederländisch. Bedeutung: die Sächsin.

Satinka indianisch. Bedeutung: Zaubertänzerin.

Sato japanisch. Bedeutung: Zucker.

Scarlett englisch. Bedeutung: die Scharlachrote, die Rothaarige. Berühmte Namensträgerin: Scarlett Johansson (amerikanische Schauspielerin).

Schirin altpersisch. Bedeutung: die Angenehme.

Scholastika griechisch-lateinisch. Bedeutung: die Lernende, Schülerin.

Schöntraut Neuprägung aus »schön« und althochdeutsch *trud* »Kraft, Stärke«.

Schura russische Koseform zu ➙ Alexandra. Nur in Verbindung mit einem eindeutig weiblichen Zweitnamen zulässig.

Schwanhild Nebenform von ➙ Swanhild.

Sebalde deutsch. Bedeutung: von althochdeutsch *sigu* »Sieg« und *bald* »kühn«.

Sebastiane griechisch. Bedeutung: die Verehrungswürdige, Erhabene.

Seffa, Seffi Kurzformen zu ➙ Josefa.

Selene, Seline griechisch. Bedeutung: Name der griechischen Mondgöttin.

Selima hebräisch. Bedeutung: die Friedliche.

Selina englische Umformung von ➙ Selene oder ➙ Celina.

Selma 1. Kurzform zu ➙ Anselma. 2. Herkunft und Bedeutung unklar. Aus der Ossian-Dichtung des Schotten James Macpherson übernommen. Berühmte Namensträgerin: Selma Lagerlöf (schwedische Schriftstellerin).

Senta Kurzform zu ➙ Kreszenzia oder ➙ Vinzenta. Berühmte Namensträgerin: Senta Berger (österreichische Schauspielerin).

Seraphia, Seraphine hebräisch. Bedeutung: die Brennende, Leuchtende.

Serena lateinisch, weibliche Form von ➜ Serenus.
Bedeutung: die Heitere, Glückliche.

Sergia lateinisch. Bedeutung: geht auf den altrömischen
Geschlechternamen der Sergier zurück.

Severa lateinisch. Bedeutung: die Strenge, Ernsthafte.

Severina lateinisch. Bedeutung: die Strenge, Ernsthafte.

Shada indianisch. Bedeutung: Pelikan.

Shadia arabisch. Bedeutung: Sängerin.

Shakira arabisch. Bedeutung: die Dankbare. Berühmte
Namensträgerin: Shakira (kolumbianische Popsängerin).

Sharon englisch. Bedeutung: geht auf eine biblische
Landschaft, die Küstenebene Scharon in Israel, zurück.
Berühmte Namensträgerin: Sharon Stone (amerikani-
sche Schauspielerin).

Sheila englische Form von ➜ Sile.

Shirley englisch. Bedeutung: geht auf einen Orts- und
Familiennamen zurück. Berühmte Namensträgerin:
Shirley MacLaine (amerikanische Schauspielerin).

Sibilla, Sibille Nebenformen zu ➜ Sibylle.

Sibyl Kurzform zu ➜ Sibylle.

Sybilla Nebenform zu ➜ Sybille.

Sibylle, Sibylla, Sibilla, Sibille griechisch. Bedeutung:
Gottesraterin.

Sida Kurzform zu ➜ Sidonia.

Sidonia, Sidonie lateinisch. Bedeutung: die Sidonierin.

Siegburg, Siegburga deutsch. Bedeutung: von althochdeutsch *sigu* »Sieg« und *burg* »Schutz, Zuflucht«.

Sieghild, Sieghilde deutsch. Bedeutung: von althochdeutsch *sigu* »Sieg« und *hiltja* »Kampf«.

Sieglind, Sieglinde, Siglinde deutsch. Bedeutung: von
althochdeutsch *sigu* »Sieg« und *linta* »Lindenholzschild«.

Siegmunda, Siegmunde deutsch. Bedeutung: von althochdeutsch *sigu* »Sieg« und *munt* »Schutz der Unmündigen«.

Siegrid Nebenform zu ➝ Sigrid.

Siegrun Nebenform zu ➝ Sigrun.

Siegtraud, Siegtrud deutsch. Bedeutung: von althochdeutsch *sigu* »Sieg« und *trud* »Kraft, Stärke«.

Sieke friesische Kurzform zu Vornamen mit Sieg-.

Sif Nebenform zu ➝ Siv.

Sigga, Siggan schwedische Kurzformen zu ➝ Sigrid.

Sigi Kurzform zu Vornamen mit Sieg-. Nur in Verbindung mit einem eindeutig weiblichen Zweitnamen zulässig.

Siglinde Nebenform zu ➝ Sieglind.

Sigrid, Siegrid nordisch. Bedeutung: von altisländisch *sigr* »Sieg« und *fridhr* »schön«. Berühmte Namensträgerin: Sigrid Undset (norwegische Schriftstellerin).

Sigrun, Siegrun deutsch. Bedeutung: von althochdeutsch *sigu* »Sieg« und *runa* »Geheimnis«.

Sigune nordisch. Bedeutung: von altisländisch *sigr* »Sieg« und *unn* »Welle, Woge«.

Sihu indianisch. Bedeutung: Blume.

Sile irische Kurzform zu ➝ Cäcilie.

Silja skandinavische Kurzform zu ➝ Cäcilie.

Silje friesische Kurzform zu ➝ Cäcilie.

Silka, Silke, Sylke niederdeutsch-friesische Kurzformen zu ➝ Cäcilie.

Silva schwedische und tschechische Form von ➝ Silvia.

Silvana, Sylvana lateinisch. Bedeutung: geht zurück auf den altrömischen Waldgott Silvanus.

Silvetta italienische Koseform zu ➝ Silvia.

Silvette französische Koseform zu ➝ Silvia.

Silvia, Sylvia lateinisch. Bedeutung: von lateinisch *silva* »Wald«. Berühmte Namensträgerinnen: Sylvia Plath (amerikanische Schriftstellerin), Silvia, Königin von Schweden.

Silvie französische Form von ➙ Silvia.

Silvina, Sylvina erweiterte Formen von ➙ Silvia.

Simona, Simone hebräisch. Bedeutung: erhört, Erhörung. Berühmte Namensträgerinnen: Simone de Beauvoir (französische Schriftstellerin), Simone Signoret (französische Schauspielerin). Simone ist in der Schweiz nur in Verbindung mit einem eindeutig weiblichen Zweitnamen zulässig.

Simonetta italienische Koseform zu ➙ Simone.

Simonette französische Koseform zu ➙ Simone.

Sina Kurzform zu Vornamen, die auf -sine oder -sina enden.

Sindy Nebenform zu ➙ Cindy.

Sinead irische Form von ➙ Johanna. Berühmte Namensträgerin: Sinead O'Connor (irische Pop-sängerin).

Sinja, Sinje Kurzformen zu Vornamen, die auf -sine oder -sina enden.

Siobhan irisch-gälisch. Bedeutung: die Bewundernswerte.

Sira italienisch-spanische Kurzform zu ➙ Sirena.

Sirena griechisch. Bedeutung: geht zurück auf die singenden Meerjungfrauen in der griechischen Mythologie.

Siri schwedische Kurzform zu ➙ Sigrid.

Sirkka finnisch. Bedeutung: Sprössling.

Siska schwedische Kurzform zu ➙ Franziska.

Sissa, Sissan schwedische Kurzformen zu ➙ Cäcilia.

Sissy   1. österreichische Kurzform zu ➜ Elisabeth.
2. englische Koseform zu ➜ Cäcilie.

Sita   1. indisch. Bedeutung: geht zurück auf die Göttin des Ackerbaus. 2. Kurzform zu ➜ Rosita.

Siti   afrikanisch/Suaheli. Bedeutung: Dame.

Siv, Sif   nordisch. Bedeutung: Braut, Ehefrau.

Sixta   lateinisch. Bedeutung: die Feine, Glatte.

Sixtina   erweiterte Form von ➜ Sixta.

Slava, Slavka   Kurzformen zu Vornamen, die auf -slava enden.

Sofia, Sofie   Nebenformen zu ➜ Sophia.

Solange   französisch. Bedeutung: von lateinisch *solemnis* »feierlich, festlich«.

Soley   isländisch. Bedeutung: Hahnenfuß (Blume).

Solveig   nordisch. Bedeutung: von altnordisch *salr* »Saal, Haus« und *veig* »Kraft«.

Sonia   Nebenform zu ➜ Sonja.

Sonja, Sonia   russische Koseformen zu ➜ Sophia. Berühmte Namensträgerin: Sonja Ziemann (deutsche Schauspielerin).

Sonnele   oberdeutsche Kurzform zu ➜ Sonnhild.

Sonnhild   Neuprägung aus »Sonne« und althochdeutsch *hiltja* »Kampf«.

Sophia, Sophie, Sofia, Sofie   griechisch. Bedeutung: Weisheit. Berühmte Namensträgerinnen: Sophie Scholl (deutsche Widerstandskämpferin), Sophia Loren (italienische Schauspielerin), Sofia, Königin von Spanien.

Soraya   persisch. Bedeutung: gute Fürstin.

Stanislava, Stanislawa   slawisch. Bedeutung: von altslawisch *stani* »standhaft« und *slava* »Ruhm«.

Stanze   Kurzform zu ➜ Konstanze.

Stasi   Kurzform zu ➜ Anastasia.

Stefana, Stefania Nebenformen zu → Stephanie.

Stefanie Nebenform zu → Stephanie.

Steffi Kurzform zu → Stephanie. Berühmte Namensträgerin: Steffi Graf (deutsche Tennisspielerin).

Stella lateinisch. Bedeutung: Stern. Berühmte Namensträgerin: Stella McCartney (englische Modeschöpferin).

Stephana Nebenform zu → Stephanie.

Stephanie, Stefanie; Stephana, Stefana; Stefania griechisch. Bedeutung: Kranz, Krone. Berühmte Namensträgerin: Stéphanie, Prinzessin von Monaco.

Stina, Stine friesische Kurzformen zu → Augustine, → Christine, → Ernestine.

Su Kurzform zu → Susanne.

Sue englische Kurzform zu → Susanne.

Sulamith hebräisch. Bedeutung unklar, vermutlich die Friedliche, Unversehrte.

Suleika arabisch. Bedeutung: die Verführerin.

Sumi japanisch. Bedeutung: die Reine.

Summer englisch. Bedeutung: Sommer.

Suna Kurzform zu Vornamen mit Sun-.

Sunhild, Sunhilde Nebenformen zu → Swanhild.

Surata indisch-pakistanisch. Bedeutung: gutes Schicksal.

Susa italienische Kurzform zu → Susanne.

Susan englische Form von → Susanne. Berühmte Namensträgerin: Susan Sarandon (amerikanische Schauspielerin).

Susanka slawische Kurzform zu → Susanne.

Susann Kurzform zu → Susanne.

Susanna italienische Form von → Susanne.

Susanne hebräisch. Bedeutung: (rote) Lilie. Berühmte Namensträgerin: Susanne Uhlen (deutsche Schauspielerin).

Suse   Kurzform zu ➝ Susanne.

Susen   schwedische Kurzform zu ➝ Susanne.

Susetta   italienische Koseform zu ➝ Susanne.

Susette   französische Koseform zu ➝ Susanne.

Susi, Susy   Koseformen zu ➝ Susanne.

Suzanne   französische Form von ➝ Susanne.

Suzette   französische Koseform zu ➝ Susanne.

Suzy   Koseform zu ➝ Susanne.

Svane   Kurzform zu Vornamen mit Svan-.

Svea   schwedisch. Bedeutung: aus *Svea-rike* »Schweden-
reich«.

Svenja   nordisch, weibliche Form von ➝ Sven.

Svetlana   Nebenform zu ➝ Swetlana.

Swaantje   friesische Koseform zu ➝ Swanhild.

Swana   Kurzform zu ➝ Swanhild.

Swanburg   deutsch. Bedeutung: von althochdeutsch *svan*
»Schwan« und *burg* »Schutz, Zuflucht«.

Swanhild, Swanhilde, Schwanhild   deutsch. Bedeutung:
von althochdeutsch *svan* »Schwan« und *hiltja* »Kampf«.

Swantje   friesische Koseform zu ➝ Swanhild.

Swetlana, Svetlana   russisch. Bedeutung: die Helle.

Swidgard   deutsch. Bedeutung: von althochdeutsch
swinde »stark, geschwind« und *gard* »Hort, Schutz«.

Swinda, Swinde   selbstständige Kurzform zu Vornamen
mit Swind- oder -swind.

Sybil   englische Form von ➝ Sibylle.

Sybill, Sybille   Nebenformen zu ➝ Sibylle.

Sylke   niederdeutsch-friesische Kurzform zu ➝ Cäcilie.

Sylvaine   französische Form von ➝ Silvana.

Sylvana   Nebenform zu ➝ Silvana.

Sylvetta   italienische Koseform zu ➝ Silvia.

Sylvette   französische Koseform zu ➝ Silvia.

Sylvi   finnische und schwedische Kurzform zu ➝ Silvia.

Sylvia   Nebenform zu ➝ Silvia.

Sylviane, Sylvianne   erweiterte Formen von ➝ Sylvia (➝ Silvia).

Sylvie   französische Form von ➝ Silvia.

Sylvina   erweiterte Form von Sylvia (➝ Silvia).

Tabea   Nebenform zu ➝ Tabitha.

Tabitha   hebräisch. Bedeutung: Gazelle.

Taima   indianisch. Bedeutung: Donnerhall.

Takara   japanisch. Bedeutung: Schatz.

Taki   japanisch. Bedeutung: Wasserfall.

Tala   indianisch. Bedeutung: Wolf.

Tale   friesische Kurzform zu ➝ Adelheid.

Talea   friesische Kurzform zu ➝ Adelheid.

Talesia   baskische Nebenform zu ➝ Adelheid.

Taletta   friesische Kurzform zu ➝ Adelheid.

Talida, Talika   friesische Kurzformen zu ➝ Adelheid.

Talitha   aramäisch. Bedeutung: Mädchen.

Tallulah   indianisch. Bedeutung: sprudelnde Quelle.

Talora   hebräisch. Bedeutung: Morgentau.

Tamaki   japanisch. Bedeutung: Armreif.

Tamara   russisch, hebräischer Herkunft. Bedeutung: Dattelpalme.

Tamina   griechisch. Bedeutung: Herrin, Gebieterin.

Tamsin   englische Kurzform zu Thomasine. Bedeutung: Zwilling.

Tani   japanisch. Bedeutung: Tal. Auch männlicher Vorname.

Tania, Tanja russische Kurzformen zu → Tatjana. Berühmte Namensträgerin: Tania Blixen (dänische Schriftstellerin).

Tanjura russische Kurzform zu → Tatjana.

Tara irisch-gälisch. Bedeutung: felsiger Gipfel, Felsspitze.

Tasha englische Kurzform zu → Natascha.

Tasida indianisch. Bedeutung: Reiterin. Auch männlicher Vorname.

Tasja, Tassja russische Kurzformen zu → Anastasia.

Tata russische Kurzform zu → Tatjana, → Natalja.

Tatjana russisch, lateinischer Herkunft. Bedeutung: vermutlich eine weibliche Bildung zum römischen Namen Tatius. Berühmte Namensträgerin: Tatjana Patitz (deutsches Fotomodell).

Tela, Tele friesische Kurzformen zu → Adelheid.

Telsa, Telse niederdeutsch-friesische Kurzformen zu → Elisabeth.

Teodora italienische Form von → Theodora.

Teresa italienische, spanische und englische Form von → Therese. Berühmte Namensträgerin: Mutter Teresa (indische katholische Ordensgründerin albanischer Herkunft).

Térèse französische Form von → Therese.

Terka ungarische Kurzform zu → Therese.

Terzia lateinisch. Bedeutung: die Dritte.

Teska niederländische Koseform zu Vornamen mit Diet-.

Tess, Tessa, Tessy englische Kurzformen zu → Therese.

Teudelinde Nebenform zu → Theodelinde.

Thea Kurzform zu → Dorothea, → Theodora. Berühmte Namensträgerin: Thea von Harbou (deutsche Schriftstellerin).

Theda   friesische Kurzform zu Vornamen mit Theo-.

Thekla   griechisch. Bedeutung: von griechisch *theós* »Gott« und *kléos* »Ruhm, guter Ruf«. Berühmte Namensträgerin: Thekla Carola Wied (deutsche Schauspielerin).

Theoda   Kurzform zu Vornamen mit Theo-.

Theodelinde, Theodolinde   latinisierte Form von ➝ Dietlinde.

Theodora   griechisch. Bedeutung: Gottesgeschenk.

Theodore   Nebenform zu ➝ Theodora. Nur in Verbindung mit einem eindeutig weiblichen Zweitnamen zulässig.

Theodosia   griechisch. Bedeutung: Gottesgeschenk.

Theophania   griechisch. Bedeutung: von griechisch *theós* »Gott« und *phainein* »erscheinen«.

Theophora   griechisch. Bedeutung: Gottesträgerin.

Theres   Nebenform zu ➝ Therese.

Theresa   Nebenform zu ➝ Therese.

Therese   griechisch. Bedeutung: Bewohnerin der Insel Thera. Berühmte Namensträgerin: Therese Giehse (deutsche Schauspielerin).

Theresia   Nebenform zu ➝ Therese. Berühmte Namensträgerin: Maria Theresia (österreichische Kaiserin).

Theresina   erweiterte Form von ➝ Theresa.

Thilde, Tilde   Kurzformen zu ➝ Mathilde.

Thona   Kurzform zu ➝ Antonia.

Thora   1. nordisch. Bedeutung: nach dem Donnergott Thor. 2. Kurzform zu Vornamen mit Thor-. Berühmte Namensträgerin: Thora Birch (amerikanische Schauspielerin).

Thordis   nordisch. Bedeutung: Zusammensetzung aus *Thor* (altgermanischer Donnergott) und altschwedisch *dis* »Göttin«.

Thorgard, Torgard schwedisch. Zusammensetzung aus *Thor* (altgermanischer Donnergott) und althochdeutsch *gard* »Hort, Schutz«.

Thorgund schwedisch. Zusammensetzung aus *Thor* (altgermanischer Donnergott) und althochdeutsch *gund* »Kampf«.

Thorhild, Torhild schwedisch. Zusammensetzung aus *Thor* (altgermanischer Donnergott) und althochdeutsch *hiltja* »Kampf«.

Thorina erweiterte Form von ➜ Thora.

Thusnelda, Thusnelde deutsch. Bedeutung: von althochdeutsch *thurs* »Riese« und *hiltja* »Kampf«.

Thuy vietnamesisch. Bedeutung: die Sanfte, Freundliche.

Thymiane nach der gleichnamigen Pflanze.

Thyra Nebenform zu ➜ Tyra.

Tiada friesische Kurzform zu Vornamen mit Diet-.

Tiana Kurzform zu ➜ Christiane.

Tida friesische Kurzform zu ➜ Adelheid.

Tiffany englische Form von ➜ Theophania.

Tilla, Tilli, Tilly Kurzformen zu ➜ Ottilie, ➜ Mathilde.

Tilse niederdeutsch-friesische Kurzform zu ➜ Elisabeth.

Tina Kurzform zu Vornamen, die auf -tina enden. Berühmte Namensträgerin: Tina Turner (amerikanische Sängerin).

Tinette französische Koseform zu ➜ Antoinette.

Tinka Kurzform zu ➜ Katharina.

Tirza hebräisch. Bedeutung: die Anmutige, Liebliche.

Tizia Kurzform zu ➜ Lätizia.

Tiziana italienisch. Bedeutung: geht zurück auf einen römischen Beinamen.

Tjada friesische Kurzform zu Vornamen mit Diet-.

Tona Kurzform zu ➜ Antonia.

Toni Kurzform zu → Antonia. Nur in Verbindung mit einem eindeutig weiblichen Zweitnamen zulässig. Berühmte Namensträgerin: Toni Morrison (amerikanische Schriftstellerin).

Tonia Kurzform zu → Antonia.

Tonja russische Kurzform zu → Antonia.

Tordis Nebenform zu → Thordis.

Tony Kurzform zu → Antonia. Nur in Verbindung mit einem eindeutig weiblichen Zweitnamen zulässig.

Torgard Nebenform zu → Thorgard.

Torgund Nebenform zu → Thorgund.

Torhild Nebenform zu → Thorhild.

Tori 1. japanisch. Bedeutung: Vogel. 2. amerikanische Kurzform zu → Viktoria. Berühmte Namensträgerinnen: Tori Amos (amerikanische Sängerin), Tori Spelling (amerikanische Schauspielerin).

Torina Nebenform zu → Thorina.

Tosca Nebenform zu → Toska.

Tosja russische Koseform zu → Antonia.

Toska, Tosca italienisch. Bedeutung: die Toskanerin.

Tracy englische Kurzform zu → Therese. Auch männlicher Vorname. Berühmte Namensträgerin: Tracy Chapman (amerikanische Sängerin).

Traude, Traudel Kurzformen zu → Gertraud.

Traudhild, Traudhilde; Trudhild, Trudhilde deutsch. Bedeutung: von althochdeutsch *trud* »Kraft, Stärke« und *hiltja* »Kampf«.

Traudlinde; Trudlinde deutsch. Bedeutung: von althochdeutsch *trud* »Kraft, Stärke« und *linta* »Lindenholzschild«.

Trina, Trine Kurzformen zu → Katharina.

Trixi Koseform zu → Beatrix.

Trude   Kurzform zu ➙ Gertrud.

Trudeliese   Zusammensetzung aus ➙ Trude und ➙ Liese.

Trudgard   deutsch. Bedeutung: von althochdeutsch *trud* »Kraft, Stärke« und *gard* »Hort, Schutz«.

Trudhild, Trudhilde   Nebenformen zu ➙ Traudhild.

Trudi, Trudy   Kurzformen zu ➙ Gertrud.

Trudlinde   Nebenform zu ➙ Traudlinde.

Tullia   irisch-gälisch. Bedeutung: die Friedliche, Stille.

Tusja   russische Kurzform zu ➙ Natalja.

Tuwa   indianisch. Bedeutung: Erde.

Tuyen   vietnamesisch. Bedeutung: Engel.

Tyra, Thyra   schwedisch. Bedeutung: von *Thor* (germanischer Donnergott) und althochdeutsch *wig* »Kampf«. Berühmte Namensträgerin: Tyra Banks (amerikanisches Fotomodell).

Ubba   friesisch. Bedeutung: von althochdeutsch *hugu* »Sinn, Geist, Verstand« und *bald* »kühn«.

Uda, Ude   Nebenformen zu ➙ Oda.

Udele   alte Nebenform zu ➙ Adele.

Ula   Nebenform zu ➙ Ulla.

Ulani   hawaiisch. Bedeutung: die Fröhliche, Lustige.

Uletta   romanische Nebenform zu ➙ Ulla.

Ulfhild   nordische Form von ➙ Wolfhild.

Ulima   arabisch. Bedeutung: die Weise.

Ulita   russische Form von ➙ Julia.

Uljana   russische Form von ➙ Juliana.

Ulla, Ula   Kurzformen zu ➙ Ursula, ➙ Ulrike. Berühmte Namensträgerinnen: Ulla Jacobsson (schwedische Schauspielerin), Ulla Schmidt (deutsche Politikerin).

Ulla-Brit   schwedische Zusammensetzung aus ➤ Ulla und ➤ Britt.

Ulrika   dänische und schwedische Form von ➤ Ulrike.

Ulrike   deutsch. Bedeutung: von althochdeutsch *uodal* »Erbgut, Heimat« und *rihhi* »reich, mächtig«. Berühmte Namensträgerin: Ulrike Meyfarth (deutsche Hochspringerin).

Ultima   lateinisch. Bedeutung: die Letzte.

Uma   indisch-pakistanisch. Bedeutung: Mutter. Anderer Name der Hindugöttin Shakti. Berühmte Namensträgerin: Uma Thurman (amerikanische Schauspielerin).

Umma   ostfriesische Kurzform zu Vornamen mit Od-, Ot-.

Una   englische Nebenform zu ➤ Oona.

Undine   lateinisch. Bedeutung: von lateinisch *unda* »Welle«. Bezeichnet eigentlich eine im Wasser hausende Nixe.

Unica   erweiterte Form von ➤ Una.

Urania   griechisch. Bedeutung: Himmel.

Urdina   baskisch. Bedeutung: blau wie der Himmel.

Ursa   lateinisch. Bedeutung: Bärin.

Urschla   rätoromanische Form von ➤ Ursula.

Ursel   Kurzform zu ➤ Ursula.

Ursina, Ursine   Nebenformen zu ➤ Ursula.

Ursula, Ursulane, Ursuline   lateinisch. Bedeutung: die Bärin. Berühmte Namensträgerinnen: Ursula Andress (schweizerische Schauspielerin), Ursula Karven (deutsche Schauspielerin).

Ursulane   Nebenform zu ➤ Ursula.

Ursulina romanische Form von → Ursuline.

Ursuline Nebenform zu → Ursula.

Urte, Urthe 1. baltische Kurzformen zu → Dorothea.
2. baskische Formen von → Ruth.

Uschi Koseform zu → Ursula. Berühmte Namensträgerin: Uschi Glas (deutsche Schauspielerin).

Uta, Ute Nebenformen zu → Oda. Berühmte Namensträgerin: Ute Lemper (deutsche Sängerin und Tänzerin).

Utina indianisch. Bedeutung: Frau meines Landes.

Utlinde Nebenform zu → Otlinde.

Utta Nebenform zu → Uta. Berühmte Namensträgerin:
Utta Danella (deutsche Schriftstellerin).

Valentina, Valentine lateinisch. Bedeutung: die Gesunde,
Starke.

Valeria, Valerie lateinisch. Bedeutung: geht auf
den altrömischen Geschlechternamen der Valerier
zurück.

Valeriane erweiterte Form von → Valeria.

Valerie Nebenform zu → Valeria.

Valeska polnische Koseform zu → Valeria.

Vanadis nordisch. Bedeutung: Beiname der nordischen
Göttin Freya.

Vanda italienische und schwedische Form von
→ Wanda.

Vanessa englisch. Bedeutung: eigentlich Name einer
Schmetterlingsgattung. Berühmte Namensträgerinnen:
Vanessa Redgrave (englische Schauspielerin), Vanessa
Paradis (französische Schauspielerin).

Varena   rätoromanische Form von ➡ Verena.

Vashti   persisch. Bedeutung: die Schöne.

Velvet   englisch. Bedeutung: die Samtene.

Vera   1. russisch. Bedeutung: Glaube. 2. Kurzform zu
➡ Verena, ➡ Veronika. Berühmte Namensträgerin:
Vera Tschechowa (deutsche Schauspielerin).

Verena   Herkunft und Bedeutung unklar, eventuell
Nebenform zu ➡ Veronika.

Vérène   französische Form von ➡ Verena.

Verita   lateinisch. Bedeutung: von *veritas* »Wahrheit«.

Verona   Nebenform zu ➡ Veronika. Berühmte Namensträgerin: Verona Pooth (deutscher Werbestar).

Veronika   griechisch. Bedeutung: die Siegbringende.
Berühmte Namensträgerin: Veronika Ferres (deutsche
Schauspielerin).

Véronique   französische Form von ➡ Veronika.

Veruschka   russische Koseform zu ➡ Vera.

Vesta   lateinisch. Bedeutung: nach der gleichnamigen
Göttin des Herdfeuers.

Veva, Vevi   Kurzformen zu ➡ Genoveva.

Vicki   Kurzform zu Viktoria (➡ Victoria). Berühmte
Namensträgerin: Vicki Baum (österreichische Schriftstellerin).

Vicky   englische Kurzform zu Viktoria (➡ Victoria).
Berühmte Namensträgerin: Vicky Leandros (griechisch-
deutsche Sängerin).

Victoria, Viktoria   lateinisch. Bedeutung: Siegerin.
Berühmte Namensträgerinnen: Viktoria, Kronprin-
zessin von Schweden, Victoria Beckham (englische
Popsängerin).

Viktorina, Viktorine   erweiterte Formen von Viktoria
(➡ Victoria).

Vilja finnisch. Bedeutung: Reichtum, Güte.

Vilma ungarische und litauische Form von
→ Wilma.

Vinzenta, Vinzentia lateinisch. Bedeutung: Weiterbildung
von lateinisch *vincere* »siegen«.

Vinzentina erweiterte Form von → Vinzenta.

Viola lateinisch. Bedeutung: Veilchen.

Violet englische Form von → Viola.

Violetta italienische Koseform zu → Viola.

Violette französische Koseform zu → Viola.

Virginia lateinisch. Bedeutung: geht zurück auf den
altrömischen Geschlechternamen der Verginier.
Berühmte Namensträgerin: Virginia Woolf (englische
Schriftstellerin).

Virginie französische Form von → Virginia. Berühmte
Namensträgerin: Virginie Ledoyen (französische
Schauspielerin).

Virna italienische Kurzform zu → Virginia.

Vita Kurzform zu → Viktoria.

Viv englische Kurzform zu Viviane (→ Viviana).

Viviana, Viviane lateinisch. Bedeutung: die Muntere.

Vivien englische Form von → Viviane. Auch männlicher
Vorname. Berühmte Namensträgerin: Vivien Leigh
(englische Schauspielerin).

Volkberta deutsch. Bedeutung: von althochdeutsch *folc*
»Kriegsschar, Volk« und *beraht* »glänzend«.

Volkhild, Volkhilde deutsch. Bedeutung: von althochdeutsch *folc* »Kriegsschar, Volk« und *hiltja* »Kampf«.

Volla, Volle friesische Kurzformen zu Vornamen mit
Volk-.

Volma deutsch. Bedeutung: von althochdeutsch *folc*
»Kriegsschar, Volk« und *mari* »berühmt«.

Vreni   oberdeutsche und schweizerische Kurzform zu
→ Verena. Berühmte Namensträgerin: Vreni Schneider
(schweizerische Skiläuferin).
Vroni   oberdeutsche und schweizerische Kurzform zu
→ Veronika.

Wakanda   indianisch. Bedeutung: Zaubermacht.
Walberta   deutsch. Bedeutung: von althochdeutsch
waltan »walten, herrschen« und *beraht* »glänzend«.
Walburg, Walburga   deutsch. Bedeutung: von althoch-
deutsch *waltan* »walten, herrschen« und *burg* »Schutz,
Zuflucht«.
Walda   Kurzform zu Vornamen mit Wald-.
Waldegund, Waldegunde   deutsch. Bedeutung: von
althochdeutsch *waltan* »walten, herrschen« und *gund*
»Kampf«.
Walfriede   deutsch. Bedeutung: von althochdeutsch
waltan »walten, herrschen« und *fridu* »Friede«.
Walli, Wally   Kurzformen zu → Walburga, → Valerie.
Walpurga, Walpurgis   alte Nebenformen zu → Walburga.
Waltheide   deutsch. Bedeutung: von althochdeutsch
waltan »walten, herrschen« und *heit* »Art und Weise«.
Walthild, Walthilde   deutsch. Bedeutung: von althoch-
deutsch *waltan* »walten, herrschen« und *hiltja*
»Kampf«.
Waltraud, Waltraut   deutsch. Bedeutung: von althoch-
deutsch *waltan* »walten, herrschen« und *trud* »Kraft,
Stärke«. Berühmte Namensträgerin: Waltraud Meier
(deutsche Opernsängerin).

Waltrud, Waltrude, Waltrudis Nebenformen zu
→ Waltraud.

Waltrun deutsch. Bedeutung: von althochdeutsch
waltan »walten, herrschen« und *runa* »Geheimnis«.

Wanda slawisch. Bedeutung unklar, eventuell die
Wendin (Name eines Volkes). Berühmte Namensträgerin: Wanda Landowska (polnische Cembalistin).

Wanja russische Koseform zu → Iwana. Nur in Verbindung mit einem eindeutig weiblichen Zweitnamen
zulässig.

Warwara russische Form von → Barbara.

Washi japanisch. Bedeutung: Adler.

Weike friesische Kurzform zu Vornamen mit Wig- oder
-wig. Nur in Verbindung mit einem eindeutig weiblichen Zweitnamen zulässig.

Welda Kurzform zu Vornamen mit Wald-.

Wellemina rheinische und ostfriesische Form von
→ Wilhelmina.

Wencke norwegische Form von → Wenke. Berühmte
Namensträgerin: Wencke Myrhe (norwegische
Schlagersängerin).

Wendela Kurzform zu Vornamen mit Wendel-.

Wendelburg deutsch. Bedeutung: vom Stammesnamen
der Wandalen und althochdeutsch *burg* »Schutz,
Zuflucht«.

Wendelgard deutsch. Bedeutung: vom Stammesnamen
der Wandalen und althochdeutsch *gard* »Hort, Schutz«.

Wendeline Kurzform zu Vornamen mit Wendel-.

Wendi Kurzform zu Vornamen mit Wendel-.

Wendula Kurzform zu Vornamen mit Wendel-.

Wendy englisch. Bedeutung: geht auf die gleichnamige
Figur in J. M. Barries Kinderbuch »Peter Pan« zurück.

Wenke   niederdeutsche Koseform zu Vornamen mit Win- oder -win.

Wera   Nebenform zu → Vera.

Werna   Kurzform zu Vornamen mit Wern-.

Wernburg   deutsch. Bedeutung: von althochdeutsch *warjan, werjan* »sich wehren« und *burg* »Schutz, Zuflucht«.

Werngard   deutsch. Bedeutung: von althochdeutsch *warjan, werjan* »sich wehren« und *gard* »Hort, Schutz«.

Wernhild, Wernhilde   deutsch. Bedeutung: von althochdeutsch *warjan, werjan* »sich wehren« und *hiltja* »Kampf«.

Whitney   altenglisch. Bedeutung: die von der weißen Insel. Auch männlicher Vorname. Berühmte Namensträgerin: Whitney Houston (amerikanische Popsängerin).

Wibke, Wiebke   friesisch, niederländische und niederdeutsche Kurzformen zu Vornamen mit Wig-.

Wieka, Wieke   Kurzformen zu → Ludowika.

Wigberta   deutsch. Bedeutung: von althochdeutsch *wig* »Kampf« und *beraht* »glänzend«.

Wigburg, Wigburga   deutsch. Bedeutung: von althochdeutsch *wig* »Kampf« und *burg* »Schutz, Zuflucht«.

Wilfriede   deutsch. Bedeutung: von althochdeutsch *willo* »Wille« und *fridu* »Friede«.

Wilgard   deutsch. Bedeutung: von althochdeutsch *willo* »Wille« und *gard* »Hort, Schutz«.

Wilgund, Wilgunde   deutsch. Bedeutung: von althochdeutsch *willo* »Wille« und *gund* »Kampf«.

Wilhelma   Nebenform zu → Wihelmine.

Wilhelmina   Nebenform zu → Wilhelmine.

Wilhelmine deutsch. Bedeutung: von althochdeutsch *willo* »Wille« und *helm* »Helm, Schutz«.

Wilja, Willa Kurzformen zu Vornamen mit Will-.

Willow amerikanisch. Bedeutung: Weidenbaum.

Wilma Kurzform zu ➙ Wilhelmine.

Wilmken niederdeutsche Koseform zu ➙ Wilhelmine.

Wilrun deutsch. Bedeutung: von althochdeutsch *willo* »Wille« und *runa* »Geheimnis«.

Wiltraud, Wiltrud deutsch. Bedeutung: von althochdeutsch *willo* »Wille« und *trud* »Kraft, Stärke«.

Wina Kurzform zu ➙ Winfrieda.

Winfrieda, Winfriede deutsch. Bedeutung: von althochdeutsch *wini* »Freund« und *fridu* »Friede«.

Winifred englisch, walisischer Herkunft. Bedeutung: von walisisch *Gwenfrewi* (*gwen* »weiß«, »gesegnet« und *frewi* »Versöhnung«).

Winnie englische Kurzform zu ➙ Winifred.

Winona englisch, indianischer Herkunft. Bedeutung: erstgeborene Tochter. Berühmte Namensträgerin: Winona Ryder (amerikanische Schauspielerin).

Wintrud deutsch. Bedeutung: von althochdeutsch *wini* »Freund« und *trud* »Kraft, Stärke«.

Wisgard deutsch. Bedeutung: von althochdeutsch *wisi* »weise« und *gard* »Hort, Schutz«.

Wisgund, Wisgunde deutsch. Bedeutung: von althochdeutsch *wisi* »weise« und *gund* »Kampf«.

Wismut deutsch. Bedeutung: von althochdeutsch *wisi* »weise« und *muot* »Mut, Eifer, Geist«.

Witta deutsch. Bedeutung: von althochdeutsch *witu* »Wald, Gehölz«. Berühmte Namensträgerin: Witta Pohl (deutsche Schauspielerin).

Wolfgund, Wolfgunde deutsch. Bedeutung: von althochdeutsch *wolf* »Wolf« und *gund* »Kampf«.

Wolfhild, Wolfhilde deutsch. Bedeutung: von althochdeutsch *wolf* »Wolf« und *hiltja* »Kampf«.

Wolfrun deutsch. Bedeutung: von althochdeutsch *wolf* »Wolf« und *runa* »Geheimnis«.

Wolftraud, Wolftrud deutsch. Bedeutung: von althochdeutsch *wolf* »Wolf« und *trud* »Kraft, Stärke«.

Wunna deutsch. Bedeutung: von althochdeutsch *wunna* »Wonne, hohe Freude«.

Wyanet indianisch. Bedeutung: die Schöne.

Xandra rätoromanische Kurzform zu ➜ Alexandra.

Xaveria weibliche Form des männlichen Vornamens ➜ Xaver.

Xenia griechisch, Kurzform zu ➜ Polyxenia. Bedeutung: die Gastfreie, Gastliche.

Xinag chinesisch. Bedeutung: die Duftende, Angenehme.

Xochil mexikanisch. Bedeutung: Blume.

Yael hebräisch. Bedeutung: weibliche Ziege.

Yakira hebräisch. Bedeutung: die Kostbare.

Yamka indianisch. Bedeutung: knospende Blume.

Yasira arabisch. Bedeutung: die Milde, Sanfte.

Yasmin, Yasmine Nebenformen zu ➜ Jasmin.

Yasu japanisch. Bedeutung: die Ruhige, Friedliche.

Yildiz türkisch. Bedeutung: Stern.

Ylva nordisch. Bedeutung: Wölfin.

Yoki indianisch. Bedeutung: Blauvogel.

Yoko japanisch. Bedeutung: Kind des Meeres. Berühmte Namensträgerin: Yoko Ono (japanische Künstlerin).

Yolanda, Yolande französische und englische Formen von → Jolande.

Yuki japanisch. Bedeutung: Schnee.

Yvette französische Koseform zu → Yvonne.

Yvonne, Ivonne französisch, weibliche Form des männlichen Vornamens Yvon (→ Ivo). Berühmte Namensträgerin: Yvonne Catterfeld (deutsche Popsängerin).

Zaida arabisch. Bedeutung: Gebieterin.

Zaltana indianisch. Bedeutung: hoher Berg.

Zara, Zarah Nebenformen zu → Sara. Berühmte Namensträgerin: Zarah Leander (schwedische Schauspielerin und Sängerin).

Zarina bulgarisch, weibliche Form von → Zarin. Bedeutung: Herrscherin.

Zawadi afrikanisch/Suaheli. Bedeutung: Gabe, Geschenk.

Zäzilie Nebenform zu Cacilie (→ Cäcilia).

Zdenka tschechische Form von → Sidonia.

Zelda englische Kurzform zu → Griselda.

Zella Kurzform zu → Marcella.

Zelma englische Nebenform zu → Selma.

Zena Kurzform zu → Zenobia.

Zenobia   griechisch. Bedeutung: Name der Königin von Palmyra (Syrien).

Zenta   Kurzform zu ➜ Innocentia, ➜ Kreszentia, Vinzentia (➜ Vinzenta).

Zenz, Zenzi   Kurzformen zu ➜ Innocentia, ➜ Kreszentia, Vinzentia (➜ Vinzenta).

Ziena, Zientje   ostfriesische Kurzformen zu Vornamen, die auf -sina oder -cina enden.

Zilla, Zilli, Zilly   Kurzformen zu Cäcilie (➜ Cäcilia).

Zinnia   englisch. Bedeutung: nach der gleichnamigen Pflanze.

Zippora   hebräisch. Bedeutung: Vögelchen.

Ziska, Zissi, Zissy   Kurzformen zu ➜ Franziska.

Zita   1. italienisch. Bedeutung: Mädchen. 2. Kurzform zu ➜ Felizitas.

Zoe   griechisch. Bedeutung: Leben.

Zofia   polnische Form von ➜ Sophia.

Zora   südslawische Form von ➜ Aurora.

Zuri   afrikanisch/Suaheli. Bedeutung: die Schöne.

Zuria   baskisch. Bedeutung: die Weiße.

Zwaantje   friesische Koseform zu Vornamen mit Swan- oder Schwan-.

Zum Nachschlagen:
Die schönsten internationalen Vornamen nach Herkunft geordnet

Vielleicht sind Sie ja ganz bewusst auf der Suche nach einem nordischen oder einem griechischen Vornamen? Dann finden Sie hier klangvolle und beliebte Vornamen aus aller Welt, geordnet nach ihrer Herkunft.

Afrikanische Vornamen

Für Jungen

Abiona	Dumaka	Liu
Agu	Gyasi	Mansa
Aniweta	Jahi	Nuru
Chi	Kito	Olufemi
Daudi	Kumi	Paki

Für Mädchen

Abebi	Fayola	Penda
Abiona	Hasina	Sanura
Adia	Keshia	Siti
Alika	Mandisa	Zawadi
Binti	Marini	Zuri

Arabische Vornamen

Für Jungen

Amir	Harun	Nadir
Djamal, Jamal	Hilal	Rafi
Faris	Kalil	Safi
Faruk	Karim	Sami
Fatih	Latif	Tarek, Tarik

Für Mädchen

Aischa	Kalila	Saide
Djamila, Jamila	Laila, Leila	Samira
Farah	Malaika, Maleika	Shakira
Fatima	Rabea	Suleika
Hakima	Safia, Safiyya	Yasira

Englische Vornamen

Für Jungen

Alan	Jack	Robin
Ashley	James	Roy
Colin	John	Russell
Dean	Kevin	Stephen
Dennis	Marlon	Terry
Dylan	Marvin	Troy
Frederick	Mick	William
Harry	Mike	
Henry	Nick	

Für Mädchen

Amy	Jessica	Sabrina
Ashley	Joy	Sally
Carrie	Kim	Scarlett
Chelsea	Lucy	Summer
Emily	Melody	Tiffany
Fiona	Miranda	Vanessa
Holly	Nelly	Wendy
India	Pamela	
Jennifer	Polly	

Französische Vornamen

Für Jungen

Alain	Louis	Pascal
André	Marcel	Patrice
Benoît	Mathieu	Philippe
Claude	Maurice	Pierre
Étienne	Michel	René
Fabrice	Noël	Sébastien
Julien	Olivier	

Für Mädchen

Amélie	Elaine	Louise
Annette	Fabienne	Madeleine
Camille	Isabelle	Michelle
Charlotte	Jacqueline	Nadine
Claire	Janine	Nicole
Denise	Jeannette	Renée
Désirée	Juliette	

Griechische Vornamen

Für Jungen

Achilles	Hektor	Paris
Adonis	Hyazinth	Philipp
Alexander	Jason	Sebastian
Andreas	Leander	Silas
Christoph	Linus	Stephan
Damian	Lysander	Timon
Eoban	Nikolaus	

Für Mädchen

Alexandra	Helena	Melanie
Alexia	Iris	Rhea
Andrea	Kassandra	Sibylle, Sibylla
Anna	Katharina	Sophia, Sophie
Barbara	Larissa	Stephanie, Stefanie
Cora	Lavinia	Zoe
Dorothea	Leandra	

Hawaiische Vornamen

Für Jungen

Alani	Konane	Makani
Alaula	Lani	Nahele
Hoku	Lekeke	
Kalani	Lulani	

Für Mädchen

Ahulani	Keiki	Moana
Alamea	Lani	Noelani
Alaula	Leilani	Oliana
Hokulani	Mahina	
Kapua	Maylea	

Hebräische Vornamen

Für Jungen

Aron, Aaron	Immanuel	Michael
Abel	Isaak	Noah
Adam	Jakob	Raphael
Benjamin	Joachim	Ruben
Daniel	Johannes	Salomon
David	Jonas	Samuel
Elias	Jonathan	Simon
Ephraim	Josef	Tobias
Gabriel	Josua, Joshua	
Hosea	Matthias	

Für Mädchen

Aliya, Aliyah	Hannah	Rebekka
Daniela	Johanna	Ruth
Debora, Deborah	Lea, Leah	Sara, Sarah
Dina	Lilith	Simona
Eliana, Eliane	Magdalena	Sulmaith
Elisabeth	Mara	Susanna, Susanne
Emanuela	Miriam	Tabitha
Esther	Noemi	
Eva	Rahel	

Indianische Vornamen

Für Jungen

Ahanu	Kinta	Sakima
Dyami	Liwanu	Tasida
Elsu	Misu	Tyee
Etu	Nayati	Wapi
Guyapi	Raini	Yuma

Für Mädchen

Aiyana	Kaya	Satinka
Awanata	Kimama	Tala
Chenoa	Magena	Tallulah
Dyani	Migina	Winona
Kasota	Nayana	Yoki

Indisch-pakistanische Vornamen

Für Jungen

Akash	Chandan	Rajan
Anil	Hardeep	Rajnish
Anuo	Kami	Ravi
Arjun, Arjuna	Kantu	Sarad
Arun	Krishna, Krischna	Vadin

Für Mädchen

Aruna	Kama	Rohana
Chandra	Lalita	Sita
Deva	Manju	Uma
Indira	Minda	
Jarita	Rani	

Irisch-gälische Vornamen

Für Jungen

Aidan	Kerry	Quinn
Brendan	Kilian	Ronan
Conor	Kyle	Rowan
Flynn	Liam	Ryan
Kelly	Patrick	Sean

Für Mädchen

Ailis	Flanna	Moira
Caitlin	Kareen	Niamh
Colleen	Kathleen	Nuala
Eileen	Kelly	Sinead
Erin	Meara	Tara

Italienische Vornamen

Für Jungen

Adriano	Leonardo	Nino
Antonio	Lino	Orlando
Armando	Lorenzo	Paolo
Carlo	Luca	Roberto
Dario	Luciano	Romeo
Dino	Marco	Tiziano
Fabio	Mario	Valentino
Fabrizio	Matteo	Vincenzo
Flavio	Mattia	
Francesco	Maurizio	

Für Mädchen

Allegra	Fabrizia	Mirella
Antonella	Federica	Nicoletta
Bella	Gina	Paola
Bianca	Grazia	Rosetta
Camilla	Isabella	Teresa
Carlotta	Laura	Tiziana
Chiara	Luisa	Violetta
Donna	Mariella	
Estella	Marietta	

Japanische Vornamen

Für Jungen

Hirsohi	Kiyoshi	Yemon
Hisoka	Raiden	Yukiko
Isas	Tani	
Kin	Taro	

Für Mädchen

Aki	Keiko	Sakura
Ayame	Koko	Sumi
Haru	Masako	Tamaki
Kami	Michiko	Yoko
Kaori	Miya	Yuki

Lateinische Vornamen

Für Jungen

Adrian	Felix	Markus
Amadeus	Florian	Martin
Benedikt	Julius	Maximilian
Christian	Julian	Paul
Claudius	Konstantin	Quirin
Clemens	Lukas	Valentin
Cornelius	Magnus	Vinzenz
Dominik	Marian	
Fabian	Marius	

Für Mädchen

Angela	Julia	Patricia, Patrizia
Cara	Klara	Paula
Celia	Leonie	Silvia, Sylvia
Christina, Christine	Lucia, Lucie	Stella
Claudia	Maja	Valentina, Valentine
Diana, Diane	Marcella	Victoria, Viktoria
Emilia, Emilie	Marina	Viviane, Viviane
Felicitas	Martina	
Franziska	Natalie	

Nordische Vornamen

Für Jungen

Anders	Jens	Olaf
Arne	Kalle	Ole
Björn	Lars	Pelle
Erik	Lasse	Per
Finn	Lauri	Sören
Fredrik	Lennart	Sven
Gunnar	Malte	Thorsten
Holger	Mats, Mads	
Jannik	Nils	

Für Mädchen

Annika	Kajsa	Madita
Astrid	Karen	Solveig
Birgit	Karin	Svea
Birte, Birthe	Kerstin	Svenja
Blia	Kirsti	Thora
Finja	Kristin	Ulrika
Inga	Lillemor	Ylva
Ingrid	Linnéa	
Jonna	Liv	

Russische und slawische Vornamen

Für Jungen

Alexej	Ilja	Nikita
Aljoscha	Kolja	Nikolai
Andrej	Kostja	Renja
Boris	Mischa	Sascha
Grischa	Mitja	Wanja

Für Mädchen

Alissa	Kira	Sascha
Anja	Lara	Sonja
Dunja	Maruschka	Tamara
Irina	Mascha	Tanja
Jana	Nadja	Tatjana
Katinka	Nastasja	Vera
Katja	Natascha	

Spanische Vornamen

Für Jungen

Alejo	Felipe	Pablo
Alvaro	Jaime	Paco
Benito	Javier	Pedro
Carlos	Joaquin	Ramón
Diego	Luis, Luiz	Raul
Domingo	Manuel	Rodrigo
Enrique	Miguel	

Für Mädchen

Alicia	Ines, Inés	Paloma
Anita	Lola	Ramona
Blanka	Luisa	Ricarda
Carmen	Maite	Rosalita
Dolores	Marita	Rosita
Elena	Melia	Teresa
Evita	Ninja	

Vornamen aus Großmutters Zeiten

Für Jungen

Anselm	Kaspar	Sebastian
Anton	Konrad	Stefan, Stephan
Benedikt	Leonhard	Thomas
Carl	Ludwig	Ulrich
Emil	Maximilian	Vinzenz
Georg	Michael	Walter
Gustaf	Paul	Werner
Jakob	Peter	
Johann	Robert	

Für Mädchen

Anna	Emma	Paula
Antonia	Florentine	Pauline
Caroline	Franziska	Senta
Charlotte	Greta, Grete	Theresa, Therese
Clara, Klara	Henriette	Uta, Ute
Eleonore	Johanna	Veronika
Elisabeth	Lotte	Viktoria
Ella	Maria	
Ellen	Martha	

Die beliebtesten Vornamen

Drei Annas in einer Schulklasse? Jeder zweite Junge heißt plötzlich Paul? Hier finden Sie die beliebtesten Vornamen der letzten fünf Jahre – in Deutschland, Österreich und der Schweiz.

Deutschland

Die beliebtesten Vornamen 2005

JUNGEN

1. Alexander	6. Paul
2. Maximilian	7. Jonas
3. Leon	8. Felix
4. Lukas, Lucas	9. Tim
5. Luca	10. David

MÄDCHEN

1. Marie	6. Lena
2. Sophie, Sofie	7. Emily
3. Maria	8. Lea, Leah
4. Anna, Anne	9. Julia
5. Leonie	10. Laura

Die beliebtesten Vornamen 2004

JUNGEN

1. Maximilian	6. Luca
2. Alexander	7. Felix
3. Paul	8. Jonas
4. Leon	9. Tim
5. Lukas, Lucas	10. David

MÄDCHEN

1. Marie	6. Lea, Leah
2. Sophie	7. Laura
3. Maria	8. Lena
4. Anna, Anne	9. Katharina
5. Leonie	10. Johanna

Die beliebtesten Vornamen 2003

JUNGEN

1. Maximilian	6. Felix
2. Alexander	7. Luca
3. Leon	8. David
4. Paul	9. Tim
5. Lukas, Lucas	10. Jonas

MÄDCHEN

1. Marie	6. Laura
2. Sophie	7. Lena
3. Maria	8. Leonie
4. Anna, Anne	9. Julia
5. Lea, Leah	10. Sarah, Sara

Die beliebtesten Vornamen 2002

JUNGEN

1. Alexander	6. Jonas
2. Maximilian	7. Tim
3. Paul	8. David
4. Leon	9. Niklas
5. Lukas	10. Luca

MÄDCHEN

1. Marie	6. Lea
2. Sophie	7. Katharina
3. Maria	8. Sarah
4. Anna, Anne	9. Julia
5. Laura	10. Lena

Die beliebtesten Vornamen 2001

JUNGEN

1. Leon	6. Tim
2. Alexander	7. Jonas
3. Maximilan	8. Niklas
4. Lukas	9. Jan
5. Paul	10. Daniel

MÄDCHEN

1. Marie	6. Michelle
2. Sophie	7. Lea
3. Maria	8. Julia
4. Anna, Anne	9. Sarah, Sara
5. Laura	10. Lisa

Österreich

Die beliebtesten Vornamen 2005

JUNGEN

1. Lukas	6. Sebastian
2. Tobias	7. Julian
3. David	8. Fabian
4. Florian	9. Simon
5. Alexander	10. Maximilian

MÄDCHEN

1. Leonie	6. Laura
2. Lena	7. Hannah
3. Anna	8. Katharina
4. Sarah	9. Sophie
5. Julia	10. Lea

Die beliebtesten Vornamen 2004

JUNGEN

1. Lukas	6. Julian
2. Florian	7. Simon
3. Tobias	8. Alexander
4. David	9. Michael
5. Fabian	10. Sebastian

MÄDCHEN

1. Anna	6. Laura
2. Sarah	7. Hannah
3. Leonie	8. Katharina
4. Julia	9. Lisa
5. Lena	10. Sophie

Die beliebtesten Vornamen 2003

JUNGEN

1. Lukas	6. Fabian
2. Florian	7. Michael
3. Tobias	8. Julian
4. David	9. Daniel
5. Alexander	10. Simon

MÄDCHEN

1. Sarah	6. Hannah
2. Anna	7. Lisa
3. Julia	8. Katharina
4. Laura	9. Leonie
5. Lena	10. Vanessa

Die beliebtesten Vornamen 2002

JUNGEN

1. Lukas	6. Michael
2. Florian	7. Alexander
3. Tobias	8. Fabian
4. David	9. Marcel
5. Daniel	10. Maximilian

MÄDCHEN

1. Anna	6. Katharina
2. Sarah	7. Lena
3. Julia	8. Hannah
4. Laura	9. Selina
5. Lisa	10. Viktoria

Die beliebtesten Vornamen 2001

JUNGEN

1. Lukas	6. Fabian
2. Florian	7. Marcel
3. Michael	8. Tobias
4. Daniel	9. David
5. Alexander	10. Philipp

MÄDCHEN

1. Julia	6. Katharina
2. Anna	7. Hannah
3. Sarah	8. Lena
4. Laura	9. Selina
5. Lisa	10. Viktoria

Schweiz

Die beliebtesten Vornamen 2005

JUNGEN

1. David	6. Simon
2. Noah	7. Jan
3. Joël	8. Jonas
4. Tim	9. Lukas
5. Luca	10. Nico

MÄDCHEN

1. Leonie	6. Nina
2. Anna	7. Sarah
3. Lara	8. Chiara
4. Laura	9. Sara
5. Julia	10. Lena

Die beliebtesten Vornamen 2004

JUNGEN

1. Luca	6. Simon
2. Noah	7. Nico
3. David	8. Tim
4. Jan	9. Jonas
5. Joël	10. Lucas

1. Lea	6. Lara
2. Anna	7. Chiara
3. Laura	8. Nina
4. Leonie	9. Jana
5. Julia	10. Vanessa

Die beliebtesten Vornamen 2003

JUNGEN

1. Luca	6. Jan
2. Joël	7. Tim
3. Simon	8. Lukas
4. Noah	9. Fabian
5. David	10. Kevin

MÄDCHEN

1. Laura	6. Chiara
2. Lea	7. Julia
3. Lara	8. Anna
4. Sarah	9. Michelle
5. Vanessa	10. Sara

Namenstagskalender

Ein zusätzliches Kriterium, das Sie bei der Wahl des Vornamens hinzuziehen können, ist das Geburtsdatum des Kindes. Auf den folgenden Seiten finden Sie die Namenstage – nach dem evangelischen und nach dem katholischen Kalender.

Januar

	für evangelische Kalender	*für katholische Kalender*
1. Januar	*Neujahr*	*Neujahr*, Gottesmutter Maria, Wilhelm
2. Januar	Basilius, Wilhelm Löhe	Basilius, Gregor von Nazianz
3. Januar	Gordius	Irmina
4. Januar	Fritz von Bodelschwingh	Marius
5. Januar	Feofan	Ämiliana
6. Januar	*Epiphanias*, Walther Pauker	*Erscheinung des Herrn*, Kaspar, Melchior, Balthasar
7. Januar	Jakob Andreä	Valentin
8. Januar	Severin	Severin
9. Januar	Johann Laski	Adrian

	für evangelische Kalender	*für katholische Kalender*
10. Januar	Karpus, Papylus	Walarich
11. Januar	Ernst der Bekenner	Hyginus
12. Januar	Remigius von Reims	Ernst
13. Januar	Hilarius von Poitiers	Hilarius
14. Januar	Georg Fox	Felix von Nola
15. Januar	Traugott Hahn	Romedius
16. Januar	Georg Spalatin	Marcellus I.
17. Januar	Antonius von Ägypten	Antonius
18. Januar	Ludwig Steil	Priska
19. Januar	Johann Michael Hahn	Agritus
20. Januar	Sebastian	Fabian, Sebastian
21. Januar	Matthias Claudius	Meinrad
22. Januar	Vincentius	Vinzenz
23. Januar	Menno Simons	*Mariä Vermählung*
24. Januar	Erich Sack	Franz von Sales
25. Januar	*Bekehrung des Apostels Paulus,* Heinrich Seuse	*Bekehrung des Apostels Paulus,* Wolfram
26. Januar	Thimotheus und Titus, Johann	Thimotheus und Titus
27. Januar	Paavo Ruotsalainen	Angela Merici
28. Januar	Karl der Große	Thomas von Aquin
29. Januar	Theophil Wurm	Valerius
30. Januar	Xaver Marnitz	Adelgundis
31. Januar	Charles Spurgeon	Johannes Bosca

Februar

	für evangelische Kalender	für katholische Kalender
1. Februar	Klaus Harms	Sigisbert
2. Februar	*Lichtmess*, Burkhard von Würzburg	*Lichtmess*, Hadelog (Adelheid) von Kitzingen
3. Februar	Ansgar, Matthias Desubas	Blasius
4. Februar	Hrabanus Maurus	Hrabanus Maurus
5. Februar	Philipp Jakob Spener	Agatha
6. Februar	Amandus	Paul Miki
7. Februar	Adolf Stoecker	Richard
8. Februar	Georg Wagner	Hieronymus Ämiliani
9. Februar	John Hooper	Apollonia
10. Februar	Friedrich Christoph Oetinger	Scholastika
11. Februar	Hugo von St. Victor, Benjamin Schmolck	*Mariengedenktag in Lourdes,* Theobert (Dietbert)
12. Februar	Valentin Ernst Löscher, Friedrich Schleiermacher	Benedikt von Aniane
13. Februar	Christian Friedrich Schwartz	Wiho
14. Februar	Cyrill und Methodius, Johann Daniel Falck	Cyrill und Methodius
15. Februar	Georg Maus	Siegfried
16. Februar	Wilhelm Schmidt	Juliana
17. Februar	Johann Heermann	Sieben Gründer des Servitenordens

	für evangelische Kalender	für katholische Kalender
18. Februar	Martin Luther	Bernadette
19. Februar	Peter Brullius	Julian
20. Februar	Friedrich Weißler	Eleutherius
21. Februar	Lars Levi Laestadius	Petrus Damiani
22. Februar	Bartholomäus Ziegenbalg	Kathedra Petri
23. Februar	Polycarpus	Polykarp
24. Februar	Apostel Matthias	Apostel Matthias
25. Februar	Walburga	Walburga
26. Februar	Mechthild von Magdeburg	Alexander
27. Februar	Patrick Hamilton	Leander
28. Februar	Martin Bucer	Roman und Lupicin
29. Februar	Suitbert	Oswald

März

	für evangelische Kalender	für katholische Kalender
1. März	Martin Moller	Albinus
2. März	John Wesley	Agnes von Böhmen
3. März	Johann Friedrich der Großmütige	Titian
4. März	Elsa Brandström	Kasimir
5. März	Hermann Friedrich Kohlbrügge	Johannes Josef
6. März	Chrodegang von Metz	Fridolin
7. März	Perpetua und Felicitas	Perpetua, Felicitas

	für evangelische Kalender	für katholische Kalender
8. März	Thomas von Aquin	Johannes von Gott
9. März	Pusei, Bruno von Querfurt	Bruno von Querfurt
10. März	40 Ritter von Sebaste	40 Märtyrer von Sebaste, Attala
11. März	Pionius	Eulogius
12. März	Gregor der Große	Engelhard
13. März	Georg von Ghese	Paulina
14. März	Mathilde, Friedrich Gottlieb Klopstock	Mathilde
15. März	Kaspar Olevianus	Klemens Maria Hofbauer
16. März	Heribert von Köln	Heribert
17. März	Patrick von Irland	Gertrud von Nivelles
18. März	Cyrillus von Jerusalem, Marie Schlieps	Cyrill von Jerusalem
19. März	Michael Weiße	Josef
20. März	Albrecht von Preußen	Wolfram
21. März	Benedikt von Nursia	Serapion
22. März	August Schreiber	Herlinde und Reinhilde
23. März	Wolfgang von Anhalt	Turibio
24. März	Veit Dietrich	Bernulph
25. März	*Verkündigung Mariä,* Ernst der Fromme	*Verkündigung des Herrn,* Annunziata
26. März	Liudger, Karl Schlau	Liudger
27. März	Meister Eckhart	Frowin
28. März	Rupert	Totilo
29. März	Hans Nielsen Hauge	Eustachius

	für evangelische *Kalender*	*für katholische* *Kalender*
30. März	Johannes Evangelista Goßner	Quirin
31. März	Akazius von Melitene	Cornelia

April

	für evangelische *Kalender*	*für katholische* *Kalender*
1. April	Amalie Sieveking	Hugo
2. April	Friedrich von Bodelschwingh	Franz von Paula
3. April	Gerhard Tersteegen	Irene
4. April	Ambosius von Mailand	Isidor
5. April	Christian Scriver, Maximus	Vinzenz
6. April	Cyrillus und Methodius, Notker der Stammler	Notker
7. April	Albrecht Dürer	Johann Baptist de la Salle
8. April	Martin Chemnitz	Walter
9. April	Dietrich Bonhoeffer	Waltraud
10. April	Thomas von Westen	Fulbert
11. April	Matthäus Apelles von Löwenstern	Matthäus
12. April	Petrus Waldus	Zeno
13. April	Konrad Hubert	Martin I.
14. April	Simon Dach	Tiburtius

	für evangelische Kalender	*für katholische Kalender*
15. April	Karolina Fliedner	Reinert
16. April	Sundar Singh	Benedikt Josef Labre
17. April	Ludwig von Berquin	Stephan Harding
18. April	Apollonius	Ursma
19. April	Philipp Melanchthon	Leo IX.
20. April	Johannes Bugenhagen	Oda
21. April	Anselm von Canterbury	Konrad von Parzham
22. April	Friedrich Justus Perels	Wolfhelm
23. April	Georg, Adalbert von Prag	Adalbert
24. April	Johann Walter	Fidelis von Sigmaringen
25. April	Evangelist Markus, Philipp Friedrich Hiller	Evangelist Markus
26. April	Tertullian	Trudpert
27. April	Origenes	Petrus Kanisius
28. April	Johannes Gramann	Pierre Chanel
29. April	Katharina von Siena	Katharina von Siena
30. April	David Livingstone	Pius X.

Mai

	für evangelische Kalender	*für katholische Kalender*
1. Mai	Nikolaus Hermann	Josef der Arbeiter
2. Mai	Athanasius	Athanasius
3. Mai	Apostel Philippus und Jakobus d. J.	Apostel Philippus und Jakobus d. J.

	für evangelische Kalender	*für katholische Kalender*
4. Mai	Michael Schirmer	Florian
5. Mai	Godehard	Godehard
6. Mai	Friedrich der Weise	Britto
7. Mai	Otto der Große	Gisela
8. Mai	Gregor von Nazianz	Ulrika
9. Mai	Graf Nikolaus von Zinzendorf	Beatus
10. Mai	Johann Hüglin	Bertram
11. Mai	Johann Arnd	Gangolf
12. Mai	Pankratius	Pankratius
13. Mai	Hans Ernst von Kottwitz	Servatius
14. Mai	Nikolaus von Amsdorf	Bonifatius
15. Mai	Pachomius	Sophie
16. Mai	Die fünf Märtyrer von Lyon	Johannes Nepomuk
17. Mai	Valerius Herberger	Paschalis Baylon
18. Mai	Christian Heinrich Zeller	Johannes I.
19. Mai	Alkuin	Petrus Cölestin
20. Mai	Samuel Hebich	Bernhardin von Siena
21. Mai	Konstantin der Große	Hermann Josef
22. Mai	Marion von Klot	Rita
23. Mai	Girolamo Savonarola	Wibrecht
24. Mai	Nikolaus Selnecker, Esther	Auxilia
25. Mai	Beda der Ehrwürdige	Beda
26. Mai	Augustin von Canterbury	Augustin von Canterbury

	für evangelische Kalender	*für katholische* Kalender
27. Mai	Johannes Calvin, Paul Gerhard	Philipp Neri
28. Mai	Karl Mez	Wilhelm
29. Mai	Hieronymus von Prag	Maximin
30. Mai	Gottfried Arrald	Ferdinand
31. Mai	Joachim Neander	Hiltrud

Juni

	für evangelische Kalender	*für katholische* Kalender
1. Juni	Justin der Märtyrer	Justin
2. Juni	Blandina, Friedrich Oberlin	Marcellinus, Petrus
3. Juni	Hudson Taylor	Karl Ilwanga
4. Juni	Morandus	Clotilde
5. Juni	Winfried, Bonifatius	Bonifatius
6. Juni	Norbert von Xanten	Norbert
7. Juni	Ludwig Ihmels	Eoban
8. Juni	August Hermann Franke	Medard
9. Juni	Ephräm der Syrer	Ephräm
10. Juni	Friedrich August Tholuck	Bardo
11. Juni	Barnabas	Barnabas
12. Juni	Isaak le Febre	Leo III.
13. Juni	Antoine Coart	Antonius von Padua
14. Juni	Gottschalk der Wende	Hartwig

	für evangelische Kalender	*für katholische* Kalender
15. Juni	Georg Israel	Vitus
16. Juni	Johannes Tauler	Benno
17. Juni	August Hermann Werner	Rainer
18. Juni	Albert Knapp	Elisabeth von Schönau
19. Juni	Ludwig Richter	Romuald
20. Juni	Johann Georg Hamann	Silverius
21. Juni	Eva von Tiele-Winkler	Aloysius Gonzaga
22. Juni	Paulinus von Nola	Paulinus von Nola
23. Juni	Argula von Grumbach	Edeltraud
24. Juni	Johannes der Täufer	Johannes der Täufer
25. Juni	Prosper von Aquitanien	Prosper
26. Juni	Vigilus	Anthelm
27. Juni	Johann Valentin Andreä	Hemma
28. Juni	Irenäus	Irenäus
29. Juni	Apostel Petrus und Paulus	Apostel Petrus und Paulus
30. Juni	Otto von Bamberg	Otto

Juli

	für evangelische Kalender	für katholische Kalender
1. Juli	Heinrich Voes, Jan van Esch	Theobald
2. Juli	*Mariä Heimsuchung*, Georg Daniel Teutsch	*Mariä Heimsuchung*, Wiltrud
3. Juli	Antonio Paleario	Apostel Thomas
4. Juli	Ulrich von Augsburg	Ulrich
5. Juli	Johann Andreas Rothe	Antonius Maria Zaccaria
6. Juli	Johannes Hus	Maria Goretti
7. Juli	Tilman Riemen-schneider	Willibald
8. Juli	Kilian	Kilian
9. Juli	Georg Neumark	Veronika
10. Juli	Wilhelm von Oranien	Knud, Erich und Olaf
11. Juli	Renata von Ferrara	Benedikt von Nursia
12. Juli	Natan Söderblom	Hermagoras und Fortunat
13. Juli	Heinrich II., Kunigunde	Heinrich II. und Kunigunde
14. Juli	Karolina Utrainen	Kamillus
15. Juli	Johannes Bonaventura	Bonaventura
16. Juli	Anna Askew	*Mariengedenktag auf dem Berge Karmel*, Donata
17. Juli	Märtyrer von Scili	Alexius
18. Juli	Paul Schneider	Answer
19. Juli	Johann Marteihle	Makrina
20. Juli	Margareta	Margaretha

	für evangelische *Kalender*	*für katholische* *Kalender*
21. Juli	John Eliot	Laurentius von Brindisi
22. Juli	Moritz Bräuninger	Maria Magdalena
23. Juli	Birgitta von Schweden	Brigitta
24. Juli	Christophorus	Christophorus
25. Juli	Apostel Jakobus d. Ä.	Apostel Jacobus
26. Juli	Luise Scheppler	Joachim und Anna
27. Juli	Angelus Merula	Pantaleon
28. Juli	Johann Sebastian Bach	Beatus und Bantus
29. Juli	Olaf der Heilige	Martha
30. Juli	William Penn	Petrus Chrysologus
31. Juli	Bartolomé las Casas	Ignatius von Loyola

August

	für evangelische *Kalender*	*für katholische* *Kalender*
1. August	Gutav Werner	Alfons Maria von Lignori
2. August	Christoph Blumhardt	Eusebius von Vercelli
3. August	Josua Stegmann	Lydia
4. August	Johannes Maria Vianney	Johannes Maria Vianney
5. August	Franz Härter	Mariä Schnee, Oswald
6. August	Die evangelischen Salzburger	*Verklärung des Herrn,* Felizissimus und Agapitus
7. August	Afra	Kajetan

	für evangelische Kalender	*für katholische Kalender*
8. August	Jean Vallière	Dominikus
9. August	Adam Reusner	Theresia Benedicta vom Kreuz
10. August	Laurentius	Laurentius
11. August	Klara von Sciffi	Klara
12. August	Paul Speratus	Radegunde
13. August	Radegundis, Paul Richter	Pontianus und Hippolyt
14. August	Georg Balthasar, Florence Nightingale	Maximilian Kolbe
15. August	Hermann von Wied	*Mariä Himmelfahrt*, Assunta
16. August	Leonhard Kaiser	Stephan von Ungarn
17. August	Johann Gerhard	Hyazinth
18. August	Erdmann Neumeister	Helena
19. August	Blaise Pascal	Johannes Eudes
20. August	Bernhard von Clairvaux	Bernhard von Clairvaux
21. August	Geert Grote	Pius X.
22. August	Symphorian	*Maria Königin*, Regina
23. August	Gaspard de Coligny	Rosa
24. August	Apostel Bartholomäus	Apostel Bartholomäus
25. August	Gregor von Utrecht	Ludwig
26. August	Wulfila	Wulfila
27. August	Monika	Monika
28. August	Augustinus	Augustinus
29. August	Martin Boos	*Enthauptung Johannes des Täufers*, Sabina

	für evangelische *Kalender*	*für katholische* *Kalender*
30. August	Mathis G. Nithart »Grünewald«	Riza
31. August	John Bunyan	Paulinus von Trier

September

	für evangelische *Kalender*	*für katholische* *Kalender*
1. September	Sixt Karl Kapff	Verena
2. September	Nicolai Frederik S. Grundtvig	Apollinaris
3. September	Oliver Cromwell	Gregor der Große
4. September	Giovanni Mollio	Switbert
5. September	Katharina Zell	Maria Theresia Wüllenweber
6. September	Matthias Weibel	Magnus
7. September	Lazarus Spengler	Otto von Freising
8. September	Korbinian	*Mariä Geburt*
9. September	Luigi Pasquali	Petrus Claver
10. September	Leonhard Lechner	Theodard
11. September	Johannes Brenz	Maternus
12. September	Matthäus Vlicky	*Mariä Namen*
13. September	Johannes Chrysostomus	Johannes Chrysostomus
14. September	Cyprian	*Kreuzerhöhung*, Conan
15. September	Jan van Woerden	*Mariä Schmerzen*, Dolores
16. September	Kaspar Tauber	Cornelius und Cyprian

	für evangelische Kalender	*für katholische Kalender*
17. September	Hildegard von Bingen	Hildegard
18. September	Lambert	Lambert
19. September	Thomas John Barnado	Januarius
20. September	Carl Heinrich Rappard	Eustachius
21. September	Apostel und Evangelist Matthäus	Apostel Matthäus
22. September	Mauritius	Mauritius
23. September	Maria de Bohorques	Linus
24. September	Hermann der Lahme	Rupert und Virgil
25. September	Paul Rabaut	Nikolaus von Flüe
26. September	Herrezuela und Leonore de Cisnere	Kosmas und Damian
27. September	Vinzenz von Paul	Vinzenz von Paul
28. September	Lioba	Lioba und Thekla
29. September	Erzengel Michael	Erzengel Michael, Gabriel, Raphael
30. September	Hieronymus	Hieronymus

Oktober

	für evangelische Kalender	*für katholische Kalender*
1. Oktober	Petrus Herbert	Theresia vom Kinde Jesu
2. Oktober	Pietro Carnesecchi	Schutzengel, Beregis
3. Oktober	Franz von Assisi	Ewald
4. Oktober	Rembrandt	Franz von Assisi
5. Oktober	Theodor Fliedner	Meinolf
6. Oktober	William Tindale	Bruno der Kartäuser

	für evangelische Kalender	*für katholische Kalender*
7. Oktober	Heinrich Melchior Mühlenberg	*Mariengedenktag vom Rosenkranz*, Rosa
8. Oktober	Johann Matthesius	Sergius
9. Oktober	Justus Jonas	Dionysius
10. Oktober	Bruno von Köln	Viktor
11. Oktober	Huldreich Zwingli	Bruno von Köln
12. Oktober	Elisabeth Fry	Maximilian
13. Oktober	Theodor Beza	Lubentius
14. Oktober	Jakob der Notar	Kallistus I.
15. Oktober	Hedwig von Schlesien	Theresia von Avila
16. Oktober	Gallus, Lukas Cranach	Hedwig
17. Oktober	Ignatius von Antiochien	Ignatius
18. Oktober	Evangelist Lukas	Evangelist Lukas
19. Oktober	Ludwig Schneller	Jean de Brébeuf, Isaac Jogues
20. Oktober	Karl Segebrock, Ewald Ovir	Wendelin
21. Oktober	Elias Schrenk	Ursula
22. Oktober	Jeremias Gotthelf	Cordula
23. Oktober	Johannes Zwick	Johannes von Capestrano
24. Oktober	Starez Leonid	Antonius Maria Claret
25. Oktober	Philipp Nicolai	Krispin, Krispinian
26. Oktober	Frumentius	Amandus
27. Oktober	Olaus, Lorenz Petri	Wolfhard
28. Oktober	Apostel Simon und Judas	Apostel Simon und Judas
29. Oktober	Henri Dumant	Ferrutius

	für evangelische Kalender	*für katholische* Kalender
30. Oktober	Gottschalk	Liutburg
31. Oktober	*Reformations-gedenktag*, Wolfgang	Wolfgang

November

	für evangelische Kalender	*für katholische* Kalender
1. November	*Gedenktag der Heiligen*	*Allerheiligen*
2. November	Johann Albrecht Bengel	*Allerseelen*
3. November	Pirmin	Rupert Mayer
4. November	Claude Brousson	Karl Borromäus
5. November	Hans Egede	Emmerich
6. November	Gustav Adolf	Leonhard
7. November	Willibrand	Willibrand
8. November	Willihad	Willihad
9. November	Emil Frommel	Theodor
10. November	Leo der Große	Leo der Große
11. November	Martin von Tours	Martin
12. November	Christian Gottlob Barth	Josaphat
13. November	Ludwig Harms	Stanislaus Kostka
14. November	Gottfried Wilhelm Leibniz	Alberich
15. November	Albert der Große	Albert der Große
16. November	Jan Amos Comenius	Margareta von Schottland
17. November	Jakob Böhme	Gertrud von Helfta

	für evangelische Kalender	*für katholische* Kalender
18. November	Ludwig Hofacker	Odo von Cluny
19. November	Elisabeth von Thüringen	Elisabeth von Thüringen
20. November	Bernward von Thüringen	Bernward
21. November	Wolfgang Capilo	*Mariengedenktag in Jerusalem*, Amalberg
22. November	Cäcilia	Cäcilia
23. November	Kolumban	Kolumban
24. November	Johannes Oekolampad	Modestus
25. November	Katharina	Katharina von Alexandria
26. November	Konrad	Konrad und Gebhard
27. November	Virgilius von Salzburg	Bilhildis
28. November	Margaretha Blarer	Gerhard
29. November	Saturninus	Friedrich
30. November	Apostel Andreas, Alexander Roussel	Apostel Andreas

Dezember

	für evangelische Kalender	*für katholische* Kalender
1. Dezember	Eiligius	Eiligius
2. Dezember	Jan van Ruysbroek	Lucius
3. Dezember	Ämilie Juliane von Schwarzburg-Rudolstadt	Franz Xaver

	für evangelische *Kalender*	*für katholische* *Kalender*
4. Dezember	Barbara	Barbara
5. Dezember	Aloys Henhäfer	Anno
6. Dezember	Nikolaus, Ambrosius Blarer	Nikolaus
7. Dezember	Blutzeugen des Thorner Blutgerichts	Ambrosius
8. Dezember	Martin Rinckart	*Unbefleckte* *Empfängnis Mariä*
9. Dezember	Richard Baxter	Eucharius
10. Dezember	Heinrich Zütphen	Petrus Fourier
11. Dezember	Lars Olsen Skrefsrud	Damasus I.
12. Dezember	Vicelin	Johanna Franziska von Chanta
13. Dezember	Odilia	Odilia
14. Dezember	Berthold von Regensburg	Johannes vom Kreuz
15. Dezember	Gerhard Uhlhorn	Wunibald
16. Dezember	Adelheid	Adelheid
17. Dezember	Abt Sturmius von Fulda	Yolanda
18. Dezember	Wunibald, Willibald	Desideratus
19. Dezember	Paul Blau	Mengoz
20. Dezember	Katharina von Bora	Julius
21. Dezember	Apostel Thomas	Anastasius
22. Dezember	Dwight Liman Moody	Jutta
23. Dezember	Anne Dubourg	Johannes von Krakau
24. Dezember	Matilda Wrede	Adam, Eva
25. Dezember	*1. Christtag:* *Geburt des Herrn*	*Weihnachten:* *Geburt des Herrn*

	für evangelische Kalender	*für katholische Kalender*
26. Dezember	*2. Christtag,* Erzmärtyrer Stephanus	*Fest der heiligen Familie,* Stephan
27. Dezember	Apostel und Evangelist Johannes	Apostel Johannes
28. Dezember	*Unschuldige Kindlein,* Reinhard Hedinger	*Unschuldige Kinder,* Hermann und Otto
29. Dezember	Thomas Becket	Thomas Becket
30. Dezember	Martin Schalling	Lothar
31. Dezember	*Altjahresabend,* Johann Wiclif	Silvester I.

Anhang

War das Passende nicht dabei? Schwer vorzustellen, aber vielleicht können Ihnen die folgenden Buch- und Internettipps weiterhelfen.

Literaturtipps

Andresen, Julia: Das große Buch der Vornamen. München: Wilhelm Heyne Verlag 2003

Kohlheim, Rosa und Volker: Lexikon der Vornamen. Mannheim: Dudenverlag 2004

Lindau, Friedrich C.: Die schönsten Vornamen für Ihr Baby. Stuttgart: Urania 2004

Voorgang, Dietrich: Die schönsten Vornamen. Von Aaron bis Zoe. München: Goldmann 2005

Voorgang, Dietrich: Vornamen aus aller Welt. München: Mosaik 2002

Weitershaus, F.-W.: Das neue große Vornamenbuch. München: Bassermann 2004

Zimmermann, Dorit: Knaurs kleines Buch der Vornamen. München: Knaur 2006.

Informationen aus dem Internet

Auf den folgenden Internetseiten finden Sie Vornamen aus aller Welt, häufig auch mit Hinweisen zu Herkunft und Bedeutung, Hitlisten, juristische Entscheidungen und vieles mehr.

www.familie-online.de
www.top-babynamen.de
www.kindername.de
www.vornamenlexikon.de
www.hebammen.at
www.kunigunde.ch
www.firstname.de
www.babynamer.com